한국 고대사와 사이비역사학

한국 고대사와 사이비역사학

초판 5쇄 발행 2020년 11월 30일
초판 1쇄 발행 2017년 2월 3일

지은이 젊은역사학자모임
기획 〈역사비평〉 편집위원회
펴낸이 정순구
책임편집 정윤경
기획편집 조원식 조수정
마케팅 황주영

출력 블루엔
용지 한서지업사
인쇄 한영문화사
제본 한영제책사

펴낸곳 (주) 역사비평사
등록 제300-2007-139호 (2007.9.20)
주소 10497 경기도 고양시 덕양구 화중로 100 (비전타워21), 506호
전화 02-741-6123~5
팩스 02-741-6126
홈페이지 www.yukbi.com
이메일 yukbi88@naver.com

한국고대사와 사이비역사학

'젊은역사학자모임' 지음
〈역사비평〉 편집위원회 기획

역사비평사

한국 고대사와 사이비역사학

일러두기

* 이 책에 실린 논문들은 『역사비평』 2016년 봄, 여름, 겨울호에 연재된 〈한국 고대사와 사이비역사학 비판〉 기획의 수록 논문을 단행본 출간을 위해 대폭 수정·보완한 것이다. 단, 이 책 2부의 「단군조선 시기 천문관측기록'은 사실인가」는 『제27회 전국 대학생 학술연구 발표대회 수상논문집—인문학』(2002)에 실린 「『단기고사』·「단군세기」 천문관측기록 검토」를 수정·보완한 것이다.
* 본문에 나오는 중국 지명은 신해혁명(1911)을 기준으로 이전 것은 한자 발음으로, 이후 것은 현대 중국어 발음표기원칙에 맞추어 표기했다. 다만 인용문의 지명은 원저자의 표기를 그대로 따랐다.

책머리글

시중의 대형서점에서 '한국 고대사' 코너를 찾아보면 무수한 책들이 꽂혀 있다. 그중에는 전공자가 쓴 책보다 비전공자가 쓴 책들의 비중이 훨씬 높다. 누구든 자기 나름의 관점으로 역사 문제를 다룬 글을 쓰는 것은 이상할 것이 없다. 문제는 이러한 류의 책을 펼 때마다 십중팔구 학계에 쌓인 '피맺힌 한(恨)'이 쏟아져 나온다는 것이다. '식민사학'이라는 단어로 집약되는 그 성토는 결국 한국 고대국가의 위치나 영토 문제에 대한 시비가 대부분이다.

'왜 더 넓게 보지 않는가', '왜 한반도 내로만 국한시키는가'와 같은 발언들이 모여서 결국 '너희는 왜 일제시기의 역사학을 그대로 따르는가'라는 주장으로 일단락된다. 그리고 최근에는 몇몇 대중역사가의 저술에 의해 학계 연구자들은 조선시대와 일제시기 이래로 우리 정치·사회 전반을 장악해 왔던 '기득권 수구 세력'이자 거대한 악의 축으로 형상화되기에 이르렀다.

어쩌다가 우리 한국사 연구가 세칭 근현대사는 '종북좌빨 세력'에 의해 농단되고, 고대사는 '식민수구 세력'에 의해 왜곡되는 놀라운 지경에 이르렀는가. 이 당황스러운 극단들 속에 과연 얼마만큼의 진실이 있을까. 섣부른

진영 논리로 학계의 연구를 이쪽 혹은 저쪽으로 규정지어왔던 일부 언론과 지식인들이 이러한 현상에 더욱 불을 지피지는 않았던가. 문제는 이것이 단순한 논란으로만 그치지 않았다는 것이다.

2014년 결성된 소위 '식민사학해체국민운동본부'라는 단체는 동북아역사재단이 추진해온 사업들을 강하게 저지하고 나섰다. 『한국 고대사 속의 한 사군(The Han Commanderies in Early Korean History)』의 출간 및 동북아역사지도사업 등을 일제 식민사관을 그대로 담고 있다는 명분으로 폐지시키고자 한 것이 대표적인 예이다. 이러한 파괴적 시도는 결국 일정한 성공을 거두었는데, 그 배경에는 '동북아역사왜곡대책특별위원회'(동북아역사특위)로 대표되는 여러 국회의원들의 동조가 크게 작용했다. 학문적 엄밀성을 갖추지 못한 사이비 역사가들의 주장이 마침내 실질적인 정치권력을 등에 업고 정당한 학문적 성과를 무산시키는 데 이르렀던 것이다.

2010년 이래로 소위 '역사평론가'를 자칭하는 저술가들이 아무렇게나 쏟아낸 거짓말들은 진보 언론인과 정치인, 인기 팟캐스트 진행자 및 유명 학원 강사의 입을 통해 전파되어 기성세대뿐 아니라 어린 학생들의 귀에까지 속속 스며들어갔다. 지난 한 세기 동안 한국 사회의 발전을 저해해왔던 저 '식민사학'의 타파가 곧 우리에게 당면한 최대의 난제라는 식으로 학계의 연구성과들이 매도되었다. 가만히 있다가 졸지에 식민사학의 종자(從者)가 되어버린 석·박사과정 대학원생들이 반발한 것은 당연한 일이었다. 특히 젊은 대학원생들이 지도교수들의 '위압'에 의해 기존의 식민사학 논리를 그대로 따를 수밖에 없었다는 이덕일 씨의 발언 등은 이런 분노에 기름을 부었다.

2015년 여름부터 30여 명의 소장 연구자들이 의기투합하여 '젊은역사학자모임'을 조직한 것은 바로 이러한 배경에서였다. 처음에는 필자를 비롯해 한국역사연구회 등에서 함께 활동하며 서로 얼굴을 익히 알던 사람들로 구성되었는데, 이후 점차 많은 대학의 연구자들이 활동에 직접 참여하기에 이르렀다. 모임이 본격적으로 대외적인 활동을 하기 전에 여러 학교에서 모인 연구자들이 각종 현황 및 입장을 정리하고, 함께 대응 방안을 논의할 필요가 있었다. 이에 그해 11월부터 이듬해인 2016년 9월까지 경희대 인문학연구원에서 다섯 차례 고대사 관련 콜로키움을 열었다. 이 자리에 여러 대학의 학부생 및 다른 시기 전공 연구자들을 초청해 문제의식을 공유하는 자리를 가졌다. 2016년 『역사비평』에 차례로 실었던 글들은 '젊은역사학자모임'이 콜로키움에서 발표했던 논문들을 정리해 처음으로 공적 지면에 발표한 것들이다.

모임의 활동 이후 〈한국 고대사 시민강좌〉 등 학계 차원의 정식 대응들이 차례로 이어지면서, 현재 '사이비'로 지칭되는 일부 역사 저술가들의 활동은 다소 주춤한 상황이다. 진보 언론들 역시 경계심을 가지게 되어 그들의 일방적인 논설을 추종하여 실어주지 않는다. 다만 언젠가 다시 우리 사회의 민족주의 혹은 쇼비니즘적 감성에 기대어 도래할 수 있는 그들의 활동을 경계하는 노력은 지속될 필요가 있다. 특히 연구자들이 오랫동안 학계의 성과를 대중화하는 데 소홀했던 것이 이번 사태를 심화시키는 가장 큰 원인이었다는 점을 간과해서는 안 될 것 같다.

이제 우리 '젊은역사학자모임'의 1기 종료를 앞두고 있는 시점에서 선뜻 활동에 참여해주신 여러 선생님들께 감사의 말씀을 드려야 할 것 같다. 박사학위논문 작성을 앞두고도 적극적으로 참여해주셨던 선배님들과 바쁜 강의 일정에도 불구하고 모임에 빠지지 않으셨던 여러 동료분들에게 먼저 감사드린다. 특히 모임의 취지에 공감하여 콜로키움 장소 제공 및 홍보를 도와주신 경희대 인문학연구원 부설 한국고대사·고고학연구소의 여러 선생님들, 그리고 우리의 글들을 『역사비평』 기획으로 연재해주셨던 역비 편집위원회 선생님들께도 깊은 감사를 드린다. 마지막으로 박근혜 정부의 국정화 교과서 사업에 반대했다는 이유로 '식민좌파'라는 별명까지 얻은 대다수의 양심적인 한국사 연구자분들에게도 많은 격려와 관심을 가져주셨으면 하는 바람이다.

2017년 1월
필자들을 대표하여 안정준 씀

한국 고대사와
사이비역사학

제1부

한국 사회와 사이비역사학

사이비역사학과 역사파시즘

기경량

한국사 교과서 국정화와 역사파시즘

2015년 10월 12일 박근혜 정부는 한국사 교과서의 국정화 전환 방침을 공식적으로 발표하였다. 많은 이들이 갑작스러운 조치로 여기고 충격을 받았지만, 이는 정권 초인 2013년부터 진행된 기획이었다. 2013년은 뉴라이트의 역사관이 담긴 교과서의 발행으로 커다란 사회적 이슈가 일어났던 해이다. 당시 정부의 전폭적인 지원을 받았던 교학사 출판 한국사 교과서는 채택률 0%대를 기록하며 일선 교육 현장으로부터 철저하게 외면당하였다. 내용의 부실함과 관점의 지나친 우편향이 그 이유였다. 검인정 체제하의 경쟁 구도 내에서는 자신들의 관점이 투영된 교과서의 영향력을 확산시키는 것이 기대난망임을 깨달은 정부는 곧 방향을 틀어 국정화라는 카드를 꺼내게 된다.

> 서남수 교육부 장관이 2015년 교육과정 개정안 총론을 고시하는 과정에서 한국사 교과서의 국정화 문제를 공론화할 수 있다고 10일 밝혔다. 정홍원 국무

총리와 여당 의원들이 잇따라 제기해 논란이 된 '역사 국정교과서 회귀' 문제에 대해 교육부 장관이 직접 공론화의 불씨를 댕긴 것이다. (…) "2015년에 교육과 정 개정안 총론을 고시할 예정으로, 이미 관련 작업을 진행 중"이라고 말했다.[01]

국정화 추진의 명분은 현행 국사 교과서의 내용이 지나치게 좌편향되어 있어 도저히 용납할 수 없으며, 교과서 서술의 기준과 방향을 제시하는 역 사학계 또한 절대다수가 좌편향되어 있어 자정 작용마저 기대할 수 없다는 것이었다. 이러한 주장을 뒤집어 생각하면 역사학계 구성원 대다수는 검인 정 체제하의 한국사 교과서가 좌편향이라는 규정에 동의하지 않고 있으며, 좌편향 운운하는 주장을 하는 이들은 역사학계 내에서도 극소수에 지나지 않는다는 것을 짐작할 수 있다. 그럼에도 정부는 국가권력을 동원해 소수의 의견을 정설화, 더 나아가 표준화하겠다는 의지를 드러냈다.

정부와 여당, 그리고 이들과 부합한 일부 학자들이 한국사 교과서의 국정 화 전환을 옹호하며 구사하는 언어들을 보면 대단히 폭력적이다.[02] 과도한 자기확신과 정치적 편향성을 바탕으로 역사학계 다수를 '절대악'이자 '적' 으로 설정하고 그 어떤 이견의 가능성도 차단하고 있다는 점에서 강한 공격 성과 배타성을 띠고 있다. 역사 해석의 권리를 소수 집단이 독점하기 위해 국가권력을 동원하고, 학계 전반을 '비정상'과 '좌파'라는 이미지로 매도하 며 대중을 선동하고 있다는 점에서 이를 '역사파시즘'이라 명명할 수 있을 것이다. 하지만 우리나라 역사학을 위협하고 있는 '역사파시즘'은 이뿐만이

---

01) 『경향신문』 2013년 12월 10일자, 1면.

02) 「김무성 새누리당 대표의 '한국사 교과서' 발언」, 『한겨레신문』 2015. 10. 18.

대표적인 상고사 관련 위서들
왼쪽부터 『규원사화』(1920년대 위작), 『단기고사』(1940년대 위작), 『환단고기』(1979년 위작)이다.

아니다. 역사학계에 대한 다른 방향에서의 공세가 존재하며 그 뿌리 또한 매우 깊다.

이 글에서 다루고자 하는 또 다른 '역사파시즘'은 우리나라 상고사를 주된 연구 대상으로 하며, 과거 국가의 국력과 영토에 이상 집착하는 일련의 비합리적 행위들을 말한다. 이를 '사이비역사학'이라 지칭할 것이다. 다양한 해석 가능성이 존재하는 역사 연구에서 '사이비'라는 딱지를 붙이는 것은 폭력적인 측면이 있는 것이 사실이다. 그럼에도 불구하고 이러한 용어를 사용하는 이유는 이들이 이미 학문의 범주를 벗어났다고 판단하기 때문이다.

1970년대 초중반까지만 해도 방법론이 미숙한 아마추어들의 '과잉된 민족주의' 정도로 이해해줄 만한 측면이 있었다. 하지만 이들은 활동 초부터 학계에 대한 근거 없는 모함과 비난을 무차별적으로 쏟아냈으며, 급기야 『환단고기』라는 가짜 역사서를 만들어내기에 이르렀다. 학문 영역에서 절대 용납될 수 없는 사료의 조작을 시도했다는 점, 그리고 이를 이용하여 대중 선동에 주력한다는 점에서 최소한의 학문성조차 상실한 상태라고 평가하지 않을 수 없다.

　명백한 위서인 『환단고기』의 문제점은 학계에서 여러 차례 검증된 바 있으며, 그 조작 과정과 실체 역시 적나라하게 폭로되었다.[03] 과거에는 『환단고기』에 기반한 사이비역사학을 '재야사학'이라 일컫기도 하였으나 최근에는 '유사 역사학'이라는 용어가 제안된 바 있다.[04] 이는 가짜 역사를 의미하는 '슈도 히스토리(pseudo history)'의 번역어이다. '슈도 히스토리'의 개념을 이해하는 데 참고가 되는 용어로는 '슈도 사이언스(pseudo science)'가 있다. 이는 에너지 보존 법칙을 무시하는 '무한 동력 이론'이나 진화론을 부정하는 '창조과학' 등 일련의 사이비과학(似而非科學)을 가리키는 용어로서, '유사과학(類似科學)', '의사과학(擬似科學)' 등으로도 번역된다.

　하지만 '유사 역사학'이라는 번역어는 '비슷하게 흉내는 내지만 실제로는 역사학이 아닌 존재'라는 '슈도 히스토리'의 본래 의미가 직관적으로 전달되지 않는 측면이 있다. 용어를 처음 접하는 대중들에게 '비슷한 유형의 역사학' 정도로 오인되기 쉬운 것이다. 때문에 여기서는 '유사 역사학'과 동일

---

03)　조인성, 「현전 『규원사화』의 사료적 성격에 대한 일검토」, 『두계이병도박사 구순기념 한국사학논총』, 지식산업사, 1987; 조인성, 「『규원사화』와 『환단고기』」, 『한국사시민강좌』 2호, 일조각, 1988; 조인성, 「한말 단군 관계 사서의 재검토―『신단실기』·『단기고사』·『환단고기』를 중심으로」, 『국사관논총』 3호, 국사편찬위원회, 1989; 박광용, 「대종교 관련 문헌에 위작 많다―『규원사화』와 『환단고기』의 성격에 대한 재검토」, 『역사비평』 10호, 역사문제연구소, 1990; 박광용, 「대종교 관련 문헌에 위작 많다 2―『신단실기』와 『단기고사』의 성격에 대한 재검토」, 『역사비평』 16호, 역사문제연구소, 1992; 한국역사연구회 고대사분과 편, 『『환단고기』 믿을 수 있나』, 『문답으로 엮은 한국 고대사산책』, 역사비평사, 1994; 조인성, 「'재야사서' 위서론―단기고사·환단고기·규원사화를 중심으로」, 『단군과 고조선사』, 사계절 2000; 조인성, 「환단고기의 단군세기와 단기고사·규원사화」, 『단군학연구』 2호, 단군학회, 2000; 이문영, 『만들어진 한국사』, 파란미디어, 2010.

04)　이문영, 앞의 책, 17~18쪽.

한 개념이지만 대상의 실체를 보다 직관적으로 적시하는 '사이비역사학'이라는 용어를 사용하고자 한다.[05]

사이비역사학의 등장과 활동

사이비역사학의 본격적인 등장 배경을 살펴보기 위해서는 1970년대 초로 거슬러 올라갈 필요가 있다. 1972년 5월 11일 박정희 정부는 '교육의 국적을 찾자'는 대통령의 제창에 따라 문교부 산하에 국사교육강화위원회를 설치하였다.[06] '민족'을 중심으로 한 역사 교육을 실시하겠다는 것이었다. 그에 따라 대학예비고사에서 국사를 독립 과목으로 출제하는 한편, 대학에서도 국사 교육을 의무화하겠다는 구체적인 정책이 발표되었다.

같은 해 10월 유신헌법의 제정을 통해 1인독재 체제를 구축한 박정희는 다음 해인 1973년 6월 23일 또 다른 정책을 발표하였다. 대한민국 정부 수립 이후 줄곧 검인정 체제하에 있었던 국사 교과서를 국정화하겠다고 선언한 것이다.[07] 명분은 학생들의 '주체의식과 올바른 국가관 확립'을 도모하고 다수의 교과서로 인해 발생하는 입시의 혼란을 고치겠다는 것이었다. 하지만 가장 큰 목적은 새로 출범한 유신 체제의 선전과 정당화였다.

국사 교과서 국정화 조치에 대한 역사학계와 교육계의 반응은 매우 부정

---

05) '사이비(似而非)'라는 말은 『맹자(孟子)』「진심편(盡心篇)」에 나온다. 맹자는 향원(鄕原)이라는 사람을 비판한 공자에 대해 언급하면서, 공자가 '비슷하지만 아닌 것', 즉 사이비를 꺼리고 경계하였다고 설명하였다.

06) 「국사교육강화위 설치」, 『경향신문』 1972. 5. 11, 7면.

07) 「국사 교과서 국정으로」, 『경향신문』 1973. 6. 23, 7면.

박정희 정부의 국사교육 정책
왼쪽은 국사교육강화위원회 설치 관련 기사(『경향신문』 1972년 5월 11일자)이고 오른쪽은 국사 교과서
국정화 전격 발표 기사이다(『경향신문』 1973년 6월 23일자).

적이었다. 역사 교육의 획일화를 가져온다는 것이 그 이유였다.[08] 하지만 정
부는 학계의 반대 여론을 무시한 채 1974년부터 국정 국사 교과서를 교육
현장에 배포하였다. 그런데 이는 생각지도 못한 방향에서 파문을 일으키게
된다.

1974년 7월 25일 재야 역사 단체였던 한국 고대사학회(회장 안호상)는 성명서
를 발표하였다. 국정 국사 교과서가 단군을 신화로 규정하여 한국사의 범위
를 위축시키고, 일제의 식민지 사관을 그대로 도습한 역사교육을 강요하고
있다는 것이었다. 다음 날인 26일에는 재건국민운동 중앙본부에서 '국사 교

08) 「국사 교과서 국정에 대한 각계 의견」, 『동아일보』 1973. 6. 25, 5면.

국정화 반대 여론
역사학자와 역사 교사들은 모두 국정화에 부정적인 시각을 드러냈다. 사진의 기사는 『동아일보』 1973년 6월 25일자.

과서 평가대회'를 개최하며 공개적인 비판의 자리를 마련하였다.[09]

안호상은 대한민국 초대 문교부 장관을 지냈으며, 이승만 정권하의 통치 이론인 '일민주의(一民主義)'를 제시한 인물이다. 나치의 유겐트를 모델로 삼았다고 비판 받았던 '학도호국단'을 발족시킨 장본인이기도 하다. 그는 독일에서 철학을 전공하여 박사 학위를 취득했지만 역사를 전공하지는 않았다. 다만 단군과 고조선에 깊은 관심을 가지고 있었는데, 이는 그가 이른 나이에 대종교에 입교하여 평생 단군신앙을 가지고 있었기 때문이다. 나중 일이지만 그는 말년인 1992년에 대종교의 최고직인 총전교 자리에 오르기까지 한다.

---

09) 「'신화'냐 '사실'이냐」, 『동아일보』 1974. 7. 27, 5면.

당시 국정 국사 교과서는 고조선 부분에서 "단군은 제사장이라는 뜻이며, 왕검은 정치적 군장을 뜻하는 것이므로, 단군왕검은 곧 제정일치 시대의 족장"이었다고 서술하였다.[10] 안호상 등은 이러한 국사 교과서의 내용에 강한 불만을 표하였다. 그들에게 단군은 경배해야 마땅한 한국인의 시조이자 위대한 사상의 시원이었다. 따라서 국사 교과서에서 단군이 미발달 사회의 일개 족장 정도로 묘사된 것을 용납할 수 없었다.

안호상(1902~1999) 사이비역사학의 대두에 결정적인 역할을 했던 전 문교부장관 안호상.

안호상 등은 1975년 10월 8일 '국사찾기협의회'를 결성하여 기존 역사학계에 대한 전방위적 공세를 펼치기 시작하였다. 이들은 자신들의 대변지인 『자유』에 역사학계를 비난하는 글들을 연이어 실었는데, 그중에는 욕설에 가까운 인신공격도 매우 많았다. 특히 1978년 9월 29일에는 국가를 상대로 국정 국사 교과서의 내용 정정을 청구하는 행정소송을 벌여 학계에 큰 충격을 주었다.[11]

역사학계도 가만히 있었던 것만은 아니었다. 1978년 11월 23일 역사학 관련 10개 학회 대표들이 모여 국사찾기협의회에 비과학적인 주장으로 국민을 오도하는 일체의 행위를 중지할 것을 촉구하는 경고 성명서를 발표하기

---

10)   문교부, 『(인문계 고등학교) 국사』, 1974, 9면.

11)   「국사 광복…이색 행정소송」, 『경향신문』, 1978. 9. 29, 7면.

에 이르렀다.[12]

이들은 국사찾기협의회에 가입된 재야 인사들이 ① 한자를 한국인이 만들고, ② 공자, 맹자도 배달겨레의 후손이며, ③ 백제가 4백년간 중국 중남부를 통치했고, ④ 공주 무령왕릉에는 백제사를 왜곡하기 위해 위조품을 미리 묻었다는 등 상식 이하의 기발한 주장을 선전하고 다닌다며, 이런 현상은 한국 문화의 후진성을 드러내는 부끄러운 일이라고 개탄했다.

무령왕릉을 발굴했던 김원용 교수는 "재야 인사들의 잦은 시비가 너무나 허무맹랑한 낭설이라 그동안 학계는 관여치 않았으나 문예진흥기금으로 발간되는 『자유』지가 전국 곳곳에 나가 국민을 오도함이 지대하므로 학계가 더 이상 보고 있을 수만은 없어 나서게 된 것"이라고 털어놓았다.[13]

이 시기 안호상 등은 쇼비니즘에 입각한 비상식적인 주장들을 다수 제기했다. 그중에서도 눈에 띄는 것이 '무령왕릉 조작설'이다. 무령왕릉은 1971년에 발견된 백제 고분이다. 도굴이 전혀 되지 않은 채 백제 때 모습 그대로 발굴이 이루어져 화려한 금제 관식과 금 귀걸이 등 수많은 유물이 수습된 바 있다. 무령왕릉에서는 특히 무덤의 주인 이름이 새겨져 있는 묘지석이 출토되어 학자들의 비상한 관심을 받았다. 하지만 중국과 일본에까지 영토가 뻗어 있는 '대제국' 백제를 상정하고 있던 이들에게는 무령왕릉의 규모나 출토 유물의 수준이 충분히 만족스럽지 않았던 모양이다. 이에 광복 이후 남한 고고학계의 가장 중요한 발굴이라는 평가를 받았던 무령왕릉마저 조작된 것으로 치부하고 외면하는 등, 비상식적인 태도를 보였던 것이다.[14]

---

12) 「소송 제기에 경고 성명 맞서」, 『경향신문』 1978. 11. 24, 5면.

13) 『경향신문』 1978. 11. 24, 5면.

14) 「재야사가를 일소하려 하지마라」, 『경향신문』 1978. 11. 29, 5면.

역사학계는 사이비역사학자들의 터무니없는 주장을 반박하는 한편 『경향신문』 지면을 통하여 〈이것이 한국 고대사다〉라는 기획 시리즈를 연재하는 등, 일반 대중에게 학계의 입장과 연구성과를 소개하기 위해 노력하였다. 그러나 이 정도 대응으로 문제가 해결될 수 있는 상황이 아니었다.

전두환의 제5공화국 출범 초인 1981년 11월 26~27일 국회 문공위원회에서는 국사 교과서에 대한 공청회가 열렸다. 안호상 등의 청원에 따른 것이었다. 국회 문공위원회에서는 청원의 주체인 안호상(국사찾기협의회 회장), 박시인(서울대 영어영문학), 임승국(한국정사학회 회장) 등을 출석시키는 한편, 김원용(서울대 고고미술사학), 김철준(서울대 국사학), 이기백(서강대 사학) 등 역사학계의 대표적인 학자들 또한 출석시켜 양자 토론을 진행시켰다.[15]

안호상 등이 주장한 바는 다음과 같았다. ① 국사 교과서에서 고조선 역사가 일본인들에 의해 1천 년 이상 없어진 것을 인정하여 되찾지 않고 있다는 것, ② 단군과 기자는 실존 인물이며 영토가 중국 베이징까지 뻗어 있었다는 것, ③ 왕검성은 중국 랴오닝성(遼寧省)에 있었으며 낙랑군은 베이징 지역에 있었다는 것, ④ 백제는 3~7세기 베이징에서 상하이까지 중국 동해안을 통치하였다는 것, ⑤ 통일신라의 국경은 한때 베이징이었다는 것, ⑥ 고구려·백제·신라가 일본 문화를 건설했다는 것, ⑦ 여진도 우리의 종족이라는 것 등이었다.

이에 대해 역사학자들은 식민사관은 이미 많이 극복되었으며, 교과서 내용은 사실에 충실한 것이라 반박하였다. 또한 청원인 측이 근거로 제시한 사료들은 대개 신빙성이 떨어지거나 한문 해석에 오류가 있다고 하였다. 무

---

15) 「뜨거운 국사 토론 7시간 30분」, 『경향신문』 1981. 11. 27, 3면.

엇보다 청원인 측이 위험한 사관을 가지고 있다는 점을 지적하며, 일본의 우월성을 조작한 황국 사관이 결국 일본의 패망을 가져온 원인이라는 것을 교훈으로 삼아야 한다고 강변하였다.

이틀에 걸친 공청회에서 과연 어느 쪽이 이겼다고 할 수 있을까. 공청회를 지켜본 언론인들은 대체로 역사학자들 쪽의 주장이 좀 더 설득력이 있다고 판단한 듯하다.

> 이날의 공청회는 쌍방 주장의 논거 면에서 청원인 측보다 피청원인 측이 보
> 다 조직적이며 합리적인 것으로 드러났다. 그것은 청원인 측이 전문 사학자로
> 구성돼 있지 않은 데 근거하는 것 같았다. 첫날의 공청회를 지켜본 사람들은 일
> 단 청원인 측의 주장이 약하다는 쪽으로 기울었다.[16]

그러나 공청회를 주최한 국회의원들의 반응은 사뭇 달랐다. 이들은 '재야 학자'들의 주장에 훨씬 큰 호응과 지지를 보냈고, 역사학자들에 대해서는 시종일관 공격적이며 적대적인 태도를 보였다.

> 뒤이어 이기백 교수의 답변이 있었는데, 국회에서의 답변 방법이 생소하여
> 질문한 강기필 의원의 이름을 거명하지 않고 질문한 의원의 성함을 잘 몰라 죄
> 송하다고 전제하고 답변에 나섰다. 이에 대해 질문한 강 의원은 "여기는 국회
> 회의장이다. 내 이름이 여기 명패에 적혀 있고 적어도 국회의원이 발언하는데
> 눈이 나쁜지 모르겠지만, 이러한 면만 보아도 학문에서 여러 가지로 짐작이 되

---

16) 『경향신문』 1981. 11. 27, 3면.

는 바 있다. 이 이상은 이 교수의 명예를 생각해서 더 이야기는 하지 않겠지만 여러 가지 생각해주기 바란다"라고 직설적으로 공격을 가하였다. (…) 이러한 분위기에 가세하여 임재정 의원이 발언권을 얻어 김원룡 교수와 이기백 교수를 향하여 국회를 대하는 태도가 돼먹지 않았다면서 그런 태도로 역사 연구를 한다면 결과를 안 보아도 뻔하다, 이러한 자세를 고쳐주기 바란다고 훈계조로 긴 이야기를 하였다.[17]

국회의원들의 고압적인 태도로 인해 역사학자들은 평생 처음 겪는 수모를 당해야 했다.

전두환 정권 말기인 1987년 2월 25~26일 정신문화연구원 대강당에서 〈한국 상고사의 제문제〉라는 주제로 큰 학술회의가 개최되었다.[18] 기존 학계에 대한 '재야학자'들의 공세가 계속 거세지자, 정신문화연구원 측에서 양쪽 인사들을 한자리에 모아 학문적으로 정리해보자는 취지로 학술대회를 개최하였던 것이다. 그중에서도 두 번째 날인 2월 26일 종합토론 때의 일이다.

이날 종합토론장에는 연단 위에 15명의 학자가, 방청석에는 8백여 명이 들어차 있었다. (…) 이때 일부 청중들은 연단 앞으로 나가 "이 교수 주장은 일제 식민지 사학자 말송보화 금서룡 등의 주장을 그대로 표절한 것이다", "답변 제대로 못하면 끌어내려", "주최측은 왜 이런 학자에게 발표를 맡겼느냐"는 등 아주 심한 말을 퍼부었다. (…) 격정적인 일부 청중을 겨우 진성시켜 토론은 그런데로

---

17) 윤종영, 『국사 교과서 파동』, 혜안, 1999, 91쪽.
18) 「험악해진 '역사 토론 현장'」, 『동아일보』 1987. 2. 27, 6면.

진행되기는 했으나 이때에는 이미 이 교수 등 절반 가까운 교수가 자리를 빠져

나갔으며 회의장은 어수선한 분위기 속에 일부 청중들은 마이크를 잡고 역사

학자들을 계속 성토했다.[19]

일반적인 학술대회에서 좀처럼 보기 힘든 험악한 분위기가 연출되었다.
또 다른 증언에 따르면 당시 방청객들은 "서로 발언하려고 마이크 쟁탈전
을 벌이고, 마이크를 얻지 못한 일부 방청객들은 자리에서 일어나 단상의
이 교수를 향해 고성을 지르고, 일부는 단상으로 몰려가고 난장판이었다"[20]
고 전한다. 역사학계와 '재야학계'의 입장을 조율하고자 했던 애초 의도와
달리, 이 자리는 폭언과 실력 행사가 난무하는 참사로 마무리되었다. 이러한
경험은 이후 양자의 대화를 더욱 단절시키는 중요한 원인이 되었다.

사이비역사학은 왜 등장하였는가

그렇다면 '민족주의 사학', 혹은 '재야사학'이라 자칭하며 위대한 상고사
의 실재를 주장하는 사이비역사가들의 역사관과 논리는 어떻게 등장하게
된 것일까. 그 뿌리를 찾아가면 일제강점기의 식민주의 사학에 가 닿게 된
다. 일제강점기 식민주의 사학자들은 일본의 조선 지배를 정당화하기 위한
작업을 수행하였다. 그 과정에서 고안된 몇 가지 이론이 있는데, 이를 크게

---

19) 『동아일보』, 1987. 2. 27, 6면.
20) 윤종영, 앞의 책, 159쪽.

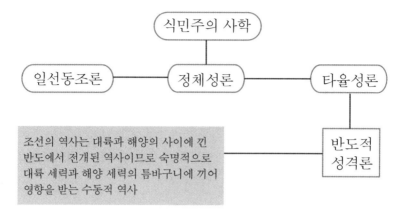

일선동조론, 정체성론, 타율성론 등으로 분류할 수 있다. 사이비역사학의 대두는 이 중 타율성론에 속하는 반도적 성격론과 밀접하게 관련되어 있다.

타율성론은 조선의 역사가 주체성을 결여한 타율적 성격을 지니고 있다는 주장이다. 특히 조선이 반도에 위치하고 있다는 점에 착안하여 지리적 결정론에 입각한 반도적 성격론을 제시한다. 조선의 역사는 대륙과 해양의 사이에 낀 반도에서 전개된 역사이기 때문에, 숙명적으로 대륙 세력과 해양 세력의 대결 틈바구니에 낀 수동적 역사가 될 수밖에 없었다는 설명이다. 이는 청일전쟁과 러일전쟁을 통해 조선에 대한 영향력을 획득한 근대 일본인들의 경험과 시각을 전근대까지 투사한 것이었다.

반도의 역사는 열등하며 타율적이라는 주장은 반도에서 시작하여 유럽사를 주도하는 국가로 성장하였던 로마나 스페인의 예를 통해서도 쉽게 반증된다. 역사 전개에 지리적 요소가 매우 중요한 영향을 주는 것은 사실이지만, 그것이 전부가 될 수는 없다. 반도적 성격론에 대한 가장 근본적이고 효과적인 반론은 자의적으로 적용한 지리적 결정론의 비합리성을 폭로하는

것이라 할 수 있다.[21]

하지만 다른 방향에서 문제를 해결하려는 시도가 있었다. 바로 한국사가 반도의 역사가 아니며 대륙에서 전개된 역사라고 주장하는 것이었다. 이들은 한국사의 '열등성'을 부정하고자 고대의 '우리 역사'가 전개된 공간을 '반도'가 아닌 '대륙'에서 찾고자 부단히 노력하였다. 그러나 이는 '반도의 역사는 열등하다'는 일제 식민주의 사관의 그릇된 명제를 그대로 수용하고 있다는 점에서 근본적인 한계를 가지고 있다.

이들의 시도는 결과적으로 반도적 성격론의 극복이 아닌 내면화에 다름 아니었으나, 그럼에도 상고시대에 존재하였던 '거대하고 강력했던 조국'을 그려보는 것은 달콤하고 유혹적이었다. 결국 겉으로는 식민주의 사학을 격렬하게 비판하고 거부하면서도 다른 한편으로는 식민주의 사학의 이론을 그대로 자기화한 기괴한 쇼비니즘이 탄생하게 되었다.

사이비역사학의 특징은 우리 민족의 우월성에 대한 강조, 광대한 고대 영토에 대한 집착, 그리고 음모론이다. 자신들의 역사상을 뒷받침하는 문헌적·고고학적 증거가 거의 존재하지 않는 것에 대해서는 일본인들과 현재 학계의 주류인 '식민사학자'들에 의해 은폐되거나 제거되었기 때문이라 주장한다. 또한 자신들의 주장을 부정하는 수많은 반증 자료들에 대해서는 일본인이나 '식민사학자'들이 날조해낸 가짜라고 주장하거나 거론 자체를 거부한다. 이러한 사고 구조에서는 어떠한 대화나 학문적 검증도 불가능하다.

사이비역사학을 관통하고 있는 것은 위대한 민족의 일원이라는 정체성의

---

21) 식민주의 사학의 반도적 성격론에 대한 한국 역사학계의 대응은 이기백, 「반도적 성격론」, 『한국사 시민강좌』 1호, 1987의 내용이 참고가 된다.

확인과 머나먼 상고사 속에서나마 강대국의 구성원이 되고픈 욕망이다. 민족의 우월성을 부각시키기 위해 타민족에 대한 비하와 적대감을 적극적으로 활용하고, 전문가 집단인 역사학계 전체를 '식민사학'으로 매도하며 그 권위를 깎아 내리기 위해 대중을 선동한다는 점에서 전형적인 반지성주의와 파시즘의 양상을 보인다. 그렇다면 사이비역사학의 대두에 결정적인 역할을 하였던 안호상은 왜 하필이면 1974년부터 활동을 개시하였던 것일까.

이는 박정희 정권의 국사 교과서 국정화와 관련이 있다. 안호상은 국정화된 국사 교과서가 배포된 직후부터 비판의 포문을 열었지만, 그 초점은 '국정화'가 아니었다. 사실 그에게 교과서가 국정화된 것 자체는 큰 문제가 아니었던 것 같다. 그가 문제 삼은 것은 국정화된 교과서의 '내용'이었다. 박정희 정권은 '국적 있는 교육'을 강조하며 나름 '민족'에 방점을 찍은 교과서를 만들어냈다. 그러나 단군신앙의 독신자이자 파시스트적 면모를 가지고 있던 안호상에게는 이조차도 터무니없이 기준에 미달하는 것이었다.

더구나 국사 교과서의 국정화는 국가가 제시한 특정 역사 해석에 독점적이면서도 우월적인 권위를 부여하였다. 검인정 체제하의 다양한 역사 해석

병립이라는 구도가 깨지고, 국가가 인정한 단 하나의 '국사'가 역사 해석의 표준으로 공식화되었다. 이런 '국사'의 단일화는 남들과 매우 다른 독특한 역사상을 가지고 있던 안호상 등에게 큰 자극을 주었던 것으로 보인다.

국사 교과서 국정화가 시행되자 안호상 등은 자신들이 믿고 있던 역사상을 '국사화'하기를 욕망하게 되었다. 그리고 이 욕망을 관철시키기 위해 전직 문교부 장관이었던 자신의 사회적 자산과 역량을 모두 동원하여 기존 역사학계를 공격하고 압력을 행사했다. 사이비역사학의 대두는 1974년의 국사 교과서 국정화가 초래한 또 다른 형태의 반동이자 부작용이었던 셈이다.

사이비역사학의 대중화와 도착적 수용

사이비역사학은 수십 년에 걸친 지속적인 선전선동으로 광범위한 대중화에 성공하였다. 예컨대 대한민국 축구 국가대표팀의 공식 서포터즈인 '붉은 악마'의 엠블럼은 '치우천왕'인데, 이것은 사이비역사학계가 만들어낸 가짜 역사서 『환단고기』의 영향을 받은 것이다. 소설·만화·드라마와 같은 다양한 문화 콘텐츠에 『환단고기』의 내용이 등장하는 것은 물론이고, 일부 천문학자들이 위서에 실린 천문기록을 '사실'로 소개하는 등, 사이비역사학의 그림자는 우리 사회 곳곳에 짙게 드리워져 있다. 모 신흥 종교 단체에

치우천왕 국가대표 축구팀의 서포터즈인 '붉은 악마'는 '치우천왕'을 엠블럼으로 삼았다. 치우천왕은 위서인 『환단고기』의 내용에 기반해 만들어진 것이다.

서 교세 확장의 수단으로 활용하면서 그들이 운영하는 케이블 방송을 통해 관련 내용이 상시적으로 방영되고 있기도 하다.

문제의 심각성은 대통령 연설문에조차 사이비역사학의 그림자가 나타난다는 점이다. 박근혜 대통령은 2013년 광복절 축사에서 『환단고기』의 내용을 인용하여 구설수에 오른 적이 있다.[22] 대통령이 인용한 것은 고려 말의 학자 이암이 "나라는 몸과 같고, 역사는 혼과 같다"고 했다는 부분인데, 이 내용은 『환단고기』(1979)가 독립운동가 박은식이 쓴 『한국통사』(1915)의 문장을 베껴 변용한 부분이다. 박근혜 대통령은 2015년 10월 13일 비공개 수석비서관회의 등에서도 동일한 내용을 재차 인용한 바 있다.[23]

사이비역사학이 대중들에게 수용되는 양상을 보면 특이한 지점이 확인된다. 명백하게 파시즘을 기반으로 한 주의 주장임에도 보수 우파뿐 아니라 진보를 자칭하는 사람들조차 거부감 없이 받아들이는 경우가 많다는 점이다. 이는 사이비역사학이 표면적으로 내세우는 것이 '민족주의'와 '반식민사학'이라는 점에 기인한다. 사이비역사학자들은 역사학계의 주류를 친일파로 매도하고 그 대척점에 스스로를 위치시키며 대중성을 확보하는 전략을 취하고 있기 때문에, 실제로 친일파 청산에 문제의식을 가지고 있는 이들의 공감대를 이끌어내기 쉬운 것이다. 다른 한편으로 우리나라에서는 진보를 자칭하는 사람들조차 이러한 주장에 쉽게 동조할 만큼 사고 구조가 쇼비니즘에 취약하다는 뜻이기도 하다.

최근 사이비역사학을 퍼뜨리는 첨병 역할을 하는 이는 유명한 대중 역사

---

22) 「광복절 축사에 위서 인용한 대통령」, 『미디어 오늘』 2013. 8. 21.

23) 「박근혜 대통령, 5자회동서 민생 방점」, 『메트로』 2015. 10. 24.

저술가인 이덕일이다. 그는 『고조선은 대륙의 지배자였다』(위즈덤하우스, 2006), 『우리 안의 식민사관』(만권당, 2014), 『매국의 역사학, 어디까지 왔나』(만권당, 2015) 등을 연이어 출간하고 활발히 대중 강연을 다니며 사이비역사학을 전파하고 있다. 그 내용은 대개 1970년대 이래 안호상 등의 주장을 거의 그대로 답습한 것으로 새로울 것이 없다. 그러나 그가 지닌 대중적 영향력이 적지 않아 파급 효과가 무시할 수 없는 수준이다.

이덕일은 국가기관인 동북아역사재단에서 진행한 동북아역사지도 제작 사업에 대해서도 문제제기를 하였다. 독도 표기 문제 등 여러 가지를 지적하였지만, 결국 핵심은 고조선 중심지와 고조선 멸망 후 세워진 낙랑군의 위치가 한반도 평양에 그려져 있는 것에 대한 불만이었다.

2015년 4월 17일 국회 동북아역사왜곡대책특위에서는 동북아역사지도 연구 책임자인 임기환(서울교대 역사교육)과 이덕일을 출석시켜 문답을 진행하였는데, 그 분위기는 1981년 국회 문공위원회가 주최한 공청회의 반복에 가까웠다. 국회의원들은 여야를 막론하고 사이비역사학의 주장을 대변하는 이덕일 측에 호의적인 태도를 견지하였고, 신문과 방송 등 각종 언론은 동북아역사지도가 중국과 일본의 왜곡된 주장을 그대로 반영하고 있다는 이덕일 측의 일방적이고 자극적인 주장을 그대로 받아서 보도하였다. 그 결과 수십 명의 역사학자들이 참여하고 8년의 연구 기간과 47억 원의 세금이 투입된 동북아역사지도 편찬 사업은 결국 무산되고 말았다.

국정화를 추진하는 과정에서 정부 여당은 역사학계의 90%가 좌파라고 주장하였다. 또한 이들과 밀착되어 있는 뉴라이트 계열 인사들은 현 역사학계가 지나치게 민족주의·국수주의에 경도되어 있다고 비판한다. 반면 이덕일 등 사이비역사학자들은 역사학계를 시종일관 '매국적 친일 식민사학'이라고 매도하고 있다. 이들의 말을 종합해보면 우리나라 역사학계는 '친일파이면서 국수주의자이고 동시에 좌파'이기까지 한 기상천외한 집단이 되는 셈이다. 이들의 주장이 터무니없는 중상임은 두말할 필요도 없다. 그보다 자신들이 가지고 있는 편향된 역사상을 '국사'에 관철시키기 위해 역사학계 전체를 좌파 집단, 혹은 친일 식민사학자로 매도하고 있는 극단성과 비합리성에 주목해야 할 것이다.

한국 역사학은 '국가권력의 부당한 간섭'과 '사이비역사학의 공격'이라는 두 방향의 역사파시즘 공세를 받으며 위기에 놓여 있다. 그 사이에서 어떻게 균형을 잡고 파고를 헤쳐 나갈지는 역사학자들 앞에 놓인 무거운 과제이다.

사이비역사학은 우리나라에만 있는 것일까

'사이비역사학은 우리나라에만 있는 것이냐'는 질문을 하는 사람들이 많다. 물론 그렇지 않다. 애초에 사이비역사학은 '슈도 히스토리(pseudo history)'의 번역어이다. 외국에도 가짜 역사를 믿는 사람들이 상당수 존재한다는 것이다. 한 예로 미국의 사이비역사학을 다룬 책을 소개한다. 우리나라에 번역된 제목은 『사이비역사의 탄생』(이론과 실천, 2010)인데, 원제는 『Invented Knowledge: False History, Fake Science and Pseudo-religions』라서 약간 차이가 있다. 저자인 로널드 플리츠는 케임브리지대학에서 철학박사 학위를 받고, 애선스주립대학교 역사학과 교수로 재직하고 있는 학자이다.

이 책에 소개된 미국의 대표적인 사이비역사 추종자들은 아틀란티스 대륙이 실재하였다고 믿는 사람들이다. 아틀란티스는 고대 그리스의 철학자인 플라톤이 소개한 전설의 문명이다. 역사학자들과 고고학자들은 아틀란티스가 전설에 불과하며 실제로 존재하지 않았다고 설명한다. 하지만 미국에서 아틀란티스는 외계 문명이나 마법을 소재로 한 오컬트 문화 및 상업적 목적과 결합하여 실제로 존재하였던 역사인 양 포장되어 대중들에게 광범위하게 소비되고 있다. 로널드 플리츠는 이것이 반지성주의를 부추긴다고 지적하며, 과거 나치가 아틀란티스를 아리안족의 고향이라 주장하며 이를 입증하기 위해 재정적·지적 지원을 한 적도 있음을 밝힌다. 로널드 플리츠가 제시한 사이비역사 연구자들의 행동 패턴을 소개하자면 다음과 같다.

1. 증거를 선별적으로 채택한다. 자신의 생각과 어긋나는 것은 무시하고 자신의

주장을 강화해주는 증거만 사용한다.

2. 이제는 사실이 아닌 것으로 밝혀진 철 지난 옛날 연
구를 이론의 기초로 삼는 경우가 많다.

3. 논리 전개 과정에서 '가능성'과 '개연성'의 구분을
흐려버리는 경향이 있다. 예를 들어 내일 누군가 나
에게 복권을 사주는데 그 복권이 1등에 당첨되는
것은 '가능'한 일이다. 반면에 내일이 주말이 아니
라면 내가 회사에 출근하여 근무하는 것은 '개연성'
이 있는 일이다.

4. 그들의 논쟁은 보통 기본적인 사실을 놓고 벌어진다. 어떤 사건이 있었느냐
없었느냐, 어떤 장소가 실제로 존재했느냐 존재하지 않았느냐, 또는 특정한
개인이나 집단이 실제로 살았으냐 산 적이 없느냐.

5. 이성적이고 합리적인 연구자라면 다수의 증거가 말해주는 바에 귀를 기울이
겠지만, 그들은 하고많은 증거 중에서 하필 예외적인 것에 주목한다.

로널드 플리츠가 제시한 미국의 사이비역사 연구자들의 행동양식은 우리
나라의 사이비역사 연구자들과 완전히 동일하다. 사람들은 평범한 진실보
다 자극적인 거짓말에 매력을 느끼는 경향이 있다. 그러나 자신이 '믿고 싶
은 것'과 '실체적 진실'은 명확히 분리해야 한다. 엄연히 다른 두 가지를 뒤
섞어 인식하는 데서 모든 문제가 발생한다.

가짜 역사를 만들어 퍼트리는 사람들은 우리나라뿐 아니라 세계 어느 곳
에나 존재한다. 아마 앞으로도 사라지지 않고 계속 출현할 것이다. 그런 가
짜 역사의 실체를 밝혀내고 폭로하는 것도 역사학자의 일이다.

식민주의 역사학과 '우리' 안의 타율성론

강진원

식민주의 역사학과 타율성론

역사에 관심이 있거나 없거나 자주 접하게 되는 역사용어들이 있다. '식민사학', '식민사관', '식민지(적) 사관', '식민주의 (역)사학' 역시 그런 것들이다. 세부적인 표현은 다르지만, 이는 대체로 "일제의 식민지 지배 이데올로기와 정책에 기여하기 위해 한국사를 왜곡한 역사학 내지 역사관"을 일컫는다.[01]

동일한 실체에 대한 용어가 여럿으로 나뉘어 있을뿐더러, 어떤 경우는 실상을 정확히 반영하지 못하고 있다. 따라서 특정한 용어를 고정하여 사용할 필요가 있는데, '식민주의 역사학'이 상대적으로 적합한 표현 아닐까 한다. 우선 해당 연구 풍토는 상당 기간 성과를 축적하였으므로 '(역)사관'보다는

---

01) 한국역사연구회 편, 『한국사강의』, 한울아카데미, 1989, 22~25쪽; 李基白, 「半島的 性格論 批判」, 『韓國史市民講座』 1, 一潮閣, 1987, 3쪽; 윤해동, 「식민주의 역사학 연구 시론」, 『한국민족운동사연구』 85, 2015, 381쪽.

넓은 범주, 즉 '역사학'의 관점에서 바라보는 게 더 낫기 때문이다.[02] 다음으로 '식민'은 '식민을 위한', '식민지(적)'은 '식민지(로서)의'란 뜻인데, 전자는 관련 범위가 지나치게 협소하고 후자는 민족주의 역사학을 포함하여 식민지 안에서 일어난 역사학적 흐름 전체를 포괄하는 결과를 낳는다. 그에 비해 '식민주의(colonialism)'는 어떤 국가가 다른 국가나 공동체를 지배하는 정책이나 방식을 의미하므로, 해당 연구 풍토를 설명하기에 적절하다.

식민주의 역사학의 주요 내용은 타율성론, 정체성론, 만선사관, 반도적 성격론, 당파성론, 사대주의론, 일선동조론 등이다.[03] 이를 총론적인 것과 각론적인 것으로 나누어보면, 타율성론·정체성론은 총론이고 나머지는 각론이라고 할 수 있다.

이 글에서는 정체성론과 함께 식민주의 역사학의 큰 기둥이라 할 타율성론에 대해 살펴보고자 한다. 타율성론은 한국사의 전개 과정이 한국인의 자주적 역량에 의한 것이 아니라, 외세의 간섭과 영향에 따라 타율적으로 이루어졌다고 보는 관점이다.[04] 타율성론이 두드러지게 드러났다고 이해되어 왔던 것은 만선사관과 반도적 성격론이다. 따라서 이 두 논의를 중심으로 알아볼 것이다. 그리고 해당 사조의 문제점과 아울러, 오늘날 우리는 거기서 자유롭다 할 수 있는지에 대해서도 생각해보고자 한다.

---

02) 윤해동, 위의 글, 381쪽.

03) 李基白, 『國史新論』, 一潮閣, 1961; 李萬烈, 『韓國近代歷史學의 理解—民族主義史學과 植民主義史學』, 文學과 知性社, 1981; 趙東杰, 『現代韓國史學史』, 나남, 1998; 金容燮, 「日本·韓國에 있어서의 韓國史敍述」, 『歷史學報』 31, 1966; 李基白, 앞의 글.

04) 李島相, 「日本의 韓國 侵略論理와 植民主義史學」, 檀國大學校博士學位論文, 2001, 174쪽.

당면한 현실이 창출한 과거, 만선사관

시라토리 구라키치(1865~1942) 일본의 동양 학자로 도쿄제국대학 교수를 지냈다. 식민지 경영의 정책적 필요에 의한 만선사 연구를 강조했다.

식민주의 역사학은 일본 제국주의의 식민지배를 옹호하고 정당화하는 연구 풍토를 지녔다. 따라서 일제의 팽창에 따라 구체적인 내용도 변화 재정립되었다. 대한제국의 식민지화를 기도할 때는 조선사 연구가 활기를 띠었으나, 1905년 러일전쟁 이후 '만한경영(滿韓經營)'이 전면화되면서 '만선사학'이 등장한다.[05] 일제의 영향력이 조선을 넘어 남만주까지 미치게 되자, '만선(滿鮮)'을 하나의 역사적·문화적 지역으로 파악하고자 한 것이다.[06] 시라토리 구라키치(白鳥庫吉)가 만주는 일본의 국운에 영향을 주기에 만한경영을 위해 해당 지역의 연구가 필요함을 언급한 데서도 이 점이 잘 드러난다.[07] 만선사학의 궁극적인 목적은 만주 지역으로 진출하는 일제에 학문적인 기여를 하는 것이었다.[08]

---

05) 旗田巍 지음, 李基東 옮김, 『日本人의 韓國觀』, 一潮閣, 1987, 138~154쪽.

06) 오영찬, 「낙랑군 연구와 식민주의」, 『노태돈 교수 정년기념논총 1: 한국 고대사 연구의 시각과 방법』, 사계절, 2014, 353쪽.

07) 井上直樹, 「近代 日本의 高句麗史 硏究—'滿鮮史'·'滿洲史'와 關聯해서」, 『高句麗硏究』 18, 2004, 354~355쪽. 물론 시라토리는 미개척 분야인 만주와 한반도에 대한 연구가 지니는 학술적 기여라는 측면도 주목하고 있었으나, 당면한 지배 정책에의 부응을 언급한 점은 특기할 만하다.

08) 박찬홍, 「滿鮮史觀에서의 한국 고대사 인식 연구」, 『韓國史學報』 29, 2007, 16쪽.

'만선사'는 만주의 역사를 뜻하는 '만주사'와 한반도의 역사를 가리키는 '조선사'를 합쳐서 만든 용어이다. 언제부터 누구에 의해 사용되었는지는 명확하지 않다. 그러나 1908년 남만주철도회사 산하에 만선역사지리조사실이 설치된 이후 만선사라는 명칭이 널리 사용되었다고 여겨진다.[09] 만선사는 시라토리에 의해 주창되었고, 이나바 이와키치(稻葉岩吉)에 의해 체계화되었는데, 주된 관심 대상은 고대사였다.

주목되는 점은 만선사학 연구자들이 대개 동양사 전공자들이라는 점이다. 국사학(일본사) 전공자들이 일선동조론을 주장했던 것과 대조를 이룬다. 미시나 쇼에이(三品彰英)를 비롯한 일선동조론 연구자들은 조선사가 만주사보다는 일본사와 밀접하다고 여겼기에, 만선사학의 관점에 부정적이었다. 동양사 연구자 대부분이 시라토리의 실증주의 역사학을 기본으로 했던 반면, 일본사 연구자들에게는 국학파와 유럽의 문화사 내지 낭만주의 역사학 같은 여러 조류의 연구 시각과 방법이 혼재되어 있었다.[10] 결론적으로 만선사관은 일선동조론과는 결을 달리하고 있었다. 단, 그렇다고 만선사관이 시종일관 일선동조론 비판의 입장을 고수한 것도 아니었다. 이 문제는 뒤에서 다시 다루겠다.

만선사관은 만선사학의 관점을 일컫는다. 만선사관에서는 만주와 한반도의 역사가 하나의 단위로 파악된다. 즉 만주의 역사가 중국으로부터 분리되어 한반도 역사와 관련성을 맺게 된 것이다. 그렇다고 만주사와 조선사가 하나로 통합된 것은 아니었으며, 양자는 병렬적으로 존재하였다. 더욱이 만

---

09) 井上直樹, 앞의 글, 356쪽.

10) 이정빈, 「식민주의 사학의 한국 고대사 연구에 대한 최근의 비판적 검토」, 『역사와 현실』 83, 2012, 420쪽.

주사와 조선사가 동등한 지위를 점하고 있지도 않았다. 어디까지나 만주사가 중심이었고, 조선사는 종속된 위치였다. 이는 한반도의 왕조 개창자들은 만주의 역사 전개 과정에서 패배한 자들이며, 역대 왕조는 항상 만주사의 변화에 영향을 받았다는 이나바의 견해에서도 잘 드러난다. 이는 한국사 전개의 주도 세력을 일선동조론에서의 일본에서 만주로 바꿔놓은 것인데, 조선사가 만주사에 종속된다고 인식한 이유는 조선이 만주에 부속된 반도라는 지리적 특징 때문이다.[11] 즉 만주가 조선에 영향을 끼친다는 만선사의 관점은 반도적 성격론과 맥이 닿아 있다.

만선사 연구에서 가장 중시된 국가는 고구려였다. 영역으로 볼 때 고구려 역사는 만주사이면서 동시에 조선사에도 속했기 때문에, 만선사 개념에 가장 적합한 대상이었던 것이다.[12] 만선사 연구자들은 고구려가 중국과의 대립 및 전쟁을 통해 발전하였다는 점에 주목하였다. 만주로 진출하여 중국과 대립각을 세운 일제의 현실이 과거 중국 세력과 상쟁하던 고구려에 덧씌워졌다.[13] 고구려에 대한 평가 역시 후하여 강국이자 대국으로 인식되었다. 이나바와 같은 이들에게 고구려는 배울 것이 많은 대상이었고, '만선일여(滿鮮 一如)'를 실현한 국가였다. 조선을 병합한 일제의 만주 진출은 고구려의 발자취를 뒤이어 새로운 발전을 하는 것이라고까지 이해되었다.[14] 고구려가 그처럼 강건할 수 있었던 이유는 만주와 조선의 국경을 아울러 나라를 세웠기 때문이었고, 신라는 반도에 머물렀던 탓에 나약해졌다고 여겼다. 그리고 만

---

11) 박찬흥, 앞의 글, 2007, 13쪽, 15쪽.

12) 위의 글, 2007, 20쪽.

13) 박찬흥, 「滿鮮史觀에서의 고구려사 인식 연구」, 『北方史論叢』 8, 2005, 196쪽.

14) 井上直樹, 앞의 글, 360쪽, 363쪽.

주와 반도를 아우르던 고구려의 멸망은 만선일가(滿鮮一家)가 파탄을 맞이한 사건으로 평가되었다.[15]

그런데 만선사는 사실에 근거한 치열한 논쟁이나 확고한 학문적 정의가 결여된 채, 일제의 대륙 침략이라는 현실의 수요로 인하여 급조된 학문이었다. 연구성과가 축적되기도 전에 기본적인 입장이 제시되었기에, 논의 전개 과정에서 모순된 면모도 드러났다.

첫째, 만주사와 조선사의 구분이 모호하였다. 만선사는 한반도와 만주에 있었던 각 공동체들의 역사를 취합한 것일 뿐, 어떠한 하나의 세계를 연구한 것도 아니었다.[16] 따라서 만선사 성립 이후에도 조선사와 만주사는 병존하였고,[17] 어디 역사로 보아야 할지에 대해 뚜렷한 입장이 서지 못하였다. 고구려의 경우 한반도 북·중부까지 진출하였기 때문에, 기본적으로 만주사였지만 조선사의 일부로도 인식되었다.[18] 그런데 발해는 한반도 북부를 점유하였음에도 조선사의 범주에서 다루어지지 않았다. 고구려 멸망과 '통일신라' 성립으로 만선일여 인식이 무너졌고, 신라와의 관계가 소원하였기 때문으로 여겨진다. 만주와 한반도가 역사적 공감대를 형성하지 않으면 만선을 아우르는 역사로 평가되지 않았다 하겠다.

고조선의 경우는 이런 정도가 더욱 심하다. 오다 쇼고(小田省吾)는 고조선의 중심지가 평양에 있었다는 이유로 조선사의 일부라고 여겼으나, 야노 진이치(矢野仁一)는 고조선의 영향력이 압록강 이북에도 미쳤다고 여겨 만주사로

---

15) 박찬홍, 앞의 글, 2007, 22쪽.
16) 旗田巍 지음, 李基東 옮김, 앞의 책, 142쪽.
17) 井上直樹, 앞의 글, 356~357쪽.
18) 박찬홍, 앞의 글, 2007, 22~23쪽.

보았다. 이나바는 기자와 위만 모두 중국인이기에 고조선은 식민지이며, 그래서 중국사에 포함시켜야 한다고 주장하였다. 근대의 특수 현상인 식민지라는 개념을 고대사에 곧바로 적용하는 것의 문제점은 이미 핀리(Morris Finely)도 지적한 바이다.[19] 다만 그 문제를 차치하더라도, 만선사는 지리적 측면을 중시한 역사 이해이기에, 중국인의 이주나 통치를 근거로 해당 공동체를 중국사로 보는 것은 적절치 않다. '조선사'의 타율성을 내세우는 데 몰두하여 만선사의 기본 인식과 마찰을 빚었던 것인지도 모르겠다.[20]

둘째, 조선에 대한 일본의 지대한 영향력을 긍정하였다. 만선사 연구자들은 임나일본부의 치폐를 중심으로 한반도 남부의 역사를 서술하였다. 즉 562년 전까지 해당 지역의 역사적 주체는 왜였다. 이는 조선사가 만주사에 종속된 존재라는 만선사의 기본 이해와 배치된다. 여기에는 만선사 연구자들의 관심이 한반도 남부가 아니라 만주에 있었다는 것도 한 원인이 될 것이다.[21]

그러나 보다 근본적인 배경으로는 만선사관이 근대 역사학의 토대 위에 수립되었다는 점을 들 수 있다. 근대 역사학은 자국사를 중심으로 다른 지역의 역사를 타자화하였기에, 만주사나 조선사 역시 일본사를 염두에 두고 재구성된 측면이 존재하였다. 오다 쇼고는 물론이요, 대표적인 만선사가인 이나바 역시 만선사 못지않게 일본사에 대해서도 지대한 관심을 가지고, 당시 국제관계 속에서 일본의 강고한 위상을 강조한 것은 그 한 예이다.[22] 만

---

19) 오영찬, 앞의 글, 353쪽.

20) 박찬홍, 앞의 글, 2007, 25~27쪽.

21) 위의 글, 2007, 31~32쪽.

22) 정상우, 「滿鮮史와 日本史의 위상―稻葉岩吉의 연구를 중심으로」, 『韓國史學史學報』 28, 2013,

선사는 일본을 중심으로 조선과 만주의 역사를 바라본 것이었고, 그 연구자들은 내셔널리즘을 넘어 쇼비니즘이 성행한 시기를 살아갔다는 점을 잊어서는 안 된다. 일본의 영향력이 '타율적인' 한반도에 미친다는 데 대해 별다른 이견은 없었을 것이다.

셋째, 만선사의 시기적 범주가 분명치 않았다. 신라가 반도를 통일한 이후, 한반도와 만주의 관계는 소원해졌다. 양국을 하나의 역사 단위로 포괄하여 이해하기 곤란할뿐더러, 반도사(통일신라사)가 만주사(발해사)에 종속되었다는 흔적도 찾기 힘들다. 만선사관에 입각한다 하더라도 이나바가 언급하였듯이, 이때부터 만선일가 관념은 파탄을 맞이하였다. 즉 만선사의 기본 전제가 무너진 셈이다. 그렇다면 만선사는 사실상 7세기 후반 이후 종결되었다고 보아야 한다. 그럼에도 만선사 연구자들은 청-조선시대까지 다루고 있다. 이나바의 연구가 대표적이다. 그는 통일신라 성립 이후 시일이 흐를수록 만선 분리가 강화되었다고 보았는데, 그렇기에 광해군의 후금 외교와 효종의 나성 정벌을 만선이 교류·협력한 사례로 특기하였다.[23] 그러나 이는 실질적으로 와해된 만선사의 기본 전제를 후대까지 연장시키기 위한 접근이었다 해도 과언이 아니다.

이상과 같이 만선사는 그 파급력에 비해 상당히 허약한 체계를 지니고 있었다. 그나마 체계화를 시도한 이나바마저도 역사적 고찰에 의해 그런 인식을 제안한 것이 아니라, 일제의 만선 지배를 역사적으로 설명하기 위해 '만선불가분'의 역사를 제창한 것을 보면,[24] 그것은 당연한 귀결이었는지노 보

340~348쪽 참조

23)　위의 글, 336~337쪽, 339~340쪽.

24)　井上直樹, 앞의 글, 361쪽.

른다.

　재미있는 점은 일제의 팽창이 지속됨에 따라 또 다른 역사 연구가 본격화되었다는 사실이다. 몽골 방면으로 세력을 뻗치면서 만주와 몽골을 묶은 '만몽사'가 나타났고, 1937년 중일전쟁으로 중국 내륙 침략이 가시화되자 '동아사'가 등장하였다. 그리고 1941년 태평양전쟁 이후 전략적 범위가 남태평양까지 확대됨에 따라 '대동아사'가 모습을 드러냈다.[25] 만일 태평양전쟁 결과 미국을 제압하기라도 했다면, 아시아와 아메리카 대륙을 포괄한 '아미사(亞美史)'가 만들어졌을지도 모를 일이다. 이제 만주 점령이 완료되어 만주사·만선사는 학문적 임무를 완수한 상태였기에, 조선사 또한 새로운 역사학에 발맞추어 재조명되었다. 조선사가 만주사에 종속되어 있다는 데서 한 발 더 나아가 일본·중국·만주를 포괄하는 동아사의 범주에서 조선사의 타율성이 논의되기 시작하였다. 이나바가 1930년대 이후 종전의 견해를 수정하여 한족(漢族)의 만선 침공에서 몽골이라는 변수에 주목한 것은 그 한 예이다.[26]

　이러한 일련의 흐름은 만선사가 만몽사·동아사·대동아사와 마찬가지로 일제에 의해 창조된 자의적·편의적인 역사 단위에 불과함을 보여준다. 아울러 일제의 한국사·동양사 인식 자체가 현실적 필요에 따라 변모되고 있었음을 알 수 있다. 오늘의 현실과 내일의 목표가 오래된 것임을 설명하기 위해 과거를 무리하게 뒤트는 것. 그것이 바로 만선사관의 본질이자, 식민주의 역사학의 한 특징이었다. 이를테면 만선사관은 '당면한 현실이 창출한 과거'라 하겠다.

---

25)　박찬흥, 앞의 글, 2007, 18쪽.
26)　이나바의 구체적인 논의 내용에 대해서는 정상우, 앞의 글, 337~339쪽 참조.

환경결정론이 낳은 사생아, 반도적 성격론

만선사관과 함께 한국사의 타율성을 강력하게 뒷받침해주는 근거로 자리매김한 것은 반도적 성격론이었다. 반도적 성격론은 한국의 역사가 반도라는 지리적 특성에 의해 결정되었으며, 특히 대륙과 해양에 위치한 외세의 영향으로 수동적으로 변화해왔다는 점을 강조한다.

그런데 처음부터 이러한 인식이 자리하였던 것은 아니다. 19세기까지만해도 일본 측은 대한제국이 반도국이라는 데 특별한 의미를 부여하지 않았다. 그러나 20세기 초가 되면 상황이 변모한다. 당시 제국주의자들은 한반도의 모양새가 일본 열도의 중심부를 찌르는 칼처럼 위험하기 때문에 반도를 식민지배해야 한다고 주장하였다. 아울러 반도란 대륙과 해양의 중간 지점에 위치한 완성되지 않은 지역이므로, 그 공동체 성원들의 성격도 미성숙하다고 간주하였다. 그에 비해 섬나라 일본은 문화적인 장점을 축적할 수 있는 공간이라 하는 등,[27] 대체적으로 반도보다 우월할 수밖에 없는 입지에 있다고 여겨졌다. 지리적 조건에 따라 그곳에 자리한 공동체의 기본 성격이 판가름된다고 생각하였던 것이다.

다만 이때까지는 초보적인 수준이었고, 반도적 성격론의 본격적인 전개는 1930년대부터 이루어진다. 만선사관이 근대 역사학의 토대 위에 성립되었다면, 반도적 성격론은 지정학, 그중에서도 환경결정론의 기초 위에 서 있었다. 이는 역사를 좌우하는 결정적 요인이 지리적 조건과 같은 환경에 있

---

27) 류시현, 「한말 일제 초 한반도에 관한 지리적 인식—'반도' 논의를 중심으로」, 『韓國史硏究』 137, 2007, 275~276쪽, 282~283쪽.

프리드리히 라첼(1844~1904) 독일의 지리학자로서 사회적 진화론의 영향을 강하게 받은 정치지리학의 시조로 평가된다. 지리적 환경결정론을 주장했다.

다는 논의이다. 그 주창자라 할 라첼(Friedrich Ratzel)은 영토가 국력의 원천이며, 국가는 생존을 위한 공간을 필요로 한다고 주장하였다.[28]

지정학에서 환경결정론적 경향이 강해진 것은 19세기 중반 이후인데, 그 핵심에는 국가의 자연적 특성이 국가의 운명을 결정한다는 주장이 있었다. 지정학에서의 국가는 유기체적 존재였다. 때문에 환경결정론적 시각을 따를 경우, 국가의 흥망성쇠는 그 나라가 처한 환경에 의해 결정되며, 지리적 위치는 가장 중요한 요소로 간주되었다. 대표적인 사례가 20세기 초 매킨더(Halford John Mackinder)의 논의이다. 그는 세계를 핵심 지역과 그를 둘러싸고 있는 지역들로 구분하고, 세계의 중심 지역을 차지하려는 강대국들의 경쟁에 주목하였으며, 대륙과 해양의 분포를 통해 국가의 흥망성쇠를 논하였다. 이러한 면모는 같은 시기 다른 지정학자들에게서도 공통적으로 나타났다.[29]

일본에 그러한 흐름이 유입된 것은 1925년 이후 독일로부터였다. 초창기에는 환경결정론적 시각에 대한 비판도 있었으나, 팽창주의 정책이 강화됨에 따라 상황이 변모하였다. 일본이 보다 넓은 영토를 갖는 것은 당연하다는 논리가 지정학적으로 뒷받침되었고, 특히 만주사변 이후에는 만몽(滿蒙)

---

28) 지상현, 「반도의 숙명: 환경결정론적 지정학에 대한 비판적 검증」, 『국토지리학회지』 46-3, 2013, 292~293쪽.

29) 위의 글, 293~294쪽.

을 잇는 지역이 일본의 생명선으로 강조되었다.[30] 그리고 비슷한 시기 환경 결정론적 시각에서 반도적 성격론이 가시화된다.

도리야마 기이치(鳥山喜一)는 한국사가 대륙 세력(중국 본토·만주)과 해양 세력(일본)의 소장(消長)에 따라 영향을 받아왔다고 여겼다. 보다 대표적인 논자는 미시나 쇼에이(三品彰英)이다. 그는 한국사를 규정하는 가장 큰 요인이 반도라는 지리적 조건이며, 조선은 대륙의 부수적 존재라는 부수성, 중국·만몽·일본에 둘러싸인 다린성(多隣性), 그리고 주변성이라는 특징을 가진 결과, 외세에 수동적으로 움직일 수밖에 없다고 파악하였다. 나카무라 히데다카(中村榮孝)는 한반도가 대륙에 부속된 반도였기 때문에 중국 문화의 영향이 짙었으며, 그 역사는 대륙국가에 대한 종속적 체제 확충으로 점철되었다고 보았다. 이러한 주장들은 한국사의 전개에서 반도라는 지리적 조건을 특히 중시한 것이다. 지리적 여건을 바꿀 수 없기 때문에 한국사는 시종 타율적인 숙명에 처할 수밖에 없었다.[31]

사실 지리적 요인은 역사 전개 과정에서 간과할 수 없는 부분이다. 그러나 그것은 공동체의 운명에 결정론적인 파급력을 가진 것도 아니고, 영구적인 속성을 확정해주지도 못한다. 이는 실례를 통해서도 입증된다. 반도적 성격론에 따르자면 반도에 자리한 국가들은 모두 타율적이고 종속적이며, 결국 외세의 영향 아래 놓여야 한다. 그러나 이탈리아반도의 로마나 대항해시기 이베리아반도의 에스파냐·포르투갈만 보더라도 반도적 성격론에 부합하지 않는 역사를 지녔음을 알 수 있다. 나아가 서남아시아 산유국들이나 근

---

30) 위의 글, 294~295쪽.

31) 李基白, 앞의 글, 5쪽.

세 이탈리아 도시국가들의 흥망성쇠에서 보이는 것처럼 지리적 요인의 영향이 크다 한들, 그 또한 시대에 따라 다른 모습을 갖는다. 사막이라는 불모지는 석유 시추 기술의 진전으로 노다지가 되었고, 지중해 한가운데 위치한 이점은 신항로 개척이 진전될수록 그 매력을 잃어갔다. 유틀란트반도와 스칸디나비아반도에 자리하였던 덴마크·스웨덴이 각기 중세와 근세에 맹위를 떨쳤으나, 근대 이후 외침과 혼란에 직면하였던 것은 해당 국가가 반도에 있었기 때문이 아님도 재언할 필요가 없다.

실제 한국사를 살펴보아도 외세에 대한 주체적인 항전 태도는 물론이요, 외래 문물의 영향 또한 국내 정치 세력의 역학관계나 사회·경제적 구조에 따라 변화하였다. 반도적 성격론에 부합하지 않는 양상이다. 반도국은 외세의 위협에 노출되어 있다는 입론의 근거가 허약함은 최근의 연구 결과로도 입증된다. 1816년부터 2007년까지 국가 간 발생한 전쟁들을 분석해보면, 비반도국이 반도국을 침략한 경우보다 반도국이 비반도국을 침략한 경우가 더 많다. 대륙 세력이나 해양 세력이 다른 방면으로 진출하기 위해 반도국을 공격한 사례는 많지 않다.[32] 반도에 있어서 외세가 침입한 것이 아니라, 여러 여건에 따라 반도가 전장이 될 때가 있었다는 것이 더 정확한 표현이다. 단적인 예가 한국전쟁으로, 다른 변수가 동일하다면 열도에서도 일어날 수 있는 사건이었다.

매킨더와 하우스호퍼(Karl Ernst Haushofer)의 예에서 드러나듯, 환경결정론은 제국주의 열강의 식민지 팽창과 독일 제3제국 침략전쟁의 이론적 근거가 되었다. 이러한 면모는 반도적 성격론도 마찬가지다. 도리야마는 일본의 지배

---

32) 지상현, 앞의 글, 297~298쪽.

에 의해 조선의 독립이 이루어졌다고 주장하였고, 미시나는 일본으로 인하여 조선이 반도사적인 모습을 지양하게 되었다고 평가하였다. 반도에 위치한 조선은 자력으로 독립이 불가능하다는 전제 위에서 일제의 지배는 정당화되었다. 환경결정론은 제국주의–전체주의 국가의 대외침탈을 합리화하는 시의적절한 이론이었고, 그것은 지구 반대편 일제 군국주의와의 만남 속에서 반도적 성격론이라는 사생아를 낳았다고 할 수 있다.

'우리' 안의 타율성론, 그 씁쓸함

한국 학계에서는 1960년대부터 본격적으로 식민주의 역사학에 대한 비판적 성찰이 이루어졌다. 그 선봉에 선 연구자들은 이기백·이용범·김용섭·이만열·조동걸 등이었는데, 여기에는 하타다 다카시(旗田巍) 같은 일본인 연구자도 함께하였다. 이들의 적극적인 행보로 인하여 타율성론을 포함한 식민주의 역사학은 상당부분 그 힘을 잃어버렸다. 다만 아직까지 그 그림자가 말끔히 거둬졌다고는 하기 어렵다. 특히 일반 시민들의 경우 식민주의 역사학을 부정하면서도 그러한 인식에 기초한 사고를 드러낼 때가 있다.

우선 만선사관이다. 어느 정도 역사에 관심을 지닌 시민이라면, 만선사관이 식민주의 역사학의 일종임은 알고 있다. 그러나 자신도 모르게 만선사관의 기본 틀, 즉 만주의 역사적 흐름이 한반도에 영향을 주었다는 만주 중심적 인식을 보이는 경우가 있다. 만주의 '고토'를 회복하지 않는 이상 한국은 강대국이 되기 어렵다는 생각, 혹은 만주를 영유하고 있을 때가 전성기였다는 생각은 정도의 차이만 있을 뿐 만주와 함께할 때 온전한 역사가 되고, 그

때 강국이 된다는 관념에 기초하고 있다. 이는 만주와 한반도를 아우른 고구려를 높이 평가함과 아울러, 고구려의 멸망으로 만선일체 의식이 파탄을 맞이하였다고 보며 반도의 역사를 저평가한 만선사 연구자들의 태도와 크게 다르지 않다.

그런데 실제로 만주가 반도에 시종 영향력을 행사했다고 보기도 어렵고, 만주를 영유했을 때만 한국사가 찬란한 시대를 맞이한 것도 아니다. 삼국시대 백제와 신라는 한반도 중·남부에 머물렀지만 고구려에 시종 종속적인 위치에 있지도 않았다. 4세기 후반 백제가 평양까지 진격하여 고구려를 위기에 빠뜨리기도 하였거니와, 6세기 중엽 고구려는 한수 유역을 상실한 뒤 신라와 밀약하여 영토를 할양하고 남부 국경을 안정시켰다.[33] 7세기 중엽 고구려의 백제에 대한 우호적 움직임은 신라가 당과 동맹을 맺은 데 대한 대응 차원이었다. 국가들 사이의 역학관계는 고정될 수 없는 성격의 것이기에 당연한 현상이라 하겠다.

남북국시대 이후도 마찬가지인데, 금의 발흥 이전까지 여진의 여러 부락은 고려를 섬겼으며, 후금(청) 성립 이전 조선과의 관계도 이와 크게 다르지 않았다. 오히려 반도에 있던 고려·조선이 만주에 위치한 여진·만주족에게 영향을 끼친 셈이다. 또 동아시아의 균형자로서 해동천자(海東天子)의 나라를 지향하였던 11세기 고려나, 안정 속에서 위민의 이상을 실현한 15세기 조선, 그리고 전쟁의 폐허를 복구하고 대동(大同)의 기치를 높이 든 17~18세기 조선의 경우는 만주의 영유가 국가의 번영과 별 관계가 없음을 잘 보여주고 있다. 더 넓은 영토를 확보해야, 그것도 대륙에 가까운 땅을 차지해야

---

33) 노태돈, 『고구려사 연구』, 사계절, 1999, 431~434쪽.

옳다는 믿음이 시대착오적 발상임은 대개가 동의할 것이다. 그렇다면 과거의 무수한 실상을 만주 중심적인 팽창주의적 사고의 틀로 일거에 해석해버리는 태도 또한 지양해야 마땅하다.

다음으로 반도적 성격론이다. 만선사관에 비해 오늘날 보다 뚜렷하게 잔존해 있는 것이 이 논의이기도 하다. 우리는 국제정세나 안보를 논할 때면 "지속적인 외세의 위협에 노출되는 반도라는 지정학적 조건", 혹은 "대륙 세력과 해양 세력이 교차하는 지점에 위치한 반도"와 같은 표현을 꽤 자주 접해왔다. 그리고 이는 한국이 반도에 자리하였기 때문에 대륙과 해양 양대 세력의 각축장이 되며, 전쟁과 평화를 비롯한 우리의 운명은 그들의 형세에 따라 결정된다는 숙명론으로 나아간다. 환경결정론적 사고가 지리학에서 기피되는 접근방식임에도 불구하고,[34] 그 생명력은 여전하다.

외교나 안보처럼 무거운 주제를 다루지 않는 자리에서도 반도적 성격론은 유효하다. 대표적인 사례가 누리꾼들이 "대륙", "반도", "열도"와 같은 단어를 사용하여 특정 국가를 지칭하는 방식으로, 이는 지정학적 상상력과 연결되어 있다. 지리적 위치에 특정한 비하와 조롱의 부정적 어감을 부여하는 것도 이와 연관된다. 어릴 적 "강대국 틈에 낀 반도에 있기 때문에 살기 힘들다", "반도라는 닫힌 땅에 있어서 개방성이 없다"와 같은 이야기를 들은 적이 있다. 그러한 발언은 실제와 부합하지 않을뿐더러, 설령 특정 시기 그러한 때가 있다 해도 영구지속적인 것이 아님은 앞서 간단히 언급하였다. 그럼에도 아직 일반 시민들에게 반도는 무언가 불만이 녹아들 수밖에 없는 지리적 조건으로 받아들여지는 인상이다.

---

34) 지상현, 앞의 글, 295~296쪽.

이러한 사고는 이웃 국가에도 그대로 연결된다. 대표적인 사례가 일본으로, 섬나라라는 점을 부각하여 일본사 전반을 이해하는 것이다. 이를테면 '열도적 성격론'이라 해야 할지도 모른다. 그 편린은 개항기 지식인들이 과거 일본의 미개함을 강조한 것에서도 보이지만, 해방 이후에는 쇼비니즘과 맞물려 한층 강화되었다.[35] "일본인은 섬나라에 살기 때문에 도량이 좁고 성급하며 국민성이 호전적이다"와 같은 말을 한 번도 듣지 않고 자란 사람은 드물 것이다. 지리적 조건이 그 공동체와 성원의 특징을 결정지은 셈이다.

그런데 실제 열도나 섬나라의 역사는 일각의 선입견과 다른 양상을 보인다. 뉴질랜드, 아이슬란드의 역사가 침략 지향적인 모습으로 점철되었다는 데 동의할 이는 많지 않을 것이다. 대항해시기 이전 잉글랜드도 마찬가지로 오히려 로마·앵글로색슨족·노르만족의 침입에 시달렸으며, 누차 정복자들의 왕국이 수립되었다. 지리적 조건은 대항해시기 이후와 같음에도 그러하였다. 일본 역시 왜구가 때때로 준동하였을 뿐, 국가권력이 대외적 침략을 실행에 옮긴 것은 임진왜란 정도였다. 통일 전 이탈리아를 보아도 적극적으로 해외에 진출한 것은 시칠리아가 아니라 베네치아였다. 환경결정론적 지리학은 오늘날 가짜 과학(pseudo science)이라는 비판까지 받고 있다.[36] 따라서 그 토대 위에 세워진 반도적 성격론 내지 특정 국가에 대한 선입견이 지니는 한계를 명확히 인지해야 할 것이다.

---

35) 류시현, 앞의 글, 283~284쪽.

36) 지상현, 앞의 글, 295쪽.

집착과 편견을 벗고 '사실' 바로 보기

지금까지 만선사관과 반도적 성격론을 중심으로 식민주의 역사학의 타율성론에 대해 살펴보았다. 역사의 주체는 인간이며, 시간의 흐름에 따른 인간의 역동적인 경험과 그 변화 과정을 살펴보는 것이 역사학에서 요구되는 자세일 것이다. 그런 의미에서 보자면 속성을 정해놓고 무수한 인과관계를 단순화하여 그 지속성을 역설한 만선사관이나 반도적 성격론은 일종의 '프로파간다'라 해도 과언이 아니다. 해당 논의의 잔영에 마음이 편치 않은 이유는 거기에 있는지도 모르겠다.

그렇다면 지금 우리는 어떠한 관점을 지녀야 할 것인가? 식민주의 역사학 연구가 근대적 학문의 토대 위에서 이루어졌기 때문에, 탈근대적 관점을 가질 필요성이 제기되기도 한다. 다만 이 문제는 다른 기회에 다룰 수 있거니와, 스스로의 배움이 일천하여 특정한 견해를 언급하기가 주저된다. 여기서는 글을 쓰며 든 생각을 거칠게나마 정리하며 갈음하고자 한다.

첫째, 넓은 영토에 대한 집착의 지양이다. 만주 중심적 사고는 말할 것도 없고, 과거 환경결정론적 지정학에서도 '요충지'는 장악해야만 할 대상이었다. 오늘날 침략전쟁이 용인되지 않는 시기라 하여도, 이는 문제가 있는 사고이다. 고전 지정학적 명제는 외교 전략을 경직된 방향으로 유도하고, 국방에 대한 과도한 투자를 이끌어낸다. 또 이러한 사고는 힘의 논리로 점철된 국제관계를 좋다고 여기는 오해를 불러일으키고 있다.[37] 평화와 공존의 추구는 현대 선진국가가 걸어야 할 길임을 잊어서는 안 된다. 설령 과거 영토

---

37) 위의 글, 299쪽.

확장과 지리적 위치가 중요한 변수였다 한들, 교통과 통신이 발달한 오늘날에는 오히려 다른 측면에서의 개발과 확장을 통해 진보해야 할 것이다.

둘째, 역사란 다양한 요인이 얽혀 전개된다는 점의 인지이다. 어떤 시기 두 공동체의 우열관계는 존재할 수 있다. 그러나 이는 영구불변한 것이 아니며, 또 그 원인이 지리적 조건에 의해서만 결정되지도 않는다. 신라 중·하대의 대일관계에 대당관계의 악화 및 개선이 큰 변수로 작용한 것이 그 한 예이다.[38] 아울러 9세기 이후 티베트가 '평화로운 은자의 나라'로 자리매김한 데는 종교적 요인 외에 국제적인 교역 상황의 변동이 자리하였을 수 있다. 다양한 가능성을 열어놓고 관련 사실을 취합하여 진실에 도달하는 자세, 혹은 그것을 받아들일 수 있는 마음가짐이 필요하다. 아울러 지정학적 위상 또한 시대에 따라, 대상국에 따라 달라질 수 있음도 염두에 두어야 한다.

셋째, 일관성 있는 관점의 견지이다. 한국사의 영역을 축소한 만선사관은 비판하면서도, 중국 동북방 제족(諸族) 대개를 한국사의 범주에 포괄하려 한 일제강점기 민족주의 역사학 연구자들의 견해에 찬동하는 것. 그리고 반도적 성격론은 부정하면서도 일본이나 중국·미국의 국민성을 섣불리 판단하고 찬양 내지 혐오하는 것은 그다지 건강한 태도가 아니다. 오늘날 존경받는 국가공동체 성원들이 어떠한 점을 지향하는지에 대해 한 번쯤 되돌아볼 필요가 있다.

넷째, 당면한 현실에 부응하기 위한 학문 연구에 대한 경계이다. 만선사관이나 반도적 성격론이 가진 큰 문제점은 여러 면에서 반증이 가능하다는 것이요, 그것은 해당 논의가 당시의 상황이나 정책적 목표에 발맞추어 뿌리를

---

38) 노태돈, 『한국 고대사』, 경세원, 2014, 171~172쪽, 228~230쪽.

내렸기 때문이다. 역사학은 어떠한 담론을 먼저 세우고 그 틀에 사실을 조립해 넣는 학문이 아니라, 사실에 근거하여 한 시대의 구조와 체계를 논하는 경험론적 사고에 바탕한 학문이다. 그러므로 일반 시민들은 정부나 국가권력이 뜻하는 바를 연구자들에게 강요하지는 않는지, 학문 연구가 정책적 목표에 좌우되지 않는지 지켜보아야 한다.

어제의 우리가 식민주의 역사학의 그늘을 지우려 애썼다면, 내일의 우리 아이들은 새로운 관점에서 보다 나은 공동체 유지에 힘썼으면 한다. 이 글이 거기에 조그만 보탬이나마 되었기를 희망한다.

만리장성은 국치의 지표인가?

만리장성은 중원 왕조에서 북방 이종족의 침입에 대비하기 위하여 만들었다. 만리장성의 동쪽 끝은 어디일까? 『사기』 흉노전에서는 '요동'이라 한다. 이때의 요동은 특정 지역을 가리킨다고 여겨지므로, 요동군의 치소인 양평(襄平), 즉 오늘날의 랴오양(遼陽)을 가리킨다고 보는 편이 자연스럽다. 이우뤼산(醫巫閭山) 동쪽으로는 장성 유적이라고 확신할 수 있는 성채를 확인하기 어렵다는 점을 생각하면 더욱 그러하다.

그러나 청천강의 지류인 대령강가에는 북쪽에서 남쪽으로 짧게는 164km, 길게는 238km에 걸쳐 장성이 축조되어 있다. 현재 중국 학계에서는 이를 만

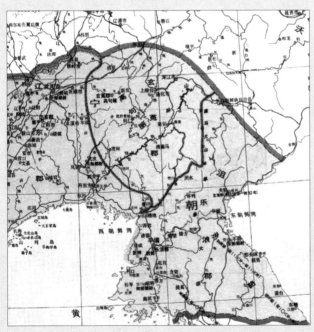

중국에서 보는 한나라 영토와 만리장성
그림에서 굵은 선으로 경계지어진 회색 부분이 중국에서 파악하는 한나라 영토이다. 이 영역을 세로로 가른 두 개의 선들 가운데, 왼쪽 것이 중국에서 파악하는 만리장성이고 오른쪽 것은 현도군과 낙랑군의 경계이다. 출처: 譚其驤 主編, 『中國歷史地圖集 第二冊: 秦·西漢·東漢時期』, 中國地圖出版社出版, 1982.

리장성의 일부로 파악하고 있다. 즉 만리장성의 동쪽 끝이 한반도 깊숙이 들어와 있었다고 보는 것이다. 다만 대령강장성을 이렇게 이해해야 할지에 대해서는 견해가 분분하며, 고려시대의 산물일 가능성도 상당하다. 장성은 대령강 동편에 존재한다. 이는 강을 해자로 삼아 서쪽이나 서북쪽의 침공에 대비할 목적으로 축조되었음을 보여주기에, 축조 주체를 중원 왕조로 보기 애매한 감이 있다. 추후 발굴 성과를 기대해야 할 일이다.

　그런데 만일 이 장성이 정말 만리장성의 일부임이 확인될 경우, 고조선의 역사는 어떻게 바라보아야 하는 것일까? 서북한 지역에까지 중국의 군사력이 미치고 있었다는 증거로, 고조선의 약체화된 모습을 보여주는 사례로 이해해야 할까? 아마 상당수 시민들은 그렇게 바라볼 것 같다. 장성을 국치(國恥)의 지표로 받아들이며, 그 외곽에 자리한 고조선을 부끄럽게 여길지도 모른다.

　그러나 장성의 존재가 그 외곽에 위치한 공동체의 국력이 약했다는 증거라는 시각은 역사적 실상을 지나치

대령강장성　대령강장성 도면. 청천강 지류인 대령강을 따라 길게 성채가 늘어서 있다. 출처: 손영종, 「대령강장성 조사보고」, 『조선고고연구』 1987-2호, 1987.

게 단순화한 것이다. 오히려 고조선의 국세가 상당하였기 때문에, 엄청난 인력과 물자를 쏟아 장성을 설치하여 경계한 것일 수도 있다. 로마가 브리튼에 쌓은 하드리아누스 방벽(Hadrian's Wall)이 대표적인 사례인데, 이는 강력했던 스코틀랜드의 픽트인들을 경계하기 위해 축조된 일종의 저지선이었다. 만리장성이나 고구려·고려의 천리장성도 마찬가지이다. 장성이 만들어졌다는 것은 그 바깥의 이질적인 집단이 무시할 수 없는 수준이었음을, 때로는 위협적이었음을 말해준다.

따라서 대령강장성이 설혹 만리장성의 일부라 하여도, 그것을 치욕스럽게 받아들이거나 고조선의 실상을 저평가할 필요는 없다. 반대로 만리장성이 한반도에 미치지 못했다고 하여 알 수 없는 희열을 느낄 것도 없다. 장성의 끝이 고조선의 북쪽 경역보다 훨씬 먼 곳에 자리했다면, 이는 고조선이 그다지 위협적인 세력이 아니었음을 보여주는 흔적일 수도 있다. 영토순결주의에 대한 집착이 장성에 대한 선입견을 부추기고 있는 것은 아닌지 되돌아볼 시점이다.

민족의 국사 교과서, 그 안에 담긴 허상

장미애

역사학과 역사교육

역사학은 과거를 대상으로 하는 학문이다. 그러나 역사학은 과거의 일을 복원하는 데만 목적이 있는 것이 아니다. 과거의 인간 활동에 관련한 자료들을 수집하고, 이들을 선정·평가·해석함으로써 현재 인간의 사고와 행동뿐만 아니라 미래 전망이 가능하도록 하는 것이다. 역사교육은 이러한 역사학의 성과를 바탕으로 이루어지며, 그 목표 역시 역사학의 그것과 다르지 않다. 역사교육은 교육 대상자가 과거에 대한 재경험을 하도록 함으로써 역사적 심성을 기르는 한편, 이를 통해 현재의 사고와 행동이 바람직한 성장을 하도록 하고, 미래의 인간 생활에 대한 전망을 제시한다.[01]

역사교육의 목표는 역사적 지식 습득과 함께 그 지식을 습득하는 과정에서 올바른 가치관을 키우는 데 있다. 결국 역사교육은 단순한 지식 습득을

---

01) 金興洙, 『韓國歷史敎育史』, 大韓敎科書株式會社, 1992, 370쪽.

위한 것뿐만 아니라 일종의 가치 교육 활동의 하나라고도 할 수 있다.[02]

이러한 역사교육의 가치 교육적 측면이 국사교육을 중요하게 여기게 하는 측면이 있다. 그러나 이러한 역사교육의 기본적 특징이 극단적으로 표출되었을 때, 그것이 가지는 위험성 또한 크다. 다음의 글은 가치 교육으로서 역사교육이 왜곡된 형태로 강조되었을 때 나타날 수 있는 문제를 보여준다.

> 국사 교과서는 국민들에게 민족의식과 민족적 자부심, 긍지를 심어주는 민족 경전과 같은 것이다. 그래서 국사 교과서 내용은 학문적으로 정리되지 않고 입증할 수 없는 내용이더라도 국민교육용으로 필요하다면 수록하여야 한다.[03]

위 글은 1979년 안호상을 비롯한 사이비역사학 측에서 국사 교과서에 대한 문제를 제기하기 시작할 즈음 이들에게 영향을 받은 군인들의 말이다. '민족'의 자부심·긍지를 위해서라면 학문적 성과에서 일부 문제가 있더라도 교육이 이루어져야 한다는 주장이 과연 진정한 '민족'을 위한 길인가에 대해서는 다시 한 번 생각해보아야 할 것이다.

그런데 우리 역사교육 과정에서는 몇 차례에 걸친 국사 교과서 파동을 겪으면서 왜곡된 형태의 역사상이 조금씩 교과서에 반영되어왔다. 그리고 2016년 현재에도 이 현상이 되풀이되고 있다는 점이 우려를 자아낸다. 이에 여기서는 국사 교과서 파동 과정에서 '민족' 의식, '민족'적 자부심의 확립이라는 미명 아래 왜곡된 역사상이 어떻게 주장되고, 교과서에 반영되어왔는

---

02) 위의 책, 371쪽.

03) 이는 당시 윤종영과 만난 어느 육사 출신 장교의 말을 윤종영, 『국사 교과서 파동』, 혜안, 1999, 20쪽에서 인용한 것이다.

지에 대해 살펴보도록 하겠다. 그 과정에서 '민족주의'라는 이름으로 스스로를 포장한 채 왜곡된 '민족의식' 교육을 주장하는 '사이비역사학'이 역사교육에 끼친 영향을 검토해보겠다. 그리고 최근 문제가 된 국정 한국사 교과서가 이런 측면에서 어떤 문제점을 안고 있는지에 대해서도 생각해보고자 한다.

국사 교과서 파동과 국사 교과서의 변화

'사이비역사학'의 국사 교과서 개정 요구

교과서는 그 자체로 '민족주의'적 시각이 강한 경향을 가지고 있다. 특히 우리나라의 국사 교과서는 식민지배라는 역사적 경험으로 인해 그런 색채가 더욱 짙은 측면이 있다. 해방 후 우리나라에서는 새로운 국가의 교육 체제에 대한 다양한 방안들이 논의되었으나, 결국 미군정기에 들어서면서 미국식 민주주의를 이식할 수 있는 형태로 교육 체제가 마련되었고, 그로 인해 국사 연구나 국사교육은 열악한 처지에 놓일 수밖에 없었다. 그럼에도 우익을 중심으로 초역사적·초계급적 민족이론에 기반한 국사 교과서가 만들어지면서 민족주의 이념을 바탕으로 한 단군 숭배와 홍익인간 이념을 고취하고 한민족의 배타적 우월성을 강조하는 서술이 이루어졌다.[04] 이후 유신정권기에 들어서며 국사 교과서가 국정 체제로 전환되었고, 그 과정에서 국사 교과서 서술에 정치적 이데올로기가 자리 잡는 계기가 마련되었다.

---

04) 양정현, 「국사 교과서 고대사 서술에서 민족·국가 인식의 변천」, 『한국 고대사연구』 52, 2008, 138~144쪽.

국사 교과서의 국정화는 정치적 이데올로기의 침투와 함께 또 다른 형태의 왜곡을 낳았다. 국사의 국정화로 인해 단 하나의 역사가 강조됨에 따라 이를 자신들의 역사관을 관철시키는 데 좋은 기회로 여기게 된 이들이 출현했던 것이다. 이른바 '민족'의식의 고취를 목표로 한다는 미명 아래 '사이비역사학'[05]의 준동이 시작된 것이었다.[06] 국사 교과서에 대한 사이비역사학계의 개정 요구가 본격적으로 시작된 것은 1978년이었다.[07] 이들은 원로 사학자인 이병도·신석호가 일제시대 조선사편수회에 참여한 것을 빌미로 이들을 친일파로 매도하는 한편, 이들에 의해 형성된 국사학계의 연구성과가 반영된 국사 교과서 또한 식민사관에 의해 쓰인 것이라는 관점에서 국사 교과서의 내용 시정을 건의했다. 이들이 개정을 요구한 주요 내용은 총 8가지로 그 내용은 다음과 같다.[08]

1. 고조선의 영역은 동북으로 바다까지, 북으로 헤이룽강(黑龍江)까지, 서남쪽은 베이징까지이다.

2. 단군시대의 1,200년 역사를 삭제하였다.

3. 단군을 신화로 돌려 부정하고 있다.

4. 연(燕)나라 사람 위만(衛滿)을 고조선의 창건주로 삼았다.

5. 위만조선의 서울인 왕검성은 중국의 산하이관(山海關) 부근에 있었다.

---

05) 이하에서는 교과서 논쟁 과정에서 기존 역사학계에 대한 비판을 통해 국사 교과서의 개정을 주장했던 안호상과 국사찾기협의회 등의 개인 및 단체를 '사이비역사학'이라고 칭하고자 한다. 사이비역사학의 정의에 대해서는 이 책에 실린 기경량의 글, 「사이비역사학과 역사파시즘」참고.

06) 위의 글, 229~230쪽.

07) 이하 국정 교과서 파동은 윤종영, 앞의 책; 기경량, 앞의 글 내용을 바탕으로 정리하였다.

08) 「「國史光復」…異色 행정소송」, 『경향신문』 1978. 9. 29, 7면.

6. 낙랑(樂浪)은 중국의 베이징 지방에 있었다.

7. 백제가 400여 년간 중국의 중남부를 지배했다.

8. 신라 통일 후 68년간의 영토는 지린(吉林)에서 베이징까지였다.

이상 8가지 내용은 주로 『산해경(山海經)』, 『만주원류고(滿洲源流考)』와 같은 사료를 원용한 것이다. 이 사료들은 대체로 사료적 가치가 희박하거나, 만주족이 자신들의 역사적 열등성을 감추고자 주변 민족을 자기 민족의 아류로 보기 위해 만든 위작으로서, 신빙성이 거의 없다고 평가되던 것들이었다. 당시 이 건의서에 대해 문교부는 국사편찬위원회(이하 국편)에 대책을 세우도록 하였고, 국편은 국사편찬위원과 학계 중견학자들의 의견을 모아 회신문을 발표했다. 그 내용은 다음과 같았다.

안호상 씨의 건의 내용은 역사의 발전 과정을 총체적으로 파악하지 못하고 사료에 대한 충분한 비판과 해석이 결여되어 있다. 특히 인접 과학인 고고학의 뒷받침이 전혀 없고 (…) 단편적이고 지엽적인 자료만으로 역사를 해석하고 있다. 더욱이 교과서는 국민교육에 가장 기본적인 교재이므로 새로운 학설이 제시된다 해도 학계의 정설로 정립되기까지는 교과서에 수록할 수 없다.[09]

회신문을 받은 사이비역사학 측은 자신들의 주장이 쉽게 받아들여지지 않자 이를 법원에 제소히 였다. 그러나 법원에서는 학문적 내용이 사법적 심

---

09) 「國史 교과서 개편 주장에 편찬위원회서 반박 聲明 "제시된 意見은 신빙성 희박"」, 『경향신문』 1978.
　　11. 15, 5면.

판의 대상이 될 수 없다는 이유로 원고 패소 판결을 내렸다.

대통령에 대한 건의서와 행정소송 모두가 받아들여지지 않았음에도 이들의 교과서 개정 요구는 그치지 않았다. 이들은 1980년 제4차 교육과정 개정 작업이 시작되자 자신들의 주장을 교과서에 반영시킬 좋은 기회로 여기고 교과서 개정을 위한 본격적인 공세를 시작했다. 그 과정에서 학생과 군인들을 대상으로 한 강연회와 책자를 보급하는 한편, 1981년에는 국회에 '국사 교과서 내용 시정 요구에 관한 청원'을 제출하기에 이른다. 이 청원 내용 역시 앞서 1978년 대통령에 건의했던 내용과 차이가 없었다. 이들의 청원이 제기되자 국회에서는 11월 26일~27일 양일에 걸쳐 공청회를 열었다. 공청회에서는 주요 쟁점이 된 단군·기자의 실존 문제, 고조선의 강역 문제, 한사군의 존재와 위치 문제, 신라의 강역 문제, 백제의 중국 지배 문제 등에 대해 양측의 공방이 오갔다. 언론에서는 기존 학계의 견해가 비교적 설득력이 있다고 판단하였으나, 국회의원을 비롯한 국민정서는 사이비역사학 측의 주장에 많은 공감대를 형성했던 것으로 보인다.[10] 결과적으로 공청회 이후 국사 교과서에는 일부이기는 하지만 사이비역사학 측의 주장이 반영되어 서술되었다. 사이비역사학 측의 청원과 공청회 개최는 4차 교육과정 개편 과정에서 벌어진 일이었다. 공청회가 국민적 관심을 끌었던 사항인 만큼, 공청회에서 다뤄진 내용을 무시할 수는 없었던 것으로 보인다. 이와 관련한 언론의 보도를 보면 다음과 같다.

이번 국사 교과서 수정에서 가장 눈길을 모으는 것은 단군조선의 건국을 비

---

10) 윤종영, 앞의 책, 1999, 94쪽.

롯해 고대 우리 민족의 이동과 강역을 밝힌 것이다. (…) 지금까지 대동강 유역의 평양에 묶어두었던 고조선의 강역을 요서 지방과 만주 서남부 일대로 확대해서 본 것이다. 일제식민사학이 강조한 한군현(漢郡縣)도 고조선 일부 지역을 침식한 것으로 수정하고 있다.[11]

위의 기사를 통해서도 알 수 있듯이 1981년 공청회 당시 가장 문제가 된 분야였던 단군조선과 고조선 문제, 한군현 문제 등이 사이비역사학의 주장을 반영하는 쪽으로 변화했음을 확인할 수 있다. 〈표 1〉은 3차와 4차 교육과정기에 고조선 관계 서술이 어떻게 변화했는지를 단적으로 보여주고 있다.

〈표 1〉에서 볼 수 있듯이, 3차와 4차 교육과정기의 두드러진 특징 중 하나는 단군에 대한 설명에서 그 소제목부터 차이를 보이고 있다는 점이다. 3차 교육과정기 교과서는 '단군신화'라는 소제목 아래 단군왕검이 고조선을 건국한 과정이 신화적 사실(史實)임을 명확히 하고 있으나, 4차 교육과정기 교과서는 '단군의 건국과 고조선'이라는 소제목 아래 『삼국유사』에 전하는 단군의 고조선 건국이 실재하였던 것처럼 서술하고 있다. 특히 단군의 고조선 건국 연대를 표기한 것은 사이비역사학 측의 주장을 그대로 수용한 결과였다. 사이비역사학 측에서 지속적으로 제시했던 단군의 신화화에 대한 문제제기가 일부 받아들여진 것이다.

이렇듯 단군에 대한 강조가 이루어진 것은 처음 국사 교과서에 문제를 제기했던 사이비역사학 측의 구성원들이 가지고 있었던 특징이었다. '국사찾기협의회'의 중심인물이었던 안호상은 1964년 배달문화연구원장을 지냈을

---

11) 『경향신문』 1982. 12. 6, 7면.

〈표 1〉 3차·4차 교육과정기 국사 교과서의 고조선 관계 서술

		3차 교과서	4차 교과서
고조선 건국	제목	단군 신화	단군의 건국과 고조선
	내용	우리나라에는 청동기 문화가 성립되면서부터 우세한 부족들이 대두하였다. 그들은 스스로를 하늘의 아들이라고 믿었다. 그리하여, **하느님의 아들인 환웅과 곰의 변신인 여인 사이에서 출생한 단군왕검이 고조선을 건국하였다는 단군신화를 가지기에 이르렀다.** (…) 천신의 아들이 내려와 건국하였다고 하는 **단군신화는 우리나라 최초의 건국신화로서,** 당시 고조선 사회를 이끌어 나가는 세계관의 구실을 하였으며, 뒤에 민족 문화 전통의 정신적 지주가 되어왔다.	**삼국유사에는 하느님의 아들인 환웅과 곰의 변신인 여인 사이에서 출생한 단군왕검이 기원전 2333년에 고조선을 건국하였다는 내용이 실려 있다.** (…) 그 후, 우리나라는 오랫동안 독자적인 문화를 이룩하며 발전하였는데, 이 시기를 고조선이라 한다.
고조선과 한사군	제목	고조선의 변천/ 한 군현의 세력	고조선의 변천
	내용	처음에 산둥반도와 북중국 방면에 있던 동이족들은, 전국 시대에 중국에서 각 지방의 소국가들을 통합하는 파동이 일어나자, 만주와 한반도로 이동해 왔다. (…) 그 뒤 진(秦)·한(漢) 교체기에 또 한 차례의 파동이 일어나면서 이주민이 우리나라에 들어오게 되었다. 기원전 195년경, 고조선 북방에 와서 이주민 세력의 대표가 된 위만은 고조선의 준왕을 쳐서 나라를 빼앗았다. (…) 한편, 한(漢)은 고조선이 자기네들의 무역을 방해할 뿐만 아니라, 동방 침략 기지인 요동 지역을 위협하였으므로 대군을 이끌고 침입하였다. 고조선은 이에 대항하여 1년간이나 싸우다가, 왕검성(평양)이 함락되면서 망하고 말았다(B.C. 108). (…) **한은 고조선을 넘어뜨린 후 낙랑, 진번, 임둔, 현도의 4군을 두어 식민지로 만들었다.** **그러나 임둔군과 진번군은 한의 군현을 축출하려는 토착 세력에 견디지 못하여 곧 없어지고, 통구(퉁코우)의 현도군도 요동 방면으로 쫓겨갔다. 다만, 낙랑군과 후한 말기에 옛 진번군 지역에 설치되었던 대방군만이 오래 계속되다가, 고구려와 백제에게 망하였다.**	산둥반도와 중국 북동부 지방에까지 널리 분포하여 살던 예맥족들은, 기원전 4세기를 전후하여 중국이 전국시대에 들어가 각 지방에서 정치적 변동이 일어나자 만주와 한반도로 이동해 왔다. (…) 그 뒤 진(秦)·한(漢) 교체기에 또 한 차례의 정치적 변동이 일어나면서 이주민이 우리나라에 들어오게 되었다. 기원전 2세기 초, 고조선 북방에 와서 이주민 세력의 대표가 된 위만은 고조선의 준왕을 쳐서 왕위를 빼앗았다. 위만의 지배 세력은 발달한 철기 문화를 가진 이주민 집단이었다. 이들은 아직 청동기 문화에서 벗어나지 못한 부족장 세력들과 연맹을 맺으면서 성장하고, 중국과 우리나라 남방 사회와의 중계무역을 통하여 강성해졌다. (…) 한은 고조선이 자기네들의 무역을 방해할 뿐만 아니라 요동 지역을 위협하였으므로, 대군을 이끌고 침입하였다. 고조선은 이에 대항하여 1년간이나 싸웠으나, 왕검성이 함락되면서 망하였다(B.C. 108). 한은 고조선의 일부 지역에 낙랑, 진번, 임둔, 현도의 4군을 두었다. 그러나, 우리 민족은 이에 대항하여 이들을 축출하면서 계속 발전하였다.

뿐만 아니라 1992년에는 대종교 총전교를 지냈을 정도로 대종교와 관계가 깊은 인물이었다.

대종교는 단군을 교조(教祖)로 하는 종교로서 특히 역사학적으로는 단군을 민족의 시조로 강조하는 다양한 저작들을 내놓기도 했다. 그 대표적인 것 중 하나가 『환단고기』이다. 『환단고기』는 단군 이래 민족의 기층문화에 뿌리를 둔 고유 신앙을 정신적 기반으로 하여 우리나라 상고시대 단군조선을 대통일 민족국가의 역사로 적은 책으로 알려져 있다. 동이 문화에 대한 자부심과 중국에 대한 사대의식 배척을 특징으로 한다는 주장과는 달리, 오히려 일본 제국주의 논리의 왜곡된 체험을 바탕으로 민족주의를 표방하는 서술을 하고 있다는 오류를 범하고 있으며, 그 내용에도 위작(偽作)으로 볼 측면이 많다는 비판이 있다.[12]

대종교 계열 역사인식을 바탕으로 구성된 '국사찾기협의회'와 같은 사이비역사학 측의 주장은 민족주의 역사 서술이 가질 수 있는 역기능적 측면을 고스란히 담고 있었다.

우리나라에서 민족주의 역사 서술은 국권 침탈의 과정에서 본격적으로 시작되었다. 신채호를 중심으로 하는 민족주의 역사가들은 국권 침탈로 인해 더 이상 국가와 민족의 역사를 동일하게 서술할 수 없게 되자 이를 극복하는 새로운 서술 방법을 찾았다. 그 과정에서 단군을 시조로 하는 역사 서술 방식을 취하게 되었고, '민족의 시조=단군'의 구도를 만들어냈던 것이다. 이러한 역사 서술 방식은 그 시대적 요구에 의한 것이었다고 할 수 있다. 그러나 해방 이후 이미 40여 년이 지난 시점에서 여전히 그와 같은 역사인식을 가지고 '민족'을 강조하는 것은 학문적 발전 수준이나 당시 시민의식의

---

12) 박광용, 「대종교 관련 문헌에 위작 많다─『규원사화』와 『환단고기』의 성격에 대한 재검토」, 『역사비평』 11, 1990 여름호, 211~220쪽.

수준을 볼 때 매우 퇴보된 역사인식이었다고 할 수 있다. 그럼에도 사이비역사학 측에서 지속적으로 단군 중심의 '단일민족의식'을 강조했던 것은 당시 정권의 정치적 목적과 결합하여 더욱 큰 힘을 발휘했다.

한편 한사군에 대해서는 별도의 소제목을 두고 한 단락에 걸쳐 서술되었던 내용이 4차 교육과정에 와서는 고조선의 변천 부분에서 한에 의해 4군이 두어졌으나 우리 민족이 이에 대해 저항하며 성장했음을 서술하는 것으로 반감되었다. 그 위치 문제에 대해서는 평양을 중심으로 한 한반도 북부설과 요동·요서설이 있음을 각주로만 처리하여 사이비역사학 측의 문제제기 가능성을 차단하고자 하였다.

이러한 교과서 수정은 신군부의 5공화국 국정지표에 따른 것으로, 올바른 민족사관의 확립과 우리 역사에 대한 긍지를 통해 민족중흥에 이바지한다는 목표 아래 이루어진 것이었다.[13] 그러나 이는 그동안의 연구성과가 반영된 것이라기보다는 단군조선의 건국과 고조선 영역 문제를 집요하게 제기했던 사이비역사학 측의 주장을 수용한 최소한의 정치적 반응이었다는[14] 데문제가 있다.

교과서 개정은 당시 학계의 연구성과 변화에 따른 것이 아니었다. 이는 변화된 내용이 주로 고조선 문제, 한사군 문제, 백제의 해외진출 문제 등 영토사 관련에 국한되어 있었다는 점을 통해서도 알 수 있다. 신군부는 자신들의 정치적 목적을 위해 '민족적 긍지'를 내세운 사이비역사학 측의 주장을

---

13) 문교부, 『초·중·고등학교 교육과정(1946~1981—사회과·국사과)』, 대한교과서주식회사, 1986, 360쪽(李富五, 「제1차~제7차 교육과정기 국사 교과서에 나타난 고대 영토사 인식의 변화」, 『한국 고대사탐구』 4, 2010, 248쪽 재인용).

14) 李富五, 앞의 글, 2010, 248쪽.

일부 수용한 것이다.

국사편찬심의회의 구성과 '민족'교육의 지속

교과서 문제는 이 시기에 국한된 것이 아니었다. 사이비역사학 측의 행정소송, 국회 청원 등을 통해 불거진 국사교육에 대한 문제제기는 이후에도 지속되었다.

1986년 『조선일보』에서 광복 41주년 특별기획으로 게재한 〈우리역사 점검〉 중 8월 15일 1면에 실린 기사 「국사 교과서 새로 써야 한다」는 국사 교과서 문제를 다시 촉발시키는 계기로 작용하였다. 여기서는 "일본의 역사왜곡 이길 고대사교육 회복 시급", "삼국 건국연대·시조 등 증발"과 같은 표제 아래 사이비역사학 측의 주장을 답습하는 내용이 주를 이루었다.

『조선일보』 기사가 나간 뒤 교육부는 이에 대한 대비책으로 국사편찬심의회를 구성하고 이 기구를 통해 국사 교과서 편찬준거안을 만들기에 이른다. 그와 함께 1987년 2월 25~26일에 걸쳐 「한국 상고사의 제문제」라는 주제로 한국정신문화연구원(이하 정문연)에서 고조선의 영토 문제 등을 주제로 대규모 학술회의를 개최하기도 하였다.

정문연 학술회의는 대중에게 공개되었기 때문에 천여 명에 가까운 청중들이 모여들 정도로 성황을 이루었으나, 결국 사이비역사학 측의 영향을 받은 대중들의 기존 사학계에 대한 일방적 공세로 인해 제대로 된 학술적 성과를 보기에는 무리가 있었다.

이런 과정을 통해 확정된 국사 교과서 편찬준거안은 고대사 부문 17개항, 중·근세사 부문 7개항, 근·현대사 부문 6개항, 일반·역사교육 부문 4개항으로 구성되었다.[15] 특히 고대사 부문 17개항 중 5개항이 고조선과 한군현의 문제를 다루고 있어, 당시 교과서 개편 과정에서 고대사, 특히 고조선을 중심으로 한 역사에 대한 관심이 높았음을 알 수 있다. 이 외에도 백제의 요서 지방 진출, 삼국 및 가야의 일본 진출과 이들의 문화 전파가 일본에 끼친 영향, 임나일본부설의 허구성 문제, 삼국통일 과정에서 신라인의 당군 축출 강조 등에서 알 수 있듯이 '민족'의 주체성과 우수성을 강조하는 서술을 하고자 했던 의도를 읽을 수 있다.

이후 편찬준거안을 바탕으로 만들어진 제5차 교육과정의 교과서가 1990년부터 발행되어 사용되었다. 제5차 교육과정 교과서의 두드러진 특징은 단군의 고조선 건국에 관한 서술의 강화와 사이비역사학 측의 견해가 더욱 많은 부분에서 수용된 점이었다. 고조선과 관련해서는 '단군과 고조선'이라는 소제목 아래 다음과 같은 내용을 실었다.

고조선은 단군왕검(檀君王儉)에 의해 건국되었다고 한다(B.C. 2333) (…) 고조선의 건국 사실을 전하는 단군 이야기는 우리 민족의 시조신화로 널리 알려져 있다. (…) 이 기록은 청동기 문화를 배경으로 한 고조선의 성립이라는 역사적 사실을 반영하고 있다. 기록에 의하면 이 시기에는 사람들이 산림 지대에 거주하면서 농경을 하고 있었다. 이때, 환웅 부족은 태백산의 신시를 중심으로 세력을 이루었고, 이들은 하늘의 자손임을 내세워 자기 부족의 우월성을 과시하였다. (…) 이러한 내용은 신석기시대 말기에서 청동기시대로 발전하는 시기에 계급의 분화와 함께 지배자가 등장하면서 이전과는 다른 새로운 사회질서가 성립되는 과

---

15) 「國史 교과서 편찬 準據 확정案」, 『경향신문』, 1987. 6. 6, 10면.

정을 보여주고 있다. "널리 인간을 이롭게 한다(弘益人間)"는 것도 새로운 질서의 성립을 의미하는 것이다. (⋯) 그 후 고조선은 왕검성을 중심으로 독자적인 문화를 이룩하면서 발전하였다. 그리하여 B.C. 3세기경에는 부왕(否王), 준왕(準王)과 같은 강력한 왕이 등장하여 왕위를 세습하였으며 (⋯).[16]

이와 함께 〈고조선의 세력 범위〉라는 제명으로 지도를 실었다(그림 1). 교과서는 단군 이야기가 민족의 시조신화라고 언급하고 있으나, 전체적인 내용을 보면 단군왕검에 의한 고조선의 건국이 신화가 아닌 사실처럼 서술되고 있다. 더욱이 이후 고조선의 발전을 설명하는 과정에서 보이는 강력한 왕의 등장과 왕위 세습을 언급할 때는 마치 고조선이 강력한 고대왕국을 이룬 것과 같은 인상을 주고 있다.

이는 고조선 세력 범위를 나타내는 지도(그림 1)와 함께 제시됨으로써 광대한 영토를 가진 고대국가 고조선의 이미지를 부각시키는 효과를 가져왔다. 문제는 제시된 그림이 비파형 동검의 분포를 바탕으로 만들어진 것으로,[17] 당시 비파형 동검을 사용했던 사람들의 분포, 즉 문화권을 보여주는 것일 뿐이라는 점이다. 이에 비해 세력 범위는 지배영역 내지는 정치적 영향력이 미치는 지역을 설명하는 것이라는 점에서 의미가 다르다.[18]

더욱이 이 지도에는 시기에 대한 표시가 없어 마치 고조선이 성립 단계부터 광활한 영토를 지닌 강력한 제국이었던 것처럼 인식될 위험성도 있다.

---

16) 국사편찬위원회 편, 『고등학교 국사』 상, 대한교과서 주식회사, 1990.

17) 지도에서 고조선의 세력 범위는 점으로 표시된 일부 지역이며, 이 지역은 대체로 비파형 동검의 분포 범위를 중심으로 작성된 것이다.

18) 조인성, 「'고대사 파동'과 고조선 역사지도」, 『한국사연구』 172, 2016, 20쪽.

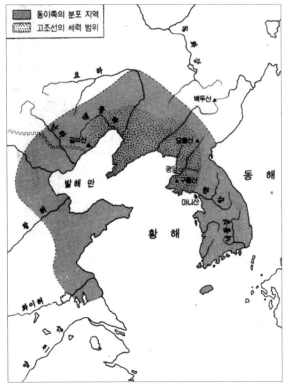

<그림 1> **고조선의 세력 범위?** 5차 교육과정기 『고등학교 국사』
(상)에 수록된 '고조선의 세력 범위' 지도.

또한 〈그림 1〉에서 고조선의 세력 범위와 동이족의 분포 범위를 겹쳐서 제시하고 있는 것 역시 고조선의 범위를 더욱 넓게 인식하게끔 만드는 착시 효과를 준다. 즉, 점으로 표시된 고조선의 세력 범위 위에 동이족의 분포 지역을 더욱 짙은 색으로 표시한 뒤 지도의 제목은 '고조선의 세력 범위'라고 붙임으로써 마치 동이족의 분포 지역이 고조선의 세력 범위로 보이도록 한 것이다.

이러한 '고조선 이미지 만들기'는 고조선 이후에 건국된 국가들의 발전 단계 자체를 서술하지 않는 방식으로 이어졌다. 이 서술에 따르면, 이미 단군에 의해 건설되어 강력한 고대국가로 발전한 고조선이 설정되어 있기 때문에 이후 우리 역사 속에서 성립·발전한 여러 고대국가들의 국가 발전 과정과 이를 아우르는 역사 발전 과정이 서로 모순되는 현상을 보일 수밖에 없었다. 이를 극복하기 위해 대안으로 설정된 것이 '여러 나라의 성장'과 같은 모호한 표현이었다. 이는 1987년 마련된 국사 교과서 편찬기준안 중 고대사 부문의 9번째 항에서 제시한 "한국 고대의 국가 발달 단계는 1. 군장국가, 2. 연맹왕국, 3. 중앙집권국가의 순서로 기술함을 원칙으로 한다"는 내용과도 부합하지 않는 서술이다.

'여러 나라의 성장'에 대하여 교과서 본문은 고구려의 5부족 연맹, 삼한의 마한·진한·변한 연맹체 등에 대해 설명하고 있지만, '여러 나라'라는 제목이 주는 어감은 이러한 발전 단계를 전혀 인식하지 못하게 한다는 점이 문제다. 이는 3차 교육과정 교과서 중단원의 제목이 '2. 부족국가의 성장과 그 문화', 소단원의 제목이 '철기문화와 부족국가의 성장'으로 설정되어 그 발전 단계를 제목에서부터 인식할 수 있도록 했던 것과도 명확한 차이를 보인다. 이러한 변화는 4차 교육과정기부터 시작되어 5차 교육과정기에는 완전히 뿌리를 내리고 있다.

이렇듯 고조선 이후에 성립한 국가들에 대해 그 역사적 발전 단계를 명확히 알 수 없는 방식으로 서술 방식을 바꾼 것은 '여러 나라'로 표현된 국가들과 고조선과의 관계에 기인한 결과라고도 볼 수 있다. '여러 나라'가 성립되기 이전에 존재했던 고조선을 강대한 고대국가로 설명함으로써 이후 성립된 나라들은 '강대했던 고조선'이 멸망한 뒤 이들이 분열하면서 성립·성장했던 나라들로 이미지화한 것이다. 결국 강력한 고대국가인 고조선이 전제되면서 만들어진 왜곡된 허상이라고 할 수 있다.

한편 교과서는 백제의 요서 지방 진출을 설명하면서도 문제를 노출하고 있다. 이미 2차 교육과정 교과서에서부터 백제의 요서 지방 점령과 산동 지방을 매개로 한 활발한 해외진출을 적시하고 있다. 백제의 요서 지방 점령은 지금까지 논란이 있는 학설로, 이를 교과서에 사실로서 기술하는 것은 문제가 있다. 그럼에도 5차 교육과정 교과서는 이러한 사실을 적시하는 것을 넘어 〈백제의 발전(4세기 후반)〉이라는 표제하에 지도를 제시함으로써 백

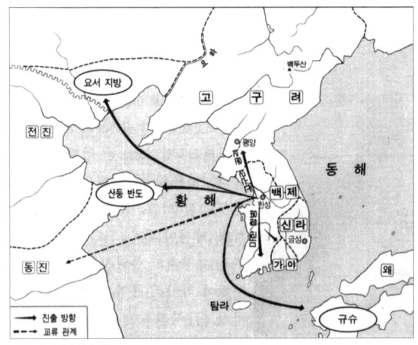

<그림 2> 백제의 해외진출?
5차 교육과정기 『고등학교 국사』 상에 수록된 '백제의 발전(4세기 후반)' 지도.

제의 요서 지방 및 산둥반도 진출을 명확화했다. 〈그림 2〉를 보면, 동진과의 '교류'는 점선 화살표로 표시한 것과 달리 요서 지방, 산둥반도로 향한 화살표는 고구려 공격, 마한 병합 등과 같은 굵은 선으로 표시되어 있어 그 의도를 분명히 드러낸다.

백제의 요서 지방 진출과 같은 서술은 결국 사이비역사학 측이 만들고자 했던 우리나라 고대사상의 단면을 보여주는 것이다. 우리 민족의 우수성과 주체성을 강조하면서 그들은 강력한 고대국가를 주장하게 되었고, 그 증거로서 내세운 것이 넓은 영토를 가진 강력한 국가였다. 고조선과 고구려의 넓은 영토와 대 중국 투쟁 과정이 그것을 보여주는 중요한 증거였으며, 백제 역시 한반도 남부에 국한된 작은 나라가 아니라 중국 대륙과 왜까지 그 영향력을 뻗친 강력한 국가로 이미지화했던 것이다. 그리고 〈그림 1〉과 〈그림 2〉 같은 지도를 제시함으로써 그 시각적 효과를 더욱 크게 만들고자 했다.

'민족'이라는 이름 아래 감춰진 허상

교과서는 각 교육과정 별로 제시되는 교육목표를 반영하여 만들어진다. 때문에 당시 교육과정에서 어떠한 것을 목표로 삼았는가에 따라 각 교과별 교육 내용도 달라질 수밖에 없다.

4차 교육과정은 1980년 12·12쿠데타를 통해 집권한 신군부의 국정 지표에 따라 만들어진 것이다. 1981년 12월에 고시된 4차 교육과정의 교육목표 중 총론의 마지막 항은 "우리의 민족 문화를 창조적으로 계승하며, 국가 발전에 참여하고, 국가 수호와 평화통일의 의지를 가지게 한다"[19]라고 되어 있다. 이를 바탕으로 국사과에서는 "한국사에 대한 종합적 이해를 통해 올바른 민족사관을 확립시키고, 우리 역사에 대한 긍지를 배양하며, 자주적인 태도로 민족중흥에 이바지하게 한다"[20]는 교과목표가 설정되었다. 이는 당시 신군부가 자신들의 정통성을 확보하기 위해 만들어낸 국가의식의 강조라는 국성 시표와 궤를 같이하는 것이다.

---

19) 국가교육과정정보센터, 「우리나라 교육과정—4차 시기 고등학교(1981. 12) 총론」.
20) 국가교육과정정보센터, 「우리나라 교육과정—4차 시기 고등학교(1981. 12) 국사과」.

5차 교육과정은 1987년 6월 민주항쟁으로 민주주의에 대한 의식이 고조된 상황에서 마련되었다. 그에 따라 국사과의 교육목표도 새롭게 설정되었다. 이를 살펴보면 다음과 같다.[21]

> 한국의 역사를 구조적으로 파악하여 그 발전의 특성을 이해하고, 역사 학습 과정을 통해 탐구 기능과 문제 해결 능력을 기르며, 올바른 역사의식을 바탕으로 새 문화 창조와 민주사회 발전에 기여하게 한다.
>
> 1) 한국사의 전개 과정을 문화 및 사회·경제면을 중심으로 파악하여, 이를 종합적으로 인식하게 한다.
>
> 2) 한국의 전통과 문화의 특질을 세계사적 보편성과 관련시켜 인식하게 한다.
>
> 3) 역사적 사실과 각 시대의 성격을 객관적으로 해석하고, 이를 현재적 관점에서 비교, 평가할 수 있는 비판적 사고력을 기르게 한다.
>
> 4) 역사 자료를 조사·분석·종합하는 기능과 역사적 방법으로 문제를 해결하는 능력을 기르게 한다.
>
> 5) 향토 문화에 대한 흥미와 관심을 높이고, 민족 문화에 대한 자부심을 가지며, 새 역사 창조에 적극 참여하는 태도를 가지게 한다.

위의 교육목표에 따르면 "올바른 역사의식을 바탕으로 새 문화 창조와 민주사회 발전에 기여"하는 것을 국사과 교육의 목표로 삼고 있음을 알 수 있다. 이에 대한 세부 방침을 살펴보면, 이전에 비해 민족에 대한 내용이 크게 줄어든 듯도 보인다. 그러나 5항에 따르면 여전히 "민족 문화에 대한 자

---

21) 국가교육과정정보센터, 「우리나라 교육과정—5차 시기 고등학교(1988. 3) 국사과」.

부심"을 강조하고 있어, 이 시기에도 민족적 요소가 완전히 배제된 것은 아니었음을 알 수 있다. 이는 그 세부 내용에서 고대에 관한 서술 지침을 "삼국의 성장으로부터 통일신라와 발해의 번영에 이르기까지 고대사회의 발전 과정을 동아시아의 정세와 관련하여 파악하게 하고, 토착문화의 기반 위에 외래문화를 받아들여 민족 문화의 기초를 확립한 고대 문화의 특성을 인식하게 한다"고 한 데서도 찾아볼 수 있다.[22] 정치적 민주화는 이루어졌으나, 여전히 역사인식에서는 민족의 요소가 강조되고 있었던 것이다.

그렇다면 교과서 내용에서 '민족주의'적 요소가 강화되어가는 양상은 무엇 때문이라고 볼 수 있을까? 이 지점에서 생각해봐야 할 것이 사이비역사학의 영향이다. 1978년 행정소송을 벌이면서 본격적으로 시작된 사이비역사학 측의 국사 교과서에 대한 문제제기는 이후로도 국회 청원, 대중강연 등을 통해 강화되어가는 양상을 보인다. 행정소송이나 국회 청원 등은 공식적인 문제제기라는 점에서 많은 관심을 끌었다. 그 과정에서 이들의 주장은 상당히 광범위한 대중적 지지를 얻어내기도 하였다. 이슈화와 이를 통한 대중적 지지의 확보는 그것에 그치지 않고 교과서 내용 자체에도 많은 영향력을 미쳤다.

교과서 문제에서 가장 먼저 언급되는 것은 언제나 '민족'이었다. 사이비역사학 측은 단일민족으로서 역사를 영위해온 우리 '민족'의 역사를 지켜내고 민족사적 정통성을 지키는 것이 중요함을 강조해왔다. 때문에 '민족사'를 지켜내기 위해서는 반느시 단군 역사를 지켜내야 했던 것이다. "우리의 조상인 단군을 부정한다면, 우리는 한민족이 될 수 없게 되고, 그것은 민족

---

22)   국가교육과정정보센터, 「우리나라 교육과정—5차 시기 고등학교(1988. 3) 국사과」.

을 부정하는 일인 동시에 민족을 완전히 남북으로 분열시키는 일"[23]이라거나 "단군을 실체로 보느냐 신화로 보느냐 하는 문제는 『삼국유사』나 『제왕운기』 기록이 너무 짧아 의심이 가지만 신화적으로는 표현되어 있다고 해서 사실이 아니라고 부인할 근거가 없다. (…) 그러니 이것을 버릴 것이 아니라 교과서에 수록하여 단일민족임을 강조하자"[24]는 이들의 주장은 오로지 '민족'을 위해서라면 그 사실성 여부에 상관없이 교과서에 수록하고 사실로서 가르쳐야 한다는 주장이라고 할 수 있다.

이들의 '민족'사에 대한 강조 논리는 영토사 인식에서 더욱 크게 드러난다. 고조선의 강역 문제, 한사군의 위치 문제, 백제의 요서 진출 등의 사안에서 과거 넓었던 우리의 영토를 좁게 설정한 것은 '민족의 영광된 역사'를 부정하는 것이라고 받아들이고 있다. 광활한 영토를 가지고 있었던 고조선, 중국까지 진출한 백제 등은 우리 '민족'의 매우 자랑스러운 역사이므로 이에 대해서는 자세한 기술을 하여야 한다고 주장하는 것이다.

그러나 이러한 주장들이 과연 이들이 말하는 대로 '민족사적 정통성'을 확보하고 '민족사'를 바로 세우는 것이라고 볼 수 있을지에 대해서는 의문이 든다. 과연 저들의 주장처럼 단군을 강조하고 고대국가가 광활한 영토를 차지하고 있었음을 강조하는 것이 식민주의 사관을 극복하고 진정한 '민족사'를 세우는 길이라고 할 수 있을까.

넓은 영토를 가진 국가가 위대한 국가이며, 그렇지 않으면 열등하다고 인식하는 것은 결국 식민사관의 함정에 빠지는 일이라는 지적은 이미 이기백

---

23) 윤종영, 앞의 책, 57쪽 인용.
24) 위의 책, 58~59쪽 인용.

에 의하여 이루어진 바 있다.[25] 즉 우리 역사 속 국가들이 넓은 영토를 가졌다고 기술하는 것은 식민주의 사관을 극복하는 것이 아니라 식민주의 사관이 우리 역사의 타율성을 강조하는 기반이 된 지리적 결정론의 함정에 빠지는 것일 뿐임을[26] 경고하고 있는 것이다.

이러한 역사학계의 주장은 합리적 관점에서 이루어진 비판임에도 대중들에게 그다지 큰 반향을 일으키지는 못했다. 오히려 사이비역사학 측에서 제시한 '영광된 우리 민족의 역사'가 대중들에게는 훨씬 더 자극적이면서 받아들이기 쉬운 것이었다. 더욱이 사이비역사학 측은 '영광된 역사'를 주장하는 자신들을 식민주의 사관에 맞서 싸우는 '민족사학자' 혹은 '투사'로 이미지화함으로써 대중적 공감대를 이끌어냈다. 그러나 그들이 자신들을 포장하기 위해 사용하고 있는 '민족주의 사학'이라는 포장지는 그 자체로서 한계를 가지고 있는 것이기도 했다.

민족주의 사학은 기본적으로 현실참여 사학(史學)이었다. 이들은 학문적 활동뿐 아니라 행동을 통해 그들의 정치적 목표를 달성하려 하였고, 때문에 역사가의 신념이 강할수록 정당치 못한 방법이라도 바라는 결론에 도달하기 쉽다는 점에서 한계를 지니기도 했다.[27] 우리 역사 속에서 민족주의 사학자로서 가장 대표적인 사람이라고 할 수 있는 신채호 역시 이러한 민족주의 사학이 가진 현실참여적 성격을 내포한 역사가였다. 특히 신채호에게 역사학은 일제에 대항하는 독립운동의 하나였으며, 때문에 그는 민족의 위대한

---

25) 李基白, 「半島的 性格論 批判」, 『韓國史 市民講座』 제1집, 일조각, 1987.

26) 강진원, 「식민주의 역사학과 '우리' 안의 타율성론」, 『한국 고대사와 사이비역사학』, 역사비평사, 2017, 47~50쪽.

27) 梁秉祐, 「民族主義史學의 諸類型」, 『韓國史 市民講座』 제1집, 일조각, 1987, 143~145쪽.

과거를 발굴해냄으로써 이를 통해 동포를 각성시키고 고무시키고자 하였던 것이다.[28] 신채호가 표방했던 민족주의 사학의 시각은 그 시대적 배경에서 생각할 때 충분히 의미가 있는 것이었지만, 그렇다고 그의 역사학적 시각을 현재에도 그대로 적용하는 것은 문제가 있다.

다른 민족 혹은 다른 국가의 압박이 강하면 강할수록 그에 비례하여 민족주의 사상은 더욱 고조될 수밖에 없다. 그리고 다른 민족의 압박이 극한에 달하면 단일민족주의 사상은 민족지상주의 내지 국가지상주의로 치닫고, 모든 것의 역사적 의의를 민족에서 구하려는 속성을 지니게 된다. 민족주의에서는 민족을 극도로 숭상하고 불가분의 단위임을 표방하기 위해 민족을 피의 연결로 보는 동시에 하늘이 부여한 신성한 사명감으로 고취시키고자 한다.[29] 앞서 살펴본 교과서 문제 속에서 사이비역사학 측이 주장한 단군왕검 실존 문제와 이를 통한 단일민족의식의 고취는 극단적 민족주의를 아주 잘 보여주는 것이라고 할 수 있다.

민족주의는 서구 유럽에서 근대국가를 형성하고 발전시킨 하나의 이데올로기였다.[30] 이러한 민족주의를 극대화시킨 가장 대표적인 국가가 바로 프랑스였다. 프랑스는 1790년 프랑스혁명 과정에서 민족주의의 가장 발달된 형태를 겪었다. 이때 프랑스의 민족주의는 자유의 공동체로서의 조국과 민족을 받드는 것으로, 조국의 영광과 민족의 사명은 자유의 원리를 안으로 관철하고 밖으로 확대하는 것으로 받아들여졌다.[31]

---

28) 위의 글, 146쪽.

29) 이기원, 「民族主義란 무엇인가?」, 『정신문화연구』 17-2(통권 55호), 1994, 10쪽.

30) 위의 글, 5쪽.

31) 梁秉祐, 앞의 글, 1987, 140쪽.

이러한 프랑스의 민족주의와는 완전히 다른 형태의 민족주의가 독일에서 나타난다. 당시 300여 개의 소국으로 나뉘어 있던 독일에게 가장 중요한 과제는 통일이었고, 이는 현실정치가 비스마르크의 영도 아래서 이루어졌다. 이후 독일에서는 민족의 외적 자유를 내세워 내적 자유를 누르고 국가와 권력을 이상화하는 형태로 민족주의를 발달시켰다. 독일식 민족주의는 당시 피지배민족, 특히 식민지배 상태에 있던 아시아·아프리카의 나라들에 영향을 끼쳤다. 이들 민족이 자유를 가지려면 먼저 외적 자유, 즉 독립을 쟁취해야 했기 때문이다. 따라서 그들의 민족운동은 독립운동이자 해방운동이었다.[32] 일제강점기의 대표적 민족주의 사학자로 꼽히는 신채호는 바로 이러한 민족주의의 영향을 받은 것이라고 할 수 있다. 신채호의 민족주의 사학은 일제에 의한 식민지배라는 현실을 극복해야 한다는 시대적 소명 아래서 만들어진 것이라고 할 수 있다.

그러나 지금의 현실은 다르다. 더 이상 '민족', 특히 '단일민족'을 강조하는 것은 의미가 없다. 현대사회는 이미 민족의 일체감과 소속의식을 고유문화에 의지하여 만들어가는 시대가 아니다. 혈통과 언어, 문화의 순수성이나 고유성에 대한 관념은 지양되어야 할 가치로 여겨지고 있다.[33] 그럼에도 아직까지 우리 사회에서 여전히 '민족', '민족주의'라는 가치가 여전히 그 힘을 발휘하고 있는 것은, 청산되지 않은 과거에 의한 결과일 수도 있다. 그런 한편 이러한 상황을 자신들의 목적을 위해 이용하고 있는 사람들에 의해 끊임없이 재생산된 결과이기도 하다. 그 점을 가장 잘 알 수 있는 것이 최근 불거

---

32) 위의 글, 141~142쪽.
33) 吉玄謨, 「民族主義史學의 問題」, 『韓國史 市民講座』 제1집, 일조각, 1987, 160쪽.

진 국사 교과서 문제라고 생각된다.

최근 국사 교과서 문제에 부쳐

2015년 10월 12일 교육부가 중고등학교 역사 교과서에 대한 국정화 전환을 행정예고하고, 약 20일 뒤인 11월 3일 '중·고등학교 교과용 도서 국·검인정구분'을 고시함으로써 한국사 교과서의 국정화를 확정고시하였다. 이에 따르면 2017년부터 국정 역사 교과서가 학교교육에 사용되는 것이다. 교육부는 역사 교과서 국정화 전환과 관련하여 "역사 교과서의 경우에는 검정제 도입('02~) 이후 끊임없는 사실오류 및 편향성 논란이 제기되어 사회적으로 문제가 되어왔다. 이에 교육부는 2014년 업무보고 시 '역사적 사실에 입각한 균형 잡힌 한국사 교과서 개발을 추진하겠다'고 보고(2014. 2. 13)하고 (…) 중학교 '역사' 교과서와 고등학교 '한국사' 교과서 발행 체제를 현행 검정에서 국정으로 전환한다"고 설명하였다.[34] 국정화를 추진하는 과정에서 정부와 여당은 역사학계의 90%가 좌파라고 주장하였으며, 사이비역사학자들은 역사학계를 '매국적 친일식민사학'이라고 매도하였다.[35]

한편 동북아역사재단에서 진행하고 있던 동북아역사지도 사업은 고조선 중심지와 낙랑군의 위치가 한반도 평양에 그려진 데 대한 지속적인 문제제기로 인해 결국 폐기되었다. 2015년 4월 17일 국회 동북아역사왜곡대책특위

---

34) 교육부, 「역사 교과서 발행 체제 개선방안 발표」, 보도자료(2015. 10. 12).

35) 기경량, 앞의 글, 2016, 232쪽.

에서 동북아역사지도 연구 책임자 임기환과 이에 대하여 지속적인 문제제기를 해온 이덕일을 출석케 하여 진행한 문답은 마치 1981년의 국회 문공위의 공청회와 같았다.[36]

이러한 일련의 과정은 1970~80년대에 벌어진 국사 교과서 파동의 과정과 매우 유사한 형태를 띠고 있다. 그 과정에서 제기된 사이비역사학 측의 주장 역시 크게 변화하지 않았다. 여전히 기존 역사학계는 우리 민족의 영광된 역사를 부정하는 '친일 매국노 식민사학자'들의 집단이라고 주장한다. 정부나 언론, 대중은 이들의 주장을 적극적으로 이용하거나 지지한다.

보도에 따르면 이미 교육부에서는 지난 4월 말 국정 역사 교과서 초안을 완성했고, 국사편찬위원회를 중심으로 한 내부 검토도 마무리된 것으로 알려졌다. 이에 따르면 고대사 비중은 기존 교과서보다 확대되었고, 학계에 여러 학설과 관점이 있는 사안에 대해서는 병기하는 것으로 서술되었다고 한다.[37] 이미 역사 교과서의 국정화 과정에서 상고사·고대사 서술을 강화하겠다고 한 정부의 발표에 대해 우려를 표하는 시각이 매우 많았다. 현대사와는 달리 상고사·고대사에 대한 입장은 여야 정치권의 시각이 크게 다르지 않다고 보았기 때문이다.[38] 오히려 현대사에서 불거질 수 있는 문제들을 상고사·고대사 서술을 강화함으로써 상쇄하려는 시도로 볼 수도 있는 것이다.

이미 국사 교과서의 고대사 서술, 특히 영토사 서술은 민족주의적 인식을 강화하는 방향으로 진행되어왔다. 특히 권위주의 정부 시절 국민적 일체감

---

36) 위의 글, 232쪽.

37) 「[단독] 초안 완성된 국정 역사교과서…고대사 비중 확대, 여러 학설 병기」, 『중앙일보』 2016. 5. 12, 18면.

38) 「"역사교과서, 현대사보다 상고사·고대사가 더 걱정"」, 『한국일보』 2015. 11. 6, 23면.

을 조성하려는 정치적 의도가 국사 교과서에 적극적으로 반영되었고,[39] 이에 편승해 사이비역사학 측은 민족적 자긍심, 민족의 영광이라는 미명 아래 자신들의 관점을 국사 교과서에 편입시키기 위해 부단한 노력을 하였다. 이런 문제는 지금의 국사 교과서 논란에서도 동일하게 나타나고 있다. 다음은 지난 2014년 2월 13일, 2014년도 교육문화 분야 업무보고에서 있었던 박근혜 대통령의 발언이다.[40]

정부의 검정을 통과한 교과서에 많은 사실오류와 이념적 편향성 논란이 있는 내용 (…) 이런 것이 있어서는 안 될 것입니다. 교육부는 이와 같은 문제가 다시는 발생하지 않도록 이번 기회에 사실에 근거한 균형 잡힌 역사 교과서 개발 등 제도 개선책을 마련해주기를 바랍니다.

여기서 문제로 삼은 것은 사실오류와 이념적 편향성 논란이다. 그에 대한 해결책으로 "사실에 근거한 균형 잡힌 역사 교과서"가 필요하다는 것이다. 그러나 이들이 주장하는 '사실에 근거한 균형 잡힌 교과서'는 그들이 만들어낸 이상일 뿐이다. 그리고 그 이상은 그들이 바라는 시민들을 길러내기 위한 수단이라고 할 수 있다. 교과서는 지식을 습득하는 수단임과 동시에 가치 교육을 위한 수단이기도 하다.

'민족적 자긍심'을 기른다는 미명 아래 광활한 영토를 지닌 강력한 고대국가를 강조하는 역사교육은 학생들에게 그것을 선(善)으로 인식하게 만든

---

39) 李富五, 앞의 글, 2010, 255쪽.

40) 「국사 교과서 '국정화' 밀어붙이는 정부…왜?」, JTBC 5시 정치부회의, 2015. 9. 10 중 박근혜 대통령 발언 부분 인용.

다. 그리고 이를 다시 회복하는 것이 우리의 역사적 책무처럼 느끼게 만드는 것이다. 이것이 극단화될 경우 나타나는 것이 바로 독일의 나치즘과 일본의 군국주의라고 할 수 있다. 단일한 혈통을 가진 민족, 민족 고유의 문화를 강조하는 것 역시 마찬가지이다. 나치즘이 팽배했을 당시 독일에서 유행한 게르만 민족주의야말로 이를 극단적으로 보여준다.

현대사회에서 이러한 형태의 민족주의는 오히려 국제적 고립을 초래할 위험성을 갖는다. 그럼에도 이들이 지속적으로 민족을 강조하고 있는 이유는 자신들의 목적을 실현하기 위함이라고 할 수 있다. 이미 우리는 민족주의라는 이름 아래 정치적 모순을 감추거나 정권의 정당성을 확보하기 위해 역사교육을 이용했던 것을 알고 있다. 그리고 이에 편승해 학문적 타당성이 확보되지 않았음에도 사이비역사학 측의 주장이 교과서에 반영되어왔음도 확인했다. 그러나 학문적 근거를 담보하지 않은 민족주의는 국수주의에 불과할 뿐이다.

백제의 요서 진출, 그 진실은?

한 나라의 영토는 그 나라 사람들의 삶의 공간이자 동시에 그 나라의 힘을 상징하는 것으로 받아들여지곤 한다. 때문에 일부에서는 넓은 영토에 대한 환상 혹은 집착을 보일 때가 있다. 우리나라에서는 특히 고대국가의 영토를 최대한 넓게 보려고 하는 경향이 나타나며, 그것이 곧 우리 역사를 바로 보는 것이라고 생각하기도 한다. 고구려 광개토왕, 백제 근초고왕, 신라 진흥왕을 고대 삼국의 역사상 최고의 군주로 꼽는 이유도 이들이 각 나라의 영토를 넓히는 데 가장 중요한 역할을 하였다고 생각하기 때문일 것이다.

> 백제국(百濟國)은 본래 고려(高驪)와 더불어 요동(遼東)의 동쪽 1천여 리 밖에 있었다. 그 후 고려가 요동을 경략하여 차지하니, 백제는 요서(遼西)를 경략하여 차지하였다. 백제가 통치한 곳은 진평군(晉平郡) 진평현(晉平縣)이라 한다. [百濟國本與高驪 俱在遼東之東千餘里. 其後高驪略有遼東, 百濟略有遼西. 百濟所治 謂之晉平郡晉平縣]
>
> —『송서(宋書)』권97, 열전57, 백제.

그런 생각의 연장선에서 백제사의 가장 중요한 이슈로 꼽히는 사건이 바로 위에 제시된 『송서』백제전에 보이는 '백제의 요서 경략'이다. 백제의 전성기를 이끌었던 근초고왕이 고구려에 대항해 북방으로는 대동강 유역, 남방으로는 충청·전라도를 넘어 바다 건너 중국의 요서 지방까지 진출했으며, 이것이야말로 백제의 위대한 역사를 보여주는 예라고 여긴 것이다. '백제의 요서 진출'은 3차 교육과정 국사 교과서에서부터 본격적으로 서술되기 시작하였다.

> 4세기 중엽 진이 약화되었을 때, 백제는 부여족이 살고 있던 요서 지역을 점령하였다. 그리하여, 백제는 기마민족 세력이 일찍부터 진출하여 각 지방에 식민지 국가를 세워 놓았던 일본 지역, 그리고 요서 지방, 산둥 반도 등지와 본국을 연결하는 고대 상업 세력을 가지게 되었다.
>
> —3차 교육과정 『고등학교 국사』.

> 백제는 그 국력을 크게 뻗쳐, 4세기 중엽에 중국에서 진의 세력이 약화된 틈을 타서 요서 지방을 점령하고, 이어서 우세한 경제력과 군사력을 바탕으로 산둥 지방과 일본의 여러 지방에까지 진출하였다.
>
> —4차 교육과정 『고등학교 국사』.

> 백제는 수군을 증강시켜 중국의 요서 지방을 점령하고, 이어서 산둥 지방과 일본에까지 진출하는 활발한 대외 활동을 벌였다.
>
> —5차 교육과정 『고등학교 국사』.

> 백제는 발전 과정에서 요서, 산둥 지방에까지 진출하여 대외적 영향력을 과시하였으며, 웅진으로 천도한 이후로는 중국의 남조와 긴밀한 관계를 유지하였다.
>
> —6차 교육과정 『고등학교 국사』.

정복 활동을 통하여 축적한 군사력과 경제력을 바탕으로 백제는 수군을 정비하여 중국의 요서 지방으로 진출하였고, 이어서 산둥 지방과 일본의 규슈 지방에까지 진출하는 등 활발한 대외 활동을 벌였다.

—7차 교육과정 『고등학교 국사』.

그러나 백제의 요서 진출과 관련하여서는 아직 그 사실성에 대한 연구가 명확한 결론을 내리지 못한 상태이다. 여전히 백제사를 연구하는 연구자들 사이에서 백제의 요서 진출을 역사적 사실로 받아들일 수 있느냐를 둘러싸고 팽팽한 대립이 존재한다. 백제의 요서 진출을 긍정하는 입장에서는 『송서』, 『양서』, 「양직공도」를 비롯한 중국 측 사료에 기록된 내용을 있는 그대로 받아들여 설명하고 있다. 이들 사료를 바탕으로 백제의 요서 진출을 대략 근초고왕 대로 설명하고 있는 것이다. 다만 그 진출의 성격에 대해서는 군사적 점령 혹은 정치적 지배의 형태로 볼 것인가, 교류의 거점으로 활용하기 위한 것으로 볼 것인가에 대해 의견 일치가 이루어지지 않고 있다.

이와는 달리 백제의 요서 진출에 부정적인 견해를 보이는 이들도 적지 않다. 부정론의 입장에서 가장 먼저 제기하는 문제는, 고구려와 대치하면서 동시에 바다 건너 당시 강국들이었던 전연(前燕)·전진(前秦)이 장악한 요서 지방을 공격하여 그곳에 군현(郡縣)을 설치할 만큼 당시 백제의 국력이 강력했다고 볼 수 없다는 것이다. 또한 백제의 요서 진출과 관련한 기록은 오로지 남조(南朝) 계통의 사료에서만 보인다는 점도 이 사건을 역사적 사실로 파악하기를 주저하게 만든다고 한다. 그들은 이 사건의 주체가 백제가 아니라 부여 혹은 낙랑이었을 가능성을 제시하기도 한다.

이렇듯 학계에서는 여전히 백제의 요서 진출을 둘러싸고 논란이 지속되고 있으며, 어느 한쪽이 우세하다 할 수 없을 정도로 팽팽한 대립이 이루어지고 있다. 그럼에도 학계를 제외한 일반에서는 백제의 요서 진출을 역사적 사실로 알고 있는 경우가 많다. 이는 백제의 요서 진출과 관련한 내용이 오랫동안 교과서에 실리고 교육된 결과일 것이다.

백제의 요서 진출설은 3차 교육과정부터 교과서에 수록되기 시작하여 현재까지 지속되고 있다. 이 사건이 우리 민족의 우수함을 보여주고 민족적 자부심을 교육하기에 좋은 소재로 여겨졌기 때문이다. 문제는 여기서 발생한다. 민족교육이 강조되면서 아직 그 역사적 사실 여부에 대한 논의가 끝나지 않은 사건이 마치 사실인양 인식되고 있다. 그러나 백제의 요서 진출 문제는 역사적 사실 인식의 문제뿐만 아니라 요서 진출이 이루어졌다고 하는 시기 백제사 전체에 대한 인식 문제와도 연결된다. 따라서 백제의 국가 발전 단계, 4세기 백제를 둘러싼 주변 여러 국가들과의 관계를 종합적으로 이해할 때 요서 진출설의 진실이 밝혀질 수 있을 것이다.

한국 고대사와
사이비역사학

제2부

사이비, 왜 역사학일 수 없는가

한사군, 과연 롼허강 유역에 있었을까?

이정빈

허상의 타율성론을 향한 비난

최근 우리 사회 일각에서는 한국의 역사학계가 식민주의 역사학을 추종하고 있다는 비난이 일고 있다. '매국의 역사학'이라는 비난도 있었다. 주된 비난의 대상은 고대사 분야이다. 1970년대 이른바 '고대사 파동'이 재연되는 양상이다. 더욱이 최근의 기류는 정부와 여당의 역사 교과서 국정화와 맞물리며 한층 복잡하고 엄중하다.[01] 이를 주도하는 이들 중 하나는 한국 역사학계의 다수를 '식민사학자'로 규정하였다. 심지어 한 언론과의 인터뷰에서 한국 역사학계가 일본 극우 범죄조직의 자금을 받고 식민사관을 확산시키고 있다고까지 주장했다.

---

01) 기경량, 「사이비 역사학과 역사파시즘」, 『한국 고대사와 사이비역사학』, 역사비평사, 2017, 28~31쪽; 조인성, 「'고대사 파동'과 고조선 역사지도」, 『한국사연구』 172, 2016, 24~28쪽 참조.

이덕일 소장은 소위 '식민사관'을 신랄하게 비판해왔다. 비판 대상 중에는 '주류 사학자'로 분류되는 인사들이 적지 않았다. 그는 "식민사관이 단지 역사 학계에만 있지 않아요"라며 말을 이었다. "식민사관을 공유하는 카르텔이 있습니다. 정치, 언론계에 전부 퍼져 있어요. 이 사람들이 학계에만 국한돼 있었어도 우리 사회가 전부 그쪽(식민사학계)으로 경도되진 않았을 것입니다."

그는 믿기 힘든, 아니 믿기 '싫은' 주장도 했다. "(식민사학자들에게) 일본 극우 야쿠자 자금이 들어오고 있는 것 같다는 말을 전해 들었다"는 것이다. "이름 대면 다 알 만한 사람들이에요. 경찰, 검찰은 바로 그 부분을 수사해야 하는 거 아니겠어요? 언론계에 오래 있었던 분들은 100퍼센트 확신하더라고요. 식민사학자들이 일본 자금 받고 식민사관을 확산시키는 거라고…."[02]

비난의 주요 실례는 임나일본부설과 한사군의 위치비정이다. 둘 다 식민 주의 역사학의 타율성론과 관련된다. 그런데 타율성론의 전제가 된 '반도적 성격론'이 그릇된 명제였음을 천명한 역사학자 중 한 명이 이기백이었다.[03] 타율성론의 논리는 사회 일각에서 비난하는 '주류' 역사학자의 주도로 논파 되었던 것이다.

비단 이기백뿐만 아니라 해방 이후 상당수의 역사학자가 타율성론을 비 판하는 데 전력하였다. 적어도 이제 남선경영(南鮮經營)을 내용으로 한 임나 일본부설을 그대로 따르는 연구자는 한국뿐만 아니라 일본의 역사학계에

02) www.factoll.com/page/news_view.php?Num=2167(「이덕일과 김현구의 '이상한 소송'」, 『팩트올』, 2015. 9. 16, 18:58:11).

03) 李基白, 「緒論」, 『國史新論』, 泰成社, 1961; 「植民主義的 韓國史觀 批判」, 『民族과 歷史』, 一潮閣, 1971; 「半島的 性格論 批判」, 『韓國史 市民講座』 1, 一潮閣, 1987 참조.

서도 찾아보기 어렵다.

해방 이후 한국 역사학계에서는 한사군에 대해서도 비판적인 연구를 진행하였다. 한사군의 사회구성과 성격을 다양한 각도에서 검토하였고, 고조선계 주민의 자율성을 강조하였다. 그리고 1990년대 이후 몇몇 중요한 출토 문자자료가 보고되면서 지금은 한층 수준 높은 연구가 진행 중이다. 근대의 식민지(colony) 개념을 고대사 연구에 투사하였다는 비판과 반성도 있었다. 이미 한사군의 존재를 통해 타율성론을 주장한 식민주의 역사학의 자취를 찾아볼 수 없음은 물론이다.

그런데 한사군, 특히 낙랑군의 위치는 지금의 대동강 유역으로 보는 것이 통설이다. 이 점은 일제시기 식민주의 역사학의 이해와 동일하다. 최근의 비난은 여기에 집중되고 있다. 한사군의 위치비정에 대한 통설이 일제시기 식민주의 역사학자의 고안(考案), 즉 새로운 연구 결과였는데, 지금 한국의 역사학계가 이를 맹종하고 있다는 것이다.

하지만 낙랑군을 비롯한 한사군은 이미 조선 후기부터 한반도 북부로 비정되었다. 지금의 통설은 그러한 선행 연구와 함께 고고학적 발굴 성과가 축적되면서 수립된 것이다.[04] 그러므로 학계의 통설이 식민주의 역사학을 추종한 것이라는 비난은 억측에 불과하다. 타율성론을 내세워 '식민사학자'의 허상(虛像)을 만들고, 그 허상을 향해 비난을 퍼붓고 있는 것이다.

최근 비난을 주도하는 인사 몇몇은 대중역사서를 저술하고, 이를 통해 낙랑군을 비롯한 한사군이 현재의 중국 허베이성(河北省) 롼허강(灤河) 유역에

---

04) 임기환, 「한사군은 '어디에 있었나?' 그리고 '어떤 역사인가?'」, 『내일을 여는 역사』 60, 2015; 이 책 2부의 위가야, 안정준의 글 참조

소재하였다고 주장한다. 물론 이와 같은 주장이 전혀 새로운 것은 아니다. 그와 유사한 주장을 한 선행 연구가 있었다. 이는 현재 역사학계의 소수설이지만, 일정한 연구사적 의의를 지닌다고 생각한다. 하지만 그와 같은 선행 연구는 사료 해석과 논리에 몇 가지 결함이 있었다. 또한 지금까지의 고고학적 발굴 성과에 비추어 통설 내지 다수설의 위치를 차지하기 힘들었다. 그런데도 최근의 비난은 그러한 한계를 외면한다. 그들 나름대로 제시한 몇 가지 사료조차 잘못 이해한 것이 대부분이다.

이 글에서는 한사군이 롼허강 유역에 있었다는 최근의 주장이 어떤 점에서 잘못된 것인지 짚어보고자 한다. 그 구체적인 사례로 교치(僑置)도 살펴볼 것이다. 나아가 식민주의 역사학의 타율성론이 지금 우리 사회에서 소비되는 방식, 또는 그에 내포된 역사인식의 문제를 생각해보고자 한다.

낙랑군 수성현의 위치비정

일찍부터 낙랑군은 고조선 후기의 중심지로 파악되었다. 그러므로 낙랑군의 위치비정은 한사군은 물론이고, 고조선의 강역을 이해하는 데 관건으로 여겨졌다. 최근에는 다음의 사료가 새삼 관심을 모았다.

협우갈석(夾右碣石) 〈㉠ 『지리지(地理志)』에서 '갈석산은 북평(北平) 여성현(驪城縣) 서남쪽에 있다'고 하였다. ㉡ 『대강(大康)지리지』에서 '낙랑 수성현(遂城縣)에 갈석산이 있는데, 장성이 시작하는 곳이다'라고 하였다. 또 『수경』에서 '[갈석산은] 요서 임유현(臨渝縣) 남쪽 수중(水中)에 있다'고 하였다. ㉢ 대개 갈석산은 두 곳이

있는 것이다. 여기서 '협우갈석'이라고 한 것은 마땅히 북평의 갈석이다.〉[05]

『사기색은(史記索隱)』 가운데 '갈석'에 대한 주석이다. 『사기색은』은 당(唐) 현종대(712~756)에 활약한 사마정(司馬貞)의 저술이다. 사마정은 이 책을 통해 전한(前漢) 무제대(서기전 141~87)에 활약한 사마천(司馬遷)의 『사기』를 고증하고 주석하였다. 최근 한 대중역사서 저술가는 이 중에서 『태강지리지』의 한 구절을 인용하면서, 다음과 같이 낙랑군 수성현의 위치를 찾았다고 주장했다.

> 『수서』「지리지」'상곡군(上谷郡)조'를 보면 "수성은 옛날의 무수이다. 후위에
> 서 남영주를 설치하자 영주에서는 5군 11현을 비준했다. [수성의] 용성, 광흥, 정
> 황은 창려군에 속한다[遂城 舊曰武遂 後魏置南營州 准營州置五郡十一縣 龍城·廣興·定荒屬昌
> 黎郡]"는 구절이 있다. 수성현이 창려현으로 변했다는 사료이다. 수성현은 당나
> 라 때에는 북경 서쪽의 역주(易州)에 소속되었다는 기록들이 전한다. 이로써 갈
> 석산이 있던 낙랑 수성현은 현재의 하북 창려임을 의심할 바가 없게 되었다.[06]

그는 『수서』 지리지 상곡군조에 전한대의 낙랑군 수성현이 보이며, 이는 수성현이 창려현으로 변화하였음을 입증해준다고 하였다. 그리고 이때의 창려현이 지금의 허베이성(河北省) 친황다오시(秦皇島市) 창리현(昌黎縣)이라고 하였다. 나아가 〈그림 1〉, 〈그림 2〉와 같은 낙랑군 위치도 및 고조선 강역도

---

05) 『사기색은』 권1, 하본기2 "夾右碣石〈地理志云 碣石山 在北平驪城縣西南 大康地理志云 樂浪遂
    城縣 有碣石山 長城所起 又水經云 在遼西臨逾縣南水中 蓋碣石山 有二 此云夾右碣石 入于
    海 當是北平之碣石〉."

06) 이덕일, 『고조선은 대륙의 지배자였다』, 역사의아침, 2006, 109쪽.

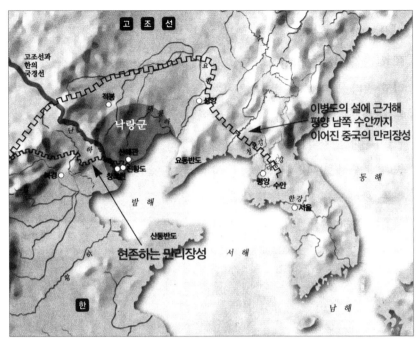

〈그림 1〉 이덕일이 말하는 낙랑군 위치
출처: 이덕일, 『고조선은 대륙의 지배자였다』, 역사의아침, 2006, 108쪽.

를 제시하였다.

일단 『수서』 지리지의 상곡군조를 보자.

상곡군 〈개황 원년(581)에 역주를 설치하였다.〉 6현·38,700호를 통괄한다. (…)
수성(遂城) 〈예전에는 무수(武遂)라고 하였다. 후위(386~534)에서는 남영주(南營州)를
설치하고, 영주(營州)에 준하여 5군·11현을 설치하였다. 용성·광흥·정황은 창려
군에 속하였다. 석성·광도는 건덕군에 속하였다. 양평·신창은 요동군에 속하
였다. 영락은 낙랑군에 속하였다. 부평·대방·영안은 영구군에 속하였다. 후제
(550~577)에서는 오직 창려 1군만을 남겨두어 영락·신창 2현을 통솔하도록 하고,

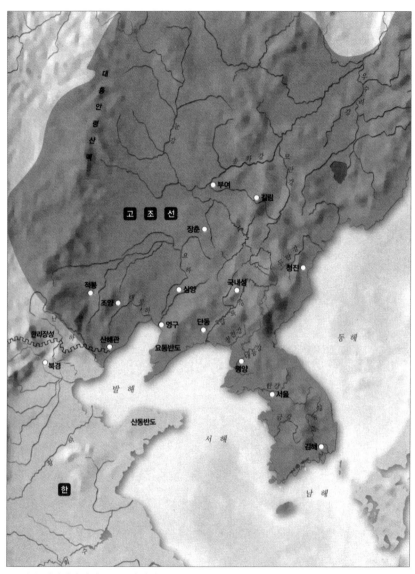

〈그림 2〉 이덕일이 말하는 고조선 강역
출처: 이덕일, 『고조선은 대륙의 지배자였다』, 역사의아침, 2006, 149쪽.

나머지는 모두 생략하였다. 개황 원년(581)에 [남영]주를 옮기고 [개황] 3년(583)에 [예하의] 군을 폐지하였으며, [개황] 18년(598)에 개명하여 수성(遂城)으로 하였다. 용산이 있다).[07](밑줄—인용자)

일반적으로 『태강지리지』는 서진(265~316)의 태강(280~289) 연간에 편찬되었다고 이해된다. 따라서 『태강지리지』의 낙랑군 수성현은 서진대의 지명일 것이다. 그런데 밑줄 친 대목처럼 수대 상곡군 수성현의 '수성'이란 지명은 598년에 개명된 것이었다. 이전의 명칭은 무수(武遂)였다. 서진대에는 안평국 무수현이었다.[08]

수대의 상곡군 수성현은 『태강지리지』의 낙랑군 수성현과 무관하였던 것이다. 수대의 상곡군 수성현은 지금의 허베이성 바오딩시(保定市) 쉬수이현(徐水縣) 일대로 비정된다. 지금의 허베이성 친황다오시 창리현과 전혀 다른 곳이다.

『수서』 지리지에는 수성현이 창려현으로 변화하였다는 서술도 없다. 번역부터 잘못되었다. "후위에서 남영주를 설치하자 영주에서는 5군 11현을 비준했다"고 하였는데, 이는 "남영주를 설치하고 영주에 준(準)하여 5군 11현을 설치하였다"고 번역된다. 이 점은 『위서』 지형지를 보면 더 분명히 알 수 있다.

남영주. 효창(525~528) 연간에 영주가 함락되자 영희 2년(533)에 설치하였다. 영

---

07) 『수서』 권30, 지25 지리.
08) 『진서』 권14, 지4 地理上 冀州. "安平國〈漢置統縣八·戶二萬一千〉信都·下博·武邑·武遂·觀津·扶柳·廣宗·經."

현재의 바오딩시 쉬수이현과 친황다오시 창리현

웅성(英雄城)에 기치(旂治)하였다. 5군·11현·1,813호·9,036명을 통솔하였다.[09]

북위 영주의 치소는 화룡성(和龍城, 현 랴오닝성 차오양시)이었다. 그런데 효창 연간에 함락되었다. 영주의 함락은 이른바 '6진(鎭)의 난'과 관련된다. 6진의 난은 북위 북방 변경의 진병(鎭兵)·진민(鎭民)이 중앙의 차별적인 대우에 불만을 품고 일으킨 반란이었다. 524년 영주에서도 반란이 발생하였다. 북위는 이 무렵 영주를 상실하였다. 고구려의 공격도 있었다. 이와 같은 사정은 1977년 랴오닝성(辽宁省) 차오양시(朝阳市) 낭산(狼山)에서 출토된 「한기묘지(韓曁墓誌)」

---

09) 『위서』 권160 상, 지5 지형지.

를 통해서도 살필 수 있다.[10]

영주를 상실한 북위는 533년 남쪽의 영웅성에 남영주를 설치하였다. 그리고 이전 영주의 군현 체제에 준하여 남영주의 군현 체제를 갖추었다. 이것이 '준영주(准營州)'의 의미이다. 이때 남영주 치소 영웅성이 수대의 상곡군 수성현 치소(현 바오딩시 쉬수이현 비정)였고, 창려군은 남영주에 소속되었다. 교군(僑郡)이었던 것이다.

이와 비교해 친황다오시 창리현은 명·청대 영평부(永平府) 소속 창려현이었는데, 창려의 명칭을 얻은 것은 금(金) 세종(世宗)대인 1189년이었다. 이전의 명칭은 광령현(廣寧縣)이었다.[11] 전한대의 낙랑군 수성현은 물론이고, 북위의 남영주 창려군과도 무관한 지명이었던 것이다.

이처럼 최근 한 대중역사서 저술가의 주장은 사료 해석부터 잘못한 데다가 시공을 달리하는 여러 사료 속의 동명이지(同名異地)를 동명동지(同名同地)로 논증하였다. 잘못된 사료 해석과 논증에 기초하여 한사군이 롼허강 유역에 있었다고 주장한 셈이다. 이와 같은 논리라면 조선시대 평안도 평양의 위치도 서울시 종로구에 비정할 수 있다. 현재 평안남도 도청이 서울시 종로구에 있기 때문이다.

---

10) 「한기묘지」. "君諱曁 字承伯 昌黎龍城人也 (…) 父詳 平州司馬諮議參軍 (…) 屬群飛海水 天下亂離 戎狄窺疆 孝昌失馭 高麗爲寇 被擁遼東." 보다 자세한 내용은 이성제, 「北齊末 遊人」 문제를 통하여 본 高句麗의 西方政策」,『高句麗의 西方政策 硏究—北朝와의 對立과 共存의 관계를 중심으로』, 국학자료원 참조

11) 영평부의 건치연혁은 다음에 자세하다. 『명일통지』 권5, 永平府. "昌黎縣 在府城東南八十里 本營州地 在平·遼二郡間 後魏爲遼西郡地屬平州 隋開皇初置營州 大業初罷州置遼西郡 唐初復爲營州 金皇統(1041~1049)初爲廣寧縣 大定(1161~1189)間改爲昌黎縣屬平州 (…) 本朝因之編戶二十七里."

사실 이제까지 낙랑군 수성현이 롼허강 유역에 있었다고 본 선행 연구가 없지는 않았다. 리지린과 윤내현이 대표적이다.[12] 다만 그들의 논증 방식은 달랐다. 리지린은 『한서』 지리지를 통해 갈석산의 위치를 찾았고, 진 장성의 위치에 주목해 낙랑군 수성현의 위치를 비정하였다. 윤내현은 『통전』의 관련 기록을 통해 갈석산의 위치를 전한 요서군(遼西郡) 비여현(肥如縣)에서 찾았고, 보다 구체적으로 지금의 친황다오시 창리현 소재 제스산(碣石山)에 비정하였다.

『사기색은』은 물론이고 리지린과 윤내현의 연구에서도 나타나듯이, 갈석산의 위치는 고대의 여러 문헌에서 서로 달리 전하고 있다. 진 장성도 마찬가지이다. 따라서 『사기색은』에 인용된 『태강지리지』가 절대적인 사료일 수는 없다. 더욱이 『태강지리지』는 현재 완질이 남아 있지 않다. 후대의 문헌에서 그 일문(逸文)이 인용되고 있을 뿐이다. 그런데 일문마저 문헌마다 차이를 보인다. 서명도 『사기색은』의 『대강지리지』를 비롯하여 『진태강삼년지기(晉太康三年地記)』, 『진태강지리지(晉太康地理志)』, 『진태강지지(晉太康地志)』, 『태강지리기(太康地理記)』 등 각양각색이다. 따라서 이를 연구에 활용하기 위해서는 각종 문헌에 대한 면밀한 사료 검토와 비판이 필수적이다. 최근 『사기색은』에 인용된 『태강지리지』가 4세기 이후의 사정을 반영한다는 분석이 제출되기도 하였다.[13]

사료와 연구 현황이 이러하므로 그동안 낙랑군의 위치비정에 관하여 다

---

12) 리지린, 『고조선 연구』, 사회과학출판사, 1963(열사람, 1989, 영인본 참조), 44~71쪽; 尹乃鉉, 「漢四郡의 樂浪郡과 平壤의 樂浪」, 『韓國學報』 41, 一志社, 1985; 『韓國古代史新論』, 一志社, 1986; 『고조선 연구 (상)』, 만권당, 2016, 470~476쪽.

13) 공석구, 「秦 長城 東端인 樂浪郡 遂城縣의 위치 문제」, 『한국 고대사연구』 81, 2016.

양한 학설이 발표되었다. 여기서 그동안의 연구사를 자세히 소개할 여유는 없다. 다만 최근의 잘못된 주장이 어디서 비롯되었는지 살펴보고, 한사군이 란허강 유역에 소재하였다는 기왕의 견해가 왜 통설 내지 다수설의 위치를 점하지 못하였는지에 대해 조금 더 설명하고자 한다.

란허강 유역의 조선현, 교치의 이해

낙랑군이 란허강 유역에 있었다는 최근의 주장은 교치·교군에 대한 몰이해에서 비롯된다. 가령 한 대중역사서 저술가는 다음과 같이 주장하였다.

> 그럼 낙랑군 조선현은 어디에 있었을까? 청나라 때 편찬된 『독사방여기요(讀史方輿紀要)』라는 지리지에 그 정확한 위치가 실려 있다. (…) 『독사방여기요』 권17 북직(北直) 8의 '영평부(永平府)'조는 청나라 때 영평부에 대한 설명인데 지금의 하북성 노룡현 일대다. 고조우는 영평부(하북성 노룡현)의 변천 과정을 설명하면서 이렇게 말했다. "후위(後魏)에서 잠시 이 지역을 북평군에 소속시켰고, 후제(後齊)에서는 군치(郡治)로 삼았다. 수나라에서는 노룡현으로 개칭했다. 또 조선성(朝鮮城)이 영평부 북쪽 40리에 있는데, 한나라 낙랑군의 속현이다." 여기서 말하는 낙랑군 속현인 조선성이 바로 낙랑군 조선현을 말하는 것이다. (…) '교(僑)'자와 관련해서 문제의 핵심은 지금이 하북성 노룡현을 후위(後魏) 때 잠시 북평군에 소속시켰다는 이야기이다.[14]

---

14) 제19대 국회 제332회 제32차 동북아역사왜곡대책특별위원회(2015년 4월 17일)-1. 동북아 역사지도 편

국회 동북아역사왜곡대책특별위원회에서는 다음과 같이 발언하기도 하였다.

> 그 다음에 『독사방여기요』도 말씀하셨는데, 『독사방여기요』가 청나라 때 나왔다 그래서 청나라 때만 쓴 게 아니라 『한서』를 비롯한 온갖 지리 지식을 다 갖고 쓴 겁니다. (…) 이것을 작성한 고조라는 분은 할아버지대부터 일통지를 계속 작성한 집안이고 이분이 『대청일통지』 작성에 직접 참여했던 분입니다. 이분이 만든 사료에 노룡현 그쪽에 조선성이 있다라고 했지만, 조선성이 있고 거기가 한나라 낙랑군 조선현이다라고 했으면 우리 대한민국 입장에서는 믿으면 되는 거지요. 우리가 중국인입니까, 일본인입니까? 대한민국 입장에서는 믿으면 되는데 여기에 교군, 교현, 복잡한 이야기, 이게 해석도 안 돼요. 교치라는 것은 그런 뜻이 아니라 잠시 이전했다라는 뜻이에요.[15]

그는 『독사방여기요』를 통해 청 대의 영평부(현 허베이성 루룽현) 지역에 전한대의 요동군 신창현과 낙랑군 조선현이 위치하였다고 단언했다. 그리고 사료 속의 '교치'는 잠시 소속이 변경되었다는 의미라고 설명하였다. 지명은 롼허강 유역에 고정된 채 상급 행정단위의 소속만 변경되었다는 것이다. 과연 그처럼 이해할 수 있을까. 일단 『독사방여기요』부터 다시 살펴보자.

> 신창성(新昌城)은 즉 지금의 [영평]부 치소이다. ㉠ 한에서 신창현을 설치하였

찬사업 관련 논의」, 11쪽; 이덕일, 『매국의 역사학, 어디까지 왔나』, 만권당, 2015, 158쪽, 162쪽.
15) 제19대 국회 제332회 제32차 동북아역사왜곡대책특별위원회(2015년 4월 17일)-1. 동북아 역사지도 편찬사업 관련 논의」, 11쪽; 이덕일, 앞의 책, 2015, 153~155쪽, 162쪽.

는데 요동군에 속하였고, 후한에서 그를 계승하였다. 진에서 요동국에 속하였

는데, 지금의 요동 해주위경(海州衛境)에 있었다. 후위에서 이곳에 교치(僑置)하여

북평군에 속하였고, 후제에서 [북평]군 치소로 삼았다. 수에서 개명하여 노룡현

(盧龍縣)이라고 하였다. ㉦ 또 조선성이 있는데, [영평]부의 북쪽 40리에 있다. [조

선은] 한 낙랑군의 속현이었는데, 지금 조선경내(朝鮮境內)에 있다. 후위의 군주

탁발도(拓跋燾, 태무제) 연화(延和, 432~434) 초에 조선민을 비여(肥如)에 사민하고 조선

현을 설치하였고, 아울러 이곳에 북평군 치소를 설치하였다. 고제(高齊, 북제: 550~

577)는 군 치소를 신창으로 옮기고, 아울러 조선현을 편입시켰다.[16]

㉠은 신창성의 건치 연혁에 관한 것이고, ㉦은 조선성에 관한 것이다. 둘
다 전한대부터의 연혁을 서술하였는데, 일단 명칭의 유래를 밝히고 그 다음
청대 영평부로 옮겨온 사정을 설명하였다.

㉠에서 청대의 신창성은 전한대의 신창현에서 기원한다고 하였고, 이는
후한대까지는 요동군에, 서진에서는 요동국에 속하였다고 했다. 그리고 서
진대까지의 위치는 "지금", 즉 『독사방여기요』가 편찬된 17세기 중반까지
청(淸)의 요동 해주위경이었다고 하였다. 그러다 북위대에 와서 청의 영평부
지역으로 교치되었다고 하였다. 청대의 해주위는 오늘날의 랴오닝성 하이
청시(海城市) 일대이다. 그러므로 북위대의 교치는 지명의 이동을 말해준다.
북위대 요령성 해성시로부터 하북성 노룡현으로 신창의 지명이 옮겨왔다
고 한 것이다.

㉦에서 청대 조선성의 지명은 전한대 낙랑군의 속현(조선현)에서 비롯되었

---

16) 『독사방여기요』 권17, 북직 8 영평부.

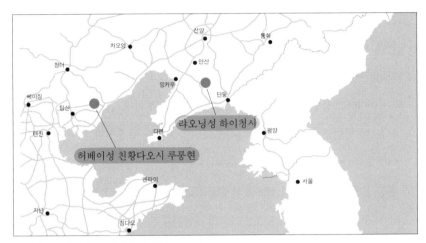

현재의 랴오닝성 하이청시와 친황다오시 루룽현

다고 하였다. 그리고 당시 낙랑군 조선현의 위치는 "지금", 즉 17세기 중반의 시점에서 조선경내였다고 하였다. 그러다 5세기 전반 북위대 조선민을 비여로 사민시키고, 비로소 이 지역에 조선현을 설치하였다고 하였다. 전한대부터 북위대까지 낙랑군 조선현이 한반도 안에 있었고, 영평부 소재 조선성의 지명은 북위대 조선민의 사민에서 비롯되었다고 한 것이다.

이처럼 『독사방여기요』에는 청대의 신창성·조선성이 전한대의 지명에서 비롯되었고, 북위대에 지명이 이동하여 영평부 안에 위치하게 되었다고 서술되어 있다. 하지만 최근의 주장은 『독사방여기요』의 서술을 왜곡하고 있다. 교치의 사실도 외면했다.[17]

낙랑군의 교치는 일찍이 안정복(安鼎福)과 한진서(韓鎭書)가 지적하였고,[18]

---

17) 이러한 문제점은 그 자리에서 임기환이 충분히 설명하였다. 「제19대 국회 제332회 제32차 동북아역사 왜곡대책특별위원회(2015년 4월 17일)-1. 동북아 역사지도 편찬사업 관련 논의」.

18) 安鼎福, 「樂浪考」(『東史綱目』); 韓鎭書, 「四郡事實」(海東繹史).

천관우(千寬宇)의 구체적인 논증도 있었다.[19] 그리고 1990년대 이후 출토문자
자료가 보고되며 한층 입체적인 연구가 진행되었다.[20] 『독사방여기요』의 ㉡
처럼 롼허강 유역에 조선현이 설치된 배경은 다음의 사료를 통해 살필 수
있다.

> [연화 원년(432)] 가을 7월 기미(17일)에 임금의 수레가 유하(濡水)에 도착하였다.
> 경신(18일)에 안동장군 의성공 해근(奚斤)을 보내 유주민(幽州民)과 밀운(密雲)·정령
> (丁零)의 만여 명을 징발해 공성무기(攻具)를 운반하도록 하였는데, 남도(南道)에서
> 출발해 모두 화룡(和龍)에 모이도록 하였다. 황제가 요서(遼西)에 도착하였다. 풍
> 문통(馮文通: 馮弘)이 그 시어사(侍御史) 최빙(崔聘)을 보내 소고기와 술을 바쳤다. 기
> 사(27일)에 임금의 수레가 화룡에 도착하였다. [황제가] 그 성에 친림하니, 문통의
> 석성태수(石城太守) 이숭(李崇), 건덕태수(建德太守) 왕융(王融) 10여 군(郡)이 와서 항
> 복하였다. 그 [10여 군의] 민(民) 3만 명을 징발하여 [화룡성을 둘러싼] 참호(圍塹)
> 를 파서 이를 지키도록 하였다. (…) 9월 을묘(14)일에 임금의 수레가 서경(西京: 낙
> 양)으로 돌아왔다. <u>영구(營丘)·성주(成周)·요동(遼東)·낙랑(樂浪)·대방(帶方)·현토(玄菟)
> 6군(郡)의 민(民) 3만 가(家)를 유주(幽州)에 옮기고, 창고를 열어 그들을 진휼하였
> 다.</u>[21](밑줄─인용자)

---

19) 千寬宇, 「灤河下流의 朝鮮」, 『古朝鮮史·三韓史研究』, 一潮閣, 1989.

20) 이성규, 「4세기 이후의 낙랑교군과 낙랑유민」, 최소자교수정년기념논총간행위원회 편, 『동아시아 역사
    속의 중국과 한국』, 서해문집, 2005; 윤용구, 「낙랑·대방 지역 신발견 문자자료와 연구동향」, 『한국 고대
    사연구』 57, 2010.

21) 『위서』 권4상, 세조기.

432년 북위의 태무제(탁발도, 재위: 423~452)는 북연의 풍문통(馮弘, 재위: 430~436)을 공격하였는데, 그 과정에서 낙랑을 비롯한 북연의 6군(郡) 명칭이 나온다(밑줄 참조). 여기서 북연의 낙랑군이 확인된다.

북위의 태무제는 유하를 건너 북연의 도성인 화룡성(현 랴오닝성 차오양시)을 공격하였다. 유하는 지금의 롼허강을 의미한다. 이로 보아 432년 북위와 북연의 경계는 롼허강이었고, 낙랑을 비롯한 6군은 랴오닝성 서부 지역에 분포하였다고 파악된다. 북연의 낙랑군은 요서 지역에 소재하였던 것이다. 그런데 위 사료처럼 432년 그 주민의 일부는 유주 지역으로 사민되었다.

> 평주. 북평군 〈진(秦)에서 설치하였다〉. 현2·430호·1836명을 통솔한다. 〈조선
> 현(전한과 후한·진에서 낙랑에 속하였다. 이후에 폐지되었다. 연화 원년(432)에 조선민을 비여에 옮겨 다시 설치
> 하고 [북평군에] 속하였다). 창신현(전한에서 탁군에 속하였고, 후한과 진에서 요동군에 속하였는데, 이후 [북
> 평군에] 속하였다. 노룡산(盧龍山)이 있다)〉.[22]

조선현은 전한대부터 서진대까지 낙랑군에 속하였지만 이후 폐지되었다고 하였다. 그리고 432년에 비여로 옮겨 다시 설치해 북평군에 속하였다고 하였다. 『독사방여기요』의 ⓛ에서 연화 초에 낙랑을 비여에 교치하였다고 한 사실은 이를 참고한 서술로 보인다. 그런데 엄밀히 말하자면 낙랑군이 교치된 것이 아니라 그 속현 중 하나였던 조선현이 교치된 것이다. 다만 북평군 비여에는 조선민을 이주시켰다고 하였는데, 이는 432년에 사민된 낙랑 군민과 무관하지 않다고 생각된다. 낙랑군민의 일부를 사민시켜 북평군 조

---

22) 『위서』 권106상, 지5 지형지.

선현을 설치하였을 수 있는 것이다.

북연의 낙랑군민은 평주 북평군만 아니라 유주의 곳곳에도 사민되었다. 5세기 이후 지금의 북경을 비롯해 중원 지역의 각지에서 활동한 낙랑 유민은 그와 관련된다. 왕도민(王道岷, 508년 사망), 원원평(元顯平)의 부인 왕씨(王氏, 509년 사망), 왕정(514년 사망), 왕기(王基, 522년 사망), 왕서(王舒, 530년 사망)의 묘지, 그리고 2014년 베이징시 다싱구(大興區) 황춘진(黃村鎭) 삼합장촌(三合莊村) 일대에서 발굴된 한현도(韓顯度)의 묘 등 다수의 사례를 볼 수 있다. 이와 같은 사례는 롼허강 유역의 조선현과 무관하지 않을 수 있다. 하지만 전한대의 한사군과 직접 연관시키기는 어렵다. 어디까지나 교치의 흔적이다.

이처럼 북연대 낙랑군은 요서 지역에 소재하였고, 432년에 그 민의 일부가 사민되면서 롼허강 유역에 조선현이 등장하였다. 그러면 북연대의 낙랑군은 언제부터 요서 지역에 위치하였을까. 다음의 사료가 참고된다.

[건흥 원년(313) 여름 4월] 요동인(遼東人) 장통(張統)이 낙랑·대방 2군(郡)을 점거

하고, 고구려왕 을불리(乙弗利)와 더불어 서로 공격하였는데, 여러 해 동안 [공격이] 그치지 않았다. 낙랑인 왕준(王遵)이 장통을 설득하여 그 민(民) 천여 가(家)를 거느리고 모용외(慕容廆)에게 귀부하였다. 모용외는 그를 위하여 낙랑군을 설치하였고, 장통을 태수(太守)로 삼고 왕준을 참군사(參軍事)로 삼았다.[23]

3세기 후반 이후 낙랑군은 대방군과 함께 서진의 평주에 속하였다. 그런데 이른바 '영가(永嘉)의 난(亂)'(307~312)이 발생하며 서진 평주의 지배력은 약화되었다. 결국 319년 서진의 평주자사 최비(崔毖)는 치소인 양평(襄平, 현 랴오닝성 랴오양시)을 탈출하였다. 불과 수십 명의 기병만 데리고 고구려로 망명하였던 것이다.

이와 같은 국제정세의 전개 과정 속에서 평주의 낙랑군·대방군은 요동국 출신의 장통이 점거하였다. 그런데 장통은 고구려와 대립하였고 결국 모용선비(慕容鮮卑)에 귀부하였다. 이에 모용선비는 그를 위하여 새로이 낙랑군을 설치하였다고 하였다. 북연대까지 존립한 요서 지역의 낙랑군은 이때 출현한 것이다. 그러면 그 이전의 낙랑군은 어디에 위치하였을까.

> 미천왕 14년(313) 겨울 10월에 낙랑군을 침범하여 남녀 2천여 명을 포로로 잡았다. (…) 15년(314) 가을 9월에 남쪽으로 대방군을 침범하였다.[24]

313년 10월 고구려는 낙랑군을 공격해 2천여 명을 포로로 잡았다고 하였

---

23) 『자치통감』 권88, 진기10 민제.
24) 『삼국사기』 권17, 고구려본기5.

다. 또 이듬해인 314년 9월에는 남쪽의 대방군을 침범하였다고 하였다. 이는 『자치통감』에서 여러 해 동안 고구려와 장통이 대립하였다고 한 사실과 통한다. 그리고 고구려가 장통의 낙랑군·대방군 세력을 제압한 사실을 전해준다. 장통은 왕준의 설득도 있었지만, 고구려의 남진에 압박을 받아 모용선비에 귀부하였던 것이다. 『삼국사기』에서 대방군은 고구려의 "남쪽"으로 표현되었다. 『삼국지』 동이전에서 그 설치에 관한 사실은 다음과 같이 나온다.

> 황제(桓帝, 재위: 146~167)·영제(靈帝, 재위: 168~189)의 말기에 한(韓)·예(濊)가 강성하여 군현(郡縣)이 제어할 수 없었으니, [한군현의] 민(民) 가운데 한국(韓國)으로 유입한 자가 많았다. 건안(建安) 연간(196~220)에 공손강(公孫康)이 둔유현(屯有縣) 이남의 황지(荒地)를 나누어 대방군(帶方郡)을 만들고, 공손모(公孫模)·장창(張敞) 등을 보내 유민(遺民)을 거두어 모았다. [또한] 군대를 일으켜 한·예를 치니 구민(舊民)이 차츰 나타났고, 이후 왜(倭)·한(韓)이 마침내 대방(帶方)에 속하였다. 경초(景初) 연간(237~239)에 명제(明帝, 재위: 226~239)가 은밀히 대방태수 유흔(劉昕), 낙랑태수 선우사(鮮于嗣)를 보내 바다를 건너서 2군(郡)을 평정하였다.[25]

대방은 본래 낙랑군 속현 중 하나였는데, 후한 건안(196~219) 연간에 요동의 공손씨 정권이 낙랑군의 또 다른 속현 중 하나였던 둔유현 남쪽에 군(郡)으로 설치한 것이었다. 공손씨 정권은 대방군을 통해 한(韓)과 예(濊) 지역으로 넘어간 유민을 불러 모으도록 하였다. 이후 조조(曹操) 위(魏, 220~265)에서 비디를 건너가 그와 낙랑군을 차지하였다고 하였다. 그때부터 낙랑군·대방군은

---

25) 『삼국지』 권30, 오환선비동이30 한.

서진(西晉, 265~317)이 쇠락하던 313, 314년 무렵까지 존속하였다. 대체로 황해도 일대에 있었다고 파악되는데, 그러한 사정은 『삼국사기』를 비롯한 여러 사서를 통해서도 충분히 가늠할 수 있다. 그러므로 대부분의 연구자는 313년 이전까지의 낙랑군·대방군이 한반도 북부, 구체적으로 대동강 유역에 소재하였고, 요서 지역과 롼허강 유역의 낙랑군 및 조선현은 교치된 것으로 이해하였던 것이다.

이상을 통해 살펴본 것처럼 낙랑군은 4세기 전반 대동강 유역에서 요서 지역으로 교치되었고, 5세기 전반 요서 지역에서 롼허강 유역으로 교치되었다. 그러므로 후대의 문헌에서 낙랑군 또는 그와 관련된 지명이 롼허강 유역에 보인다고 해서 이를 한사군과 직접 연관시키기는 어렵다. 기존의 몇몇 연구는 이에 대한 이해가 미진해 널리 지지받지 못하였다. 뿐만 아니라 앞서 서술하였듯이 일제시기부터 최근까지 각종 출토문자자료, 고고자료가 축적되면서 낙랑군이 대동강 유역에 소재하였음은 한층 분명해졌다. 결코 역사학계의 다수가 식민주의 역사학을 추종해 그렇게 본 것이 아니다.

영토순결주의, 또는 식민주의 역사학의 주술

최근 역사학계를 비난하는 인사들은 한사군이 한반도에 없었다는 점, 고조선의 강역이 중원대륙을 포함하였다는 점을 강조한다. 적지 않은 수의 지식인도 그러한 비난과 주장에 동조하고 있다. 여기서 다음과 같은 지적이 상기된다.

태국의 역사학자 위니카쿨이 만들어낸 지리적 신체(geo-body)라는 말이 있습니다. 국민국가는 신성한 영토이고 수천 년 동안 한 번도 바뀌지 않고 이어져왔다는, 역사적으로 맞지 않는 믿음을 사람들이 가지고 있는데 누군가가 역사적 사실을 들어 다른 역사공동체의 영역이었다고 할 때, 사람들이 마치 손가락이나 발가락이 절단된 것과 같은 아픔을 느끼는 현상을 말하는 것이지요. 일종의 영토순결주의입니다. 예컨대 한사군의 영토가 지금의 대동강 유역이었다고 했을 때, 많은 분들이 굉장히 불쾌함을 느껴본 경험이 있으실 텐데요. 그런데 그건 우리 동아시아뿐만 아니라 19~20세기 초 유럽 역사를 보면, 모든 근대적인 역사 서술은 이런 식입니다. 아마 우리가 역사를 보는 생각 속에도 알게 모르게 들어가 있는 것은 아닐까요.[26]

우리는 암암리에 한국사를 고정불변의 인격처럼 간주하고 그 영토를 신체의 일부처럼 여기고 있다. 이러한 정서는 현대 한국사의 무대인 한반도에 특히 강하다. 이 점에서 한사군은 우리의 신체 중 일부가 타인에 의해 범해진 것과 같은 불쾌감을 유발할 수 있다. 최근의 비난은 이러한 정서에 편승한 것이 아닐까. 이와 관련하여 북한 역사학계의 고대사 연구가 참고된다.

가령 북한의 역사학계에서는 고구려-수 전쟁이 한반도 밖에서 전개되었다고 본다. 유명한 살수대첩의 살수(薩水)도 한반도 북부의 청천강이 아닌 중국 랴오닝성 쑤쯔허(蘇子河)에 위치하였다고 한다. "위대한 평양은 선사시대 이래 자랑찬 고구려의 멸망 이전까지 한 번도 이민족의 침략에 짓밟힌 격이

---

26) 임지현, 「석학과 함께하는 인문강좌 8. '동아시아 역사상의 한국' 토론회」, 『경향신문』 2014. 7. 2. A19면에서 인용. 또 임지현, 「고구려사의 딜레마―'국가주권'과 '역사주권'의 사이에서」, 임지현 엮음, 『근대의 국경 역사의 변경』, 휴머니스트, 2004. 25~27쪽 참조.

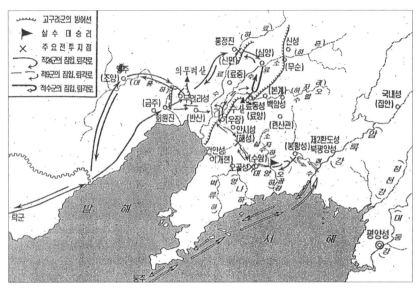

북한의 고구려-수 전쟁 약도
출처: 손영종, 『조선단대사(고구려사4)』, 과학백과사전출판사, 2008, 75쪽.

없었다"는 것이다. 이에 대해 '순결성의 논리'에 입각한 무리한 해석이라는 비판이 있었다.[27] 여기서 북한 학계의 '순결성의 논리'란 인용문의 '영토순결주의'이자 한사군이 한반도 북부에 소재하였다는 사실을 부정하고자 했던 사회 일각의 정서와도 통한다.

　영토순결주의가 비단 몇몇 인사 내지 북한 역사학계의 감정적 문제만은 아니다. 이는 근대 역사학, 이른바 국사의 민낯일 수 있다. 돌이켜보면 한국사를 민족사로, 민족을 인격처럼 서술해온 한국 역사학계의 여러 연구에도

---

27)　이강래, 「대 이민족 투쟁과 애국심의 문제—고구려를 중심으로」, 김정배 엮음, 『북한의 고대사 연구와 성과』, 대륙연구소출판부, 1994, 320쪽.

반성할 점이 있다고 생각한다. 이는 곧 근대 역사학에 대한 성찰이기도 할 것이다. 다만 최근의 비난과 그에 동조하는 사회 일각의 정서는 비합리적인 사료 해석과 논증에 기초해 한국의 역사학계가 추구해온 근대 역사학마저 뒤흔들고 있다. 근대 역사학에 대한 성찰에 이르기까지는 너무나 먼 길이 남은 것일까.

일찍이 타율성론(반도적 성격론)을 비판한 이기백의 조언은 여전히 유효하다.

> 역사를 좌우하는 결정적 요인이 지리적 조건이었다는 이 지리적 결정론이야말로 반도적 성격론이 디디고 서 있는 발판이었다. 그러므로 반도적 성격론을 비판하기 위해서는 지리적 결정론을 비판해야 한다. 그러나 불행히도 이 사실을 인식하지 못하고, 오히려 지리적 결정론을 긍정하는 입장에서 이를 비판할 수 있다고 생각하는 사람들을 많이 발견하게 된다. 그 결과는 결국 식민주의 사관이 파놓은 함정에 빠지는 것이나 다름없는 양상을 가져오게 되었다. (…) 그러므로 식민주의 사관의 극복은 역사관의 근본적인 변혁 자체가 이루어져야만 가능하다는 이야기가 된다. 넓은 국토를 개척하여 군사적 강대국이 되어야만 위대한 국가가 된다는 낡은 역사관 자체로부터 벗어나야 한다. 그리고 우리의 눈을 민족 내부의 문제로 돌려야 한다. 민족 내부에 쌓여 있는 모순을 개혁하여 우리의 역사를 앞으로 진전시킨 노력들이 역사적으로 높이 평가되도록 해야 한다.[28]

넓은 국토를 지닌 군사적 강대국, 곧 '위대한 고대사'를 말해야 비로소 식

---

28) 이기백, 앞의 글, 18~19쪽.

민주의 역사학에서 탈피한다는 강고한 믿음이 오히려 식민주의 역사학의 사유일 것이다. 그리고 그 사유는 비합리적인 믿음이라는 점에서 '주술'이라고 부를 수 있다.

최근 사회 일각에서는 '위대한 고대사'를 애국으로 포장하기도 한다. 한국사의 고대국가, 특히 고조선이 넓은 국토를 지닌 군사적 강대국이었기를 욕망하며 이를 마치 현대의 우리 사회가 지향해야 할 비전처럼 제시한다. 1970~1980년대 '대륙 수복의 의지가 담긴 진취적인 통일 지향의 민족사관'과 다를 바 없는 역사인식이다.

'대륙 지향의 민족사관'이 일제시기 황국 사관과 흡사하다는 지적을 새삼 되새겨볼 필요가 있다.[29] 21세기의 우리 사회가 20세기 전반 식민주의 역사학의 주술에서조차 헤어 나오지 못하고, 그를 잉태한 괴물, 즉 제국주의 역사학의 망령에 빙의되지 않을까 우려된다. 허상의 타율성론을 향한 공허한 비난에 굳이 응답하는 까닭이다.

---

29) 趙仁成, 「國粹主義史學과 현대의 한국사학—古朝鮮史를 중심으로」, 『한국사 시민강좌』 20, 일조각, 1997, 9~13쪽.

고조선의 중심지는 어디였을까?

고조선의 중심지에 대해서는 크게 3가지 학설이 있었다. 첫째 요령설(遼寧說), 둘째 평양설(平壤說), 셋째 이동설(移動說)이다. 이 중에서 학계의 다수설은 이동설이다.

기원전 108년 고조선의 왕도(王都) 왕험성(王險城 또는 王儉城)은 한(漢)나라의 공격을 받아 함락되었다. 한나라는 고조선의 영역에 낙랑(樂浪)·임둔(臨屯)·현토(玄菟)·진번(眞番) 4군(郡)을 설치하였다. 이른바 한사군(漢四郡)이다. 이 중에서 낙랑군의 치소(治所)는 조선현(朝鮮縣)이었는데, 조선현은 왕험성에 설치되었다고 한다. 낙랑군은 지금의 평양 일대에 있었다고 하였다. 따라서 고조선 최후의 중심지는 지금의 평양 지역이었다고 이해된다. 다만 고조선이 처음 국가를 형성하였을 때부터 평양에 중심지를 두었는지에 대해서는 다수의 학자가 회의적인 견해를 표명하고 있다.

흔히 고조선의 대표 유물을 '비파형 동검'으로 꼽는데, 이는 중국 둥베이 지역, 특히 랴오닝성(遼寧省) 일대에 집중적으로 분포한다. 이에 고조선이 둥베이성 일대에서 국가를 형성하였고 일정 시점에 평양으로 이동하였다고 보는 견해가 학계의 다수설을 차지하고 있다. 이른바 '이동설'이다. '이동설'에서는 고조선이 언제, 어떤 이유에서 중심지를 이동하였다고 설명할까.

『삼국지』 동이전에 인용된 『위략(魏略)』에서는 기원전 4~3세기 무렵 고조선이 이른바 전국칠웅(戰國七雄)의 하나였던 연(燕)나라와 대립하였다고 한다. 고조선이 연나라를 선제공격하고자 하였다고도 한다. 그러다 연나라의 명군(明君)으로 알려진 소왕(昭王, 기원전 311~279)대 장군 진개(秦開)의 공격을 받아

서방의 땅 2,000리를 빼앗겼다고 한다. 위만(衛滿)이 정권을 수립(기원전 194)하기 백 년도 더 전의 일이었다.

『위략』에 전하는 위의 사실은 고조선의 성장과 관련된 몇 가지 중요한 정보를 알려준다. 우선 고조선이 늦어도 기원전 4~3세기 무렵에는 전국칠웅의 하나인 연나라와 대립할 만큼 강한 국력을 보유하였다는 점이다. 연나라에 2,000리를 빼앗겼다고 한 사실도 주목된다. 비록 2,000리가 과장된 수치였다고 해도, 상당한 영역을 갖고 있었음을 말해주기 때문이다. 그 정도의 영역을 상실했음에도 여전히 왕국으로 존립했다는 사실도 간과할 수 없다.

그럼에도 불구하고 고조선이 연나라와 대립한 결과, 일정한 영역을 상실했다는 사실도 부정하기 어렵다. 이후 연나라는 자국의 동북 지역에 5개의 군(郡)을 설치하였고, 그 동방에 요동군(遼東郡)을 두었다. '이동설'에서는 이를 주목해 기원전 3세기 무렵 고조선이 연나라의 공격을 받아 중심지를 이동해 갔다고 판단한다. 비파형 동검과 세형 동검의 계통 및 분포도 주목한다. 비파형 동검의 뒤를 이어 기원전 3세기 이후부터는 세형 동검이 유행하였는데, 그 주된 분포 지역은 한반도 서북부였다. 이에 비파형 동검-세형 동검의 계통과 분포가 고조선의 중심지 이동을 반영한다고 해석한다.

'한사군 한반도설'은 식민사학의 산물인가

위가야

사이비역사학, 동북아역사재단에 역사관을 묻다

[사건 1] 2015년 3월 24일 새정치민주연합 도종환 의원은 동북아역사재단이 2019년 발간을 목표로 준비 중인 동북아역사지도에서 서기 120~300년 시기 고구려 국경선 위치비정이 중국이 동북공정의 일환으로 만든 중국역사지도집의 위치비정과 완전히 일치한다고 주장했다. 중국 요하 지역부터 한반도 서북부 지역을 중국 한나라 땅으로 편입시켜놓고 있다는 것이다. 요하 양쪽 지역을 한나라 땅으로 편입시킨 것에 대해 도 의원은 한사군을 한반도에 위치시키기 위한 것이라고 주장했다.[01]

[사건 2] 2015년 10월 4일 새누리당 이상일 의원은 동북아역사재단이 외교부의 의뢰를 받아 미 의회조사국(CRS)에 제출한 자료에 중국의 동북공정을 인정하

---

01) 「동북아역사재단 추진 역사지도, 중 '동북공정' 지도 베끼기 의혹」, 『경향신문』 2015. 3. 25.

'한사군 한반도설'은 식민사학의 산물인가 117

는 내용을 담은 자료와 지도 등이 포함되어 있었다고 지적했다. 이 의원에 따르면 동북아역사재단은 고조선의 영토를 현재의 요령성 일부로 경계를 한정하고 기원전 108년 중국 한무제가 설치했다는 한사군이 과거 한반도 일부 지역을 통치했다는 것을 인정하는 듯한 지도를 미국에 보냈다. 인하대 복기대 교수는 "한사군이 한반도에 있었다는 이야기는 일제강점기 때 식민사학자들이 '한국은 다른 나라의 속국'이라고 날조한 사실"이라고 지적했다.[02]

2015년, 여야 의원들이 한목소리로 국책기관의 비정상적 운영 실태를 지탄하는 이례적인 일이 있었다. 지탄의 대상은 동북아역사재단이었다. 그들은 주변국의 역사왜곡에 대응하기 위해 만들어진 동북아역사재단이 재단의 설립 취지에 부합하지 않는 활동을 일삼고 있다고 지적했다. 그런데 동북아역사재단에 대한 이런 지탄은 비단 국회 안에서만의 일이 아니었다.

[사건 3] 2014년 4월 22일, '식민사학해체국민운동본부'가 감사원에 동북아역사재단에 대한 공익감사를 청구했다. 그들은 "재단은 설립 취지와 달리 동북공정에 부응하는 주장을 홈페이지에 지속적으로 게시했고 최근에는 한강 이북이 중국 식민지였다는 주제의 영문 책자를 국고를 들여 발간해 세계 각국에 배포했다"며 감사 청구 취지를 밝혔다.[03]

2014년, '식민사학해체국민운동본부'[04]는 동북아역사재단이 미국 하버드

---

02) 「"한반도에 한사군" 왜곡된 고대사 자료 미 의회에 보냈다」, 『중앙일보』, 2015. 10. 5.

03) 「재야사학계, 동북아재단 상대 공익감사 청구」, 『연합뉴스』, 2014. 4. 22.

04) 이 단체는 2014년 3월 19일 서울 여의도 국회의원 회관에서 발대식을 가지고 결성되었다. 공동의장을

대학교 한국학연구소를 지원해 2014년에 발간한 『The Han Commanderies in Early Korean History』의 내용에 한국 고대사에 대한 식민사관이 그대로 담겨 있다고 비난하고, 재단에 대한 공익감사를 청구했다. 그들은 동북아역사재단이 중국의 동북공정 논리를 답습하는 내용을 지속적으로 홍보·재생산하고 있으며, 그 근간을 이루고 있는 것은 일제 식민사학의 조선총독부 역사관이라고 주장했다. 이런 논리 아래 동북아역사재단뿐만 아니라 한국의 역사학계가 '매국의 역사학'이라는 침묵의 카르텔을 공유하는 집단이자 조선사편수회의 후신이라는 충격적인 고발이 이어졌다.[05]

위의 사건들에서 동북아역사재단이 일제 식민사학을 추종하는 역사관을 가지고 있음을 입증하는 근거로 매번 언급된 것이 있다. 중국 한나라가 설치한 군현(한사군)이 한반도 안에 있었다는 이른바 '한사군 한반도설'에 입각한 역사서를 출판하고, 또 그것을 토대로 역사지도를 그렸다는 것이다. 그렇다면 왜 '한사군 한반도설'이 문제가 되는가.

일제는 한국사의 시작을 식민지로 만들려는 정치적 의도에서 '한사군=한반도설'을 창작했다. 정치적 날조란 허점이 있게 마련이어서 약간의 사료 비판만 가하면 '한사군=한반도설'의 문제점은 그리 어렵지 않게 간파할 수 있다. 더구나 일제 식민사학자들이나 이병도 외에도 한사군의 위치에 대해 자신의 견해

맡은 이종찬(전 국가정보원장)·인명진(갈릴리교회 목사)·허성관(전 광주과학기술원장)을 비롯해 김병기 대한독립운동총사 편찬위원장, 이덕일 한가람역사문화연구소장 등이 참여했다. 「재야사학계 '식민사학 해체 국민운동본부' 발족」, 『연합뉴스』 2014. 3. 19 참조.

05) 이와 같은 주장은 이 단체의 일원인 이덕일의 저술들에서 반복되고 있다. 이덕일, 『우리 안의 식민사관』, 만권당, 2014; 이덕일, 『매국의 역사학, 어디까지 왔나』, 만권당, 2015 등.

를 제시한 학자들은 많이 있다.[06]

이들의 주장에 따르면 한사군의 일부(특히 낙랑군)가 한반도 안에 있었다고 결정된 것은 일제강점기의 일이다. 쓰다 소키치(津田左右吉)를 위시한 일본인 식민사학자들은 한국사의 시작을 식민지로 만들어 현실의 식민지배를 정당화하기 위해 '한사군 한반도설'을 창작했으나, 그들의 주장은 당시에 이미 신채호(申采浩) 등의 민족사학자들에 의해 반박되었으며, 시기를 거슬러 올라가면 낙랑·대방군이 요동에 있었다고 주장한 조선 후기 실학자들의 견해도 찾을 수 있다고 한다. 그럼에도 일본인 식민사학자들의 논리는 그들의 제자 격인 이병도(李丙燾)에게 그대로 이어졌고, 그와 학맥으로 연결된 지금의 역사학계가 그를 무비판적으로 추종함으로써 결과적으로 일본인들의 논리를 답습하고 있다는 것이다. 이는 또한 한반도 북부가 과거 중국의 식민지였다는 사실을 인정함으로써 중국의 동북공정을 뒷받침하는 결과를 낳았다는 것이 이들의 주장이다.

사실이라면 큰일이 아닐 수 없다. 일제 식민사학을 따르기 위해 한반도 북부의 역사주권을 중국에 넘기는 자들이 한국의 역사학계를 장악하고 있는 셈이니 말이다. 하지만 이것은 주장일 뿐 사실이 아니다. '한사군 한반도설= 식민사학'이라는 등식이 성립하지 않기 때문이다.

역사학계에 식민사학의 혐의를 씌우는 것은 사실 어제 오늘의 일이 아니다. 국사 교과서 파동이 불거진 1970년대부터 이른바 '재야사학자'들에 의해

06)   이덕일, 『한국사 그들이 숨긴 진실』, 위즈덤하우스, 2009, 51쪽.

역사학계에 대한 맹목적인 비난이 이어져왔다.[07] 하지만 그 주장의 비합리성은 그것이 처음 제기될 당시에 이미 비판받았다.[08] 또한 그들의 국수주의적인 태도가 오히려 그들이 그토록 비판하는 황국 사관의 재판(再版)에 지나지 않는다는 역설도 지적되었다.[09] 그들의 연구 행위를 '사이비역사학'이라 지칭할 수 있는 것은 이 때문이다. 그러나 그들의 주장은 일부 역사 저술가들을 통해 대중들에게 지속적으로 보급되고 있다. 급기야 최근에는 앞에서 확인한 것처럼 정치권 일부의 동조를 얻어 동북아역사재단 같은 국책기관을 공격하기에 이르렀다는 데 문제의 심각성이 있다.

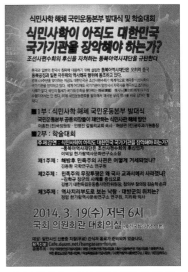

식민사학해체국민운동본부의 발대식을 알리는 포스터 동북아역사재단이 조선사편수회의 후신을 자처한다고 맹렬하게 비난하고 있다.

이 글에서는 사이비역사학이 역사학계를 식민사학의 후신으로 매도하는 주요 근거인 '한사군 한반도설=식민사학'이라는 등식이 성립할 수 없음을, '한사군 한반도설'은 일제 식민사학의 산물이 아님을 확인하는 과정을 통해 알아볼 것이다. 먼저 일본인들이 한사군을 어떻게 연구했는지 확인해보자.

---

07) 국사 교과서 파동에 대해서는 윤종영, 『국사 교과서 파동』, 혜안, 1999 참고.

08) 최영희 국사편찬위원장을 비롯한 역사학자들은 1978년 11월 17일부터 23일까지 『경향신문』에 5회에 걸쳐 「이것이 한국 고대사다」라는 제목의 사론을 연재했다. 이 사론들은 재야사학자들의 주장이 가지는 비합리성을 지적하는 동시에 역사학계의 연구성과를 대중에게 소개하는 것을 목적으로 집필되었으며, 이때의 비판은 지금도 여전히 유효하다.

09) 조인성, 「국수주의사학과 현대의 한국사학—고조선사를 중심으로」, 『한국사 시민강좌』 20, 1997, 9~12쪽.

해방 이전 일본인들의 한사군 연구
─역사지리학과 고적조사의 공조

일본인들에 의한 한국사 연구가 일본의 한국 진출과 관련되어 있었다는 사실은 이미 역사학자들의 연구를 통해 확인되었다.[10] 일본인들의 한국사 연구가 현재적 관심사와 무관하지 않았다는 점은 그들의 한사군 연구를 이해하는 데 중요한 시사점을 준다. 하야시 다이스케(林泰輔)가 1892년에 저술한 『조선사』의 단계에서 막연하게 기미(羈縻) 제도를 이용해 다스린 지역 정도로 이해되었던 한사군의 성격이, 식민지배가 가시권에 들어온 1900년대 후반부터는 '식민지'로 규정되고 있기 때문이다.[11] 한사군의 성격을 식민지로 규정한 것은 단군조선의 역사성을 부정하는 것과 결합하여 한국사가 식민지로 시작되었다는 역사상을 만들어냈다.

이와 같은 역사상 구축과 함께 한사군의 공간적 범위를 확인하기 위한 역사지리 연구가 이루어졌다. 1894년에 「조선낙랑현도대방고(朝鮮樂浪玄菟帶方考)」를 발표한 나카 미치요(那珂通世)를 시작으로 시라토리 구라키치(白鳥庫吉),[12] 이나바 이와키치(稻葉岩吉),[13] 이마니시 류(今西龍)[14] 등이 차례로 한사군의 위치에 대한 글을 발표하였다. 이들은 대체로 낙랑군이 평양을 중심으로 하는 대동강 일대에, 임둔군이 강원도 및 함경도를 포함하는 지역에 있었던

---

10) 이만열, 「19세기 말 일본의 한국사 연구」, 『청일전쟁과 한일관계』, 일조각, 1985.

11) 오영찬, 앞의 글, 351~352쪽.

12) 白鳥庫吉, 「漢の朝鮮四郡疆域考」, 『東洋學報』 2-2, 1912.

13) 稻葉君山, 「眞番郡の位置─眞番郡在北說の再考を促す」, 『歷史地理』 24-6, 1914.

14) 今西龍, 「眞番郡考」, 『史林』 1-1, 1916.

것으로 보았다. 현도군은 처음에 함흥을 중심으로 한 지역에 있었다가 이후 압록강 이북으로 옮겨갔다고 했다. 반면에 진번군의 위치에 대해서는 의견이 엇갈렸는데, 압록강 이북에 위치했을 것으로 보는가 하면, 한반도 남부에 있었던 것으로 보아 그 남쪽 경계를 충청도에서 전라북도까지 내려 보기도 했다.

이들은 한사군의 남방 경계에 대해서는 의견을 달리했지만, 적어도 그 영역이 한반도 북부 전역에 미치고 있었다는 것에 대해서는 일치된 견해를 보여주었다. 이들의 연구는 한정된 문헌에 대한 비판을 중심으로 진행되었으므로, 엄밀히 말하자면 추론의 영역을 벗어날 수 없었다. 하지만 당시 진행된 고적조사를 통해 확인된 유적과 유물들이 문헌이 제공하는 부족한 정보를 보완할 수 있는 물적 증거를 제공했다. 또한 고적조사의 성과가 주로 낙랑군 관련 유적에 집중되었으므로, 고적조사가 진행된 이후부터는 관심도 점차 한사군 전체에서 낙랑군으로 옮겨갔다.

도쿄제국대학 공과대학 조교수였던 세키노 다다시(關野貞)는 일제강점기 한국에서의 고적조사를 주도한 인물로 알려져 있다. 그는 1902년과 1909년에 한국을 방문하여 고적을 조사했는데, 1909년에는 대동강 유역의 석암동 고분을 발굴·조사하였다. 그는 처음에는 이 고분을 고구려 고분으로 보았다가 훗날 견해를 수정하여 낙랑군의 유적으로 보았다. 이 때문에 사이비역사학은 일제가 고구려 유적을 낙랑군 유적으로 조작하여 '한사군 한반도설'을 고고학적으로 뒷받침하려 했다고 주장한다.[15] 하지만 세키노의 빌굴 기록들

---

15) 이덕일, 『우리 안의 식민사관』, 만권당, 2014, 69~73쪽.

을 면밀히 분석한 최근의 연구에서 확인되는 것처럼,[16] 세키노가 석암동 고분을 고구려 유적이라고 본 것은 고구려 고분에 대한 사전지식 부재에 평양지역이 오랫동안 고구려의 수도였다는 선입견이 작용한 결과라고 보는 것이 설득력이 있다. 또한 세키노는 석암동 고분을 발굴하기 이전인 1902년의 조사 당시 이미 한사군의 영역이 평양을 중심으로 한강 이북에까지 이른다고 인식하고 있었다는데,[17] 그럼에도 불구하고 그가 석암동 고분을 처음부터 낙랑군의 유적이라 주장하지 않았던 것은 최초의 낙랑고분 발굴조사가 식민사관 창출을 위한 사전기획 아래 이루어진 것이 아님을 확인해주는 사례는 될 수 있어도,[18] 일제 식민사학이 고구려 유적을 낙랑군 유적으로 조작한 증거가 되기는 어렵다.

세키노는 1910년부터 1915년까지 조선총독부 촉탁의 신분으로 조선 전역의 고적을 조사했다. 그 과정에서 대동강 일대의 토성리 토성 등을 비롯하여 그 지역이 과거 낙랑군의 중심지였음을 알려주는 유적들이 발굴·조사되었으며, 이후 1920년대 중후반에 이르기까지의 조사를 통해 확인된 유적과 유물들은 낙랑군의 중심지가 평양이었음을 확인시켜주는 핵심적인 증거로 인정받았다.

---

16) 정인성, 「關野 貞의 낙랑유적 조사·연구 재검토」, 『호남고고학보』 24, 2006, 144~145쪽.

17) 위의 글, 145쪽.

18) 위의 글, 145쪽.

일본인들의 한사군 연구와 사이비역사학,
그리고 식민사학의 기시감

일본인들의 한사군 연구는 문헌비판을 통해 실증하고 고적조사를 통해 확인된 고고자료가 실증의 물적 근거를 제공했다는 점에서 학문적 설득력을 가질 수 있었다. 하지만 그들의 연구는 한사군의 성격을 식민지로 규정한 채 그 위치를 확인하는 데 그쳤다. 최근의 연구는 그들이 "표면적으로 드러난 이민족 지배 현상을 곧바로 식민지로 규정한 것은 몰역사적 해석"이며, "이러한 해석의 이면에는 우월의식과 차별의식이 내재되어 있으면서 제국주의의 역사적 침략을 돕는 이데올로기인 식민주의가 전제되어 있다"고 지적한다.[19]

그들이 한사군의 성격을 식민지로 규정한 것은 한국이 일찍부터 외국의 식민지였다는 이해를 확산시켜 결과적으로 제국일본의 식민지배 정당화에 이용되었다. 훗날 일본인의 한국사 연구를 반성적으로 성찰한 일본인 하타다 다카시(旗田巍)에 따르면, 그들의 연구 자세를 제약한 것은 일본의 한국 지배라는 현실이었고, 그 결과 도출된 역사상은 한국사의 진실을 놓친 그릇된 한국사상이었다.[20] 일본인들의 한사군 연구가 식민사학이라는 비판에서 자유로울 수 없는 이유가 여기에 있다.

그런데 한사군의 성격을 식민지로 규정한 채 위치비정에 집착하는 모습은 사이비역사학에서도 쉽게 확인할 수 있다. 그들이 한사군이 한반도 밖에

---

19)　오영찬, 앞의 글, 353쪽.

20)　旗田巍, 『日本人의 韓國觀』, 一潮閣, 1983, 154쪽.

있었다—또는 있어야 한다—고 주장하는 이면에는, 중국의 식민지였던 한 사군이 현재의 우리 영토 내에 있어서는 안 된다는 강박이 자리하고 있다. 그 때문에 그들은 한반도 북부에서 발견되는 고고학 자료와 한사군의 관련성을 모두 일제 식민사학의 무리한 해석 또는 의도적 조작으로 치부한다. 하지만 정작 무리한 해석과 의도적 조작을 일삼고 있는 것은 그들 자신이라 해도 과언이 아니다.

사이비역사학의 한 저작에는 일제 식민사학이 식민지로 시작한 한국사상을 주장하기 위해 지형상 수도가 될 수 없는 대동강 일대의 토성을 무리하게 낙랑군 치소이자 고조선의 수도였던 왕검성으로 확정했다는 주장이 나온다.

조선총독부에서 편찬한 『낙랑군시대의 유적』에는 1913년에 이 지역을 낙랑군 토성으로 비정한 경위가 상세하게 실려 있다. 뒤에 서술하겠지만, 이 책에도 이곳이 과연 낙랑군의 치소인가 의심하는 대목이 나온다.

다만 다소 고려가 되는 것은 토성이 협소한 구릉에 얕게 쌓여져 있다는 점이다. 사면이 개활하여 하등의 천험이 없으므로 하루아침에 적의 공격을 받게 되면 방수가 지극히 곤란한 상태에 놓인다는 점이다(朝鮮總督府, 『樂浪郡時代の遺蹟』, 古蹟調査 特別報告書 第四號, 1927년. 여기서는 문정창, 『고조선사연구』, 한뿌리, 1969년, 291쪽에서 재인용).

조선총독부는 대동강 남안의 토성을 낙랑군 치소이자 그 전에는 위만조선의 왕검성이었다고 비정했지만 문제점이 있다는 사실을 알고 있었다. 수도는 천혜의 요새에 정하는 것이 확고한 원칙인데, 대동강 토성은 사방이 탁 트여서 도저히 고조선의 수도로 보기는 어려웠다. 그러나 이 토성을 왕검성으로 만들어야 '한국사는 한나라의 식민지로 시작했다'고 주장할 수 있으므로 그냥 확정한 것이다.[21]

하지만 이 저작에서 인용한 보고서를 직접 찾아보면 한숨 나오는 사실을 확인할 수 있다.

> 그러나 이것은 결코 어려운 문제가 아니다. 옛적부터 황하의 유역에서 일어난 한(漢)민족은 그 도시를 만들 때 반드시 교통의 요로에 해당하는 평지를 선택하고 그 주위에 성벽을 둘러 만일에 대비할 뿐으로, 조선과 같이 특히 지세가 험준한 것을 선택하지 않았다.[22]

사이비역사학의 위 책은 보고서의 이 서술을 빼서 마치 일본인들이 스스로도 대동강 토성을 낙랑군 치소로 인정할 수 없었지만 무리하게 확정한 것처럼 왜곡했다. 왜곡은 여기서 그치지 않는다. 보고서는 위만조선의 수도 왕검성과 낙랑군 치소를 다른 곳으로 보았는데, 평양 북부 목단대와 을밀대 부근의 높고 험준한 구릉지를 왕검성이 있었던 곳으로 추정했다.[23] 하지만 이 역시 같은 보고서를 인용한 사이비역사학의 책에서는 찾아볼 수 없다. 위의 인용문에서 확인할 수 있는 것처럼 두 곳을 같은 곳이라 했다고 왜곡했다. 사실 이러한 행위는 왜곡보다는 조작이란 말이 더 어울린다.

---

21) 이덕일, 『한국사 그들이 숨긴 진실』, 위즈덤하우스, 2009, 27~28쪽.
22) 朝鮮總督府, 『樂浪郡時代の遺蹟』, 古蹟調査 特別報告書 第四冊, 1927, 21쪽.
23) 위의 책, 25쪽.

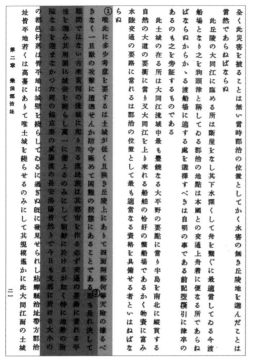

왜곡인가 조작인가 사이비역사학의 저작이 인용한 부분이 ①, 인용하지 않은 부분이 ②이다. 바로 다음 문장이라 읽지 않고 빠뜨리는 게 오히려 더 어려울 것 같은데, 인용하지 않고 보고서의 내용을 왜곡했다.

사이비역사학은 식민사학을 거부하고 또 그에 대해 누구보다 격렬하게 비판한다. 하지만 근간을 이루는 논리와 연구 방법은 결국 그들이 그토록 비판해 마지않는 식민사학과 다를 바 없다. 우리는 어쩌면 지금 식민사학의 목소리로 식민사학을 비판하는 식민사학의 슬픈 변종과 마주하고 있는 것인지도 모른다.

조선 후기의 '한사군 한반도설'

그런데 한사군의 위치를 한반도 안으로 끌어들인 것은 일본인들이 처음이 아니었다. 엄밀히 말하자면 고구려의 수도 평양이 옛 낙랑군 조선현이었다고 기록한 중국 사서의 여러 주석서가 '한사군 한반도설'의 원조 격이다. 이를 토대로 조선 전기『세종실록(世宗實錄)』지리지와『고려사(高麗史)』지리지,『신증동국여지승람(新增東國輿地勝覽)』등에서 한사군의 위치를 한반도 안에 비정했다. 이들 조선 전기의 지리서는 모두 낙랑군을 평양 일대로, 임둔군을 강릉 일대로 비정했다.

한사군의 위치에 대한 이런 인식은 17세기 한백겸(韓百謙)이『동국지리지(東國地理誌)』를 저술하는 단계에 이르러서는 본격적인 역사지리학 연구로서의 한사군 위치비정으로 이어졌다. 한백겸은 낙랑군과 임둔군의 중심지인 조선현(朝鮮縣)과 동시현(東暆縣)을 각각 평양과 강릉에서 찾았고, 현도군은 동옥저를 중심으로 한 함경도 지역에 위치했던 것으로 보았다. 또한 그는 종래 그 위치가 미상으로 남아 있던 진번군의 위치를 처음으로 비정했는데, 중심지인 삽현(霅縣)이 맥국(貊國)에 위치한 것으로 보고 그 영역이 지금의 강원도를 중심으로 황해도 일대까지 아울렀다고 하였다.

진번군의 위치를 한반도 안으로 끌어들인 한백겸의 견해는 이른바 '진번군 재(在)남설'의 효시가 되었다. 하지만 유형원(柳馨遠)은『동국여지지(東國輿地誌)』에서 다른 군들에 대해서는 한백겸의 견해를 대부분 답습하면서도 진번군은 요동 경내에 위치한 것으로 보았으며, 진번군의 영역을 한반도 외부에서 찾는 견해는 이후 18세기로 넘어가면서 유득공(柳得恭), 정약용(丁若鏞), 한진서(韓鎭書) 등에게도 받아들여졌다. 물론 그들 역시 낙랑군과 임둔군, 그리고 처음 설치될 당시의 현도군이 모두 한반도 안쪽에 자리 잡고 있었던 것으로 보았다는 점에서는 한백겸과 크게 다르지 않았다.

한편, 그들과 달리 낙랑군을 비롯한 한사군이 요동, 나아가 요서 지역에

유득공·정약용·한진서의 한사군 위치비정

	유득공 『사군지』	정약용 『아방강역고』	한진서 『해동역사續』 지리지
편찬 시기	1795년	1811년	1823년
낙랑군	한수(한강) 이북~관서(평안도)	평안도와 황해도	옛 조선 땅, 임둔과 합친 이후 북쪽으로 압록강, 남쪽으로 한수, 동서쪽은 모두 바다에 접함
현도군	함경도	함경도	함경도
임둔군	관동(강원도)	경기도 서쪽 교외	강릉부를 중심으로 한 대관령 동쪽 지역
진번군	압록강 밖, 홍경(興京)	압록강 이북, 홍경 남쪽 동가강(佟佳江) 주변	홍경 동남쪽 파저강(婆豬江: 동가강과 같음) 주변

있었다고 주장한 학자들도 있었다. 그들의 주장은 『요사』 지리지와 이후 그를 바탕으로 편찬된 지리서에 주로 의존하였다. 하지만 『요사』 등에 오류가 많다는 점은 이미 당시에 정약용과 한진서 등에 의해 비판되었다. 유득공은 『발해고』에서 『요사』 등을 근거로 발해의 역사지리를 서술했지만, 훗날 이들 서적의 오류를 확인하고 대폭 수정한 수정본 『발해고』(『지리고』의 구성과 내용을 완전히 바꿈)를 저술하기도 했다.

독특한 사료 해석을 근거로 낙랑군과 대방군이 요동에 있었다고 주장한 학자도 있었다. 이익(李瀷)은 『성호사설(星湖僿說)』에서 낙랑군의 영역이 중심지인 조선현이 있던 요동 지역을 중심으로 한반도에 미쳐 평양 서쪽까지 포괄했다고 주장했다. 위(魏)나라 장수 관구검(毌丘儉)이 고구려를 침범했을 때 현도로부터 나와 낙랑으로부터 물러갔다는 기록을 토대로 현도와 낙랑 두 군이 모두 요동에 있었다고 본 것이다. 또한 고구려가 요동 서안평(西安平)을 침범하여 대방령을 죽이고 낙랑태수의 처자를 잡아갔다는 기록을 근거로, 낙랑군과 대방군이 요동에 있었을 것으로 보기도 했다. 수양제의 고구려 침공로로 기록된 지명을 대부분 압록강 서쪽에 비정할 수 있다는 것도 주장의

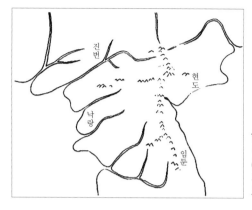

한(漢)나라 원봉(元封) 시대의 사군도(四郡圖)
『해동역사속(海東繹史續)』1 「지리고」1 고금강역도
(古今疆域圖) 중 사군의 위치를 표시한
지도이다. 진번군을 제외한 나머지 3군을
모두 한반도 안에 위치시켰다.

근거로 삼았다.[24] 하지만 정약용과 한진서는 대방령 및 낙랑태수의 처자가
요동에서 동쪽에 있던 낙랑군으로 부임하던 도중에 서안평을 지나다가 고
구려 군사에게 붙잡힌 것으로 보는 것이 이치에 합당하다고 반박하였다. 수
양제의 고구려 침공로 기록 역시 정약용에 의한 비판이 있었다.[25]

이익의 주장 중 관구검의 침공로를 근거로 한 것에 대해서는 당대에 별다
른 비판이 없었던 것으로 보인다. 이 때문인지 최근 사이비역사학은 낙랑군
이 요동에 있었음을 증명하기 위해 이익의 권위를 빌려오는 경향이 있다.

일찍이 성호 이익은 『성호사설』「천지문」'조선사군조'에서 동천왕 때 고구
려를 침략한 위 유주자사 관구검의 진격로와 퇴각로를 검토한 결과 현도, 낙랑
두 군이 요동에 있었다고 결론지었다. 『삼국사기』에는 관구검이 현도에서 나와
서 공격하다가 낙랑으로 물러갔다고 되어 있었다. 그래서 이익은 "현도로부터

---

24) 李瀷, 『星湖僿說』卷3, 「天地門」, 朝鮮四郡.

25) 정약용 지음, 정해렴 역주, 『아방강역고』, 현대실학사, 28쪽.

나와 낙랑으로 물러갔으니, 두 군이 요동에 있었음을 알 수 있다"며 현도군과 낙랑군이 모두 요동에 있었다고 설명했다. (…) 이런 위치비정은 철저하게 무시되었다. '한사군의 위치는 한반도 북부에 있었다'는 것이 일제 식민사학자들과 그 한국인 제자들의 변질된 도그마이기 때문이다.[26)]

하지만 이익은 기록된 정황을 잘못 본 결과 오류를 범하였으며, 사이비역사학은 이를 검토 없이 추종하고 있다. 이익이 언급한 사건은 『삼국사기』 「고구려본기」 동천왕 20년조에 기록된 것이다. 사건은 '① 관구검이 현도(고구려의 공격을 받아 서쪽으로 옮겨간 제3현도군, 중국 랴오닝성 푸순시)로부터 침입 → ② 고구려군의 패배 → ③ 환도성(중국 지린성 지안현)의 함락 → ④ 동천왕(東川王)이 남옥저(함흥)로 도주 → ⑤ 유유(紐由)의 분전으로 전세 반전 → ⑥ 위나라 군대가 낙랑(평양 부근)으로부터 물러감'의 순서로 진행되었으므로, 현도로부터 나와서 낙랑으로부터 물러가는 경로는 이상할 것이 없다.

무엇보다도 낙랑군과 대방군이 요동에 있었다는 주장들은 당시 조선의 학자들이라면 대부분 알고 있었을 다음과 같은 사료들을 해석할 수 없었다는 점에서 정약용 등에게 비판의 대상이 될 수밖에 없었다(이하 밑줄—인용자).

한(韓)에는 3종(種)이 있다. 첫째는 마한(馬韓), 둘째는 진한(辰韓), 셋째는 변진(弁辰)이다. 마한은 서쪽에 있는데, 54국이 있고, 그 북쪽은 낙랑(樂浪)과 남쪽은 왜(倭)와 접한다. 진한은 동쪽에 있는데, 12국이 있고, 그 북쪽은 예맥(濊貊)과 접한다. 변진은 진한의 남쪽에 있는데, 또한 12국이 있고, 그 남쪽은 왜와 접한다. 모

26) 이덕일, 『한국사 그들이 숨긴 진실』, 위즈덤하우스, 2009, 59~60쪽.

두 78국이다. 백제(伯濟)는 그중 1국이다.[27]

　한(韓)은 대방(帶方)의 남쪽에 있고, 동쪽과 서쪽은 바다로 한계를 삼으며, 남쪽
은 왜(倭)와 접한다. 사방 4천 리쯤 된다. 3종(種)이 있는데, 첫째는 마한(馬韓), 둘째
는 진한(辰韓), 셋째는 변한(弁韓)이다.[28]

　경초(景初) 연간(A.D. 237~239)에 명제(明帝)가 몰래 대방태수 유흔(劉昕)과 낙랑태수
선우사(鮮于嗣)를 파견하여 바다를 건너가서 2군을 평정하게 했다.[29]

『후한서』와 『삼국지』는 삼한의 위치를 낙랑군과 대방군의 남쪽으로 기록
했다. 이 기록대로라면 낙랑군과 대방군이 요동에 있으려면 삼한은 바다 한
가운데 있어야 한다. 또한 위나라 명제가 몰래 파견한 대방태수와 낙랑태수
는 바다를 건너가서 2군(낙랑군과 대방군)을 평정했다고 하는데, 요동에 있는 군
을 바다를 건너가 평정할 이유가 없다. 뿐만 아니라 『삼국사기』는 오늘날의
서울 지역을 중심으로 한 백제의 동쪽에 낙랑이 있었던 것처럼 적고 있으
며, 이후 이어지는 낙랑과의 교전 기록들은 낙랑군이 멀리 요동이 아닌 백
제와 인접한 지역에 있었음을 증명한다. 역사적 정황을 고려하지 않고 눈에
띄는 한두 가지 사료에 의지하여 제기하는 주장은 설득력을 가지기 어렵다.
정약용 등이 낙랑군과 대방군이 요동에 있었다는 주장을 비판할 수밖에 없
었던 이유는 바로 여기에 있었다. 그들이 기자를 숭배했기 때문이 아니라.

---

27)　『후한서』 권85, 동이열전 제75, 한.

28)　『삼국지』 권30, 위서30, 오환선비동이전 제30, 한.

29)　『삼국지』 권30, 위서30, 오환선비동이전 제30, 한.

한사군이 한반도, 그리고 요동과 요서 지역에 있었다고 보는 견해들은 조선 후기 실학자들에 의해 일단 정리가 이루어졌다고 할 수 있다. 훗날 한사군의 위치를 추정하는 논리 대부분이 조선 후기에 도출되었다는 평가가 나올 정도로, 그들은 다양한 관점에서 한사군의 위치에 접근했다. 진번군을 제외한 군현의 위치를 한반도 내부에 비정하는 견해, 즉 '한사군 한반도설'도 그중 하나였다. 유득공, 정약용, 한진서 등에 의해 심화된 이 견해는 일본인 역사학자들이 식민지 한사군의 공간을 확인하는 과정에서 비판적으로 재해석되었다. 결국 '한사군 한반도설'은 처음 한사군의 위치를 한반도 안으로 파악한 중국 사서의 주석가들 이래 조선 후기에 역사지리학을 연구한 실학자들, 그리고 일본인 역사학자들에 이르기까지 오랫동안 심화되고 그 타당성을 인정받아온 학설일 뿐, 일제 식민사학의 산물이라 할 수 없다. 따라서 '한사군 한반도설=식민사학'이라는 등식은 성립할 수 없는 것이다.

한사군 한반도설과 사이비역사학의 강박

이제까지의 작업은 '한사군 한반도설'이 사이비역사학에서 주장하는 대로 일제 식민사학의 산물이 아님을 확인하는 것이었다. 그 결과 '한사군 한반도설=식민사학'이라는 등식이 성립할 수 없음을 알 수 있었다. 그렇다면 사이비역사학이 한사군의 위치를 한반도 밖으로 몰아내려고 이토록 애쓰는 이유는 무엇일까.

2015년 6월, 『국방연구』 제58권 제2호에 「한(漢)나라 군사작전으로 본 위만조선 왕험성 위치 고찰—북한 급변사태 시 중국의 연고권 개입 명분에 대한 함의」라는 제목의 논문이 게재되었다. 인하대 국제관계연구소 소속 박성용 박사 등이 2년 동안의 연구를 통해 집필한 것이다. 저자들은 이 논문에서 한나라 육군·수군의 합동작전, 보급 문제, 출발지점 등을 종합적으로 고려할 때 위만조선의 수도 왕험성은 한반도 평양이 아닌 요동반도 또는 하북성에 있었던 것으로 보는 게 타당하다고 주장했다.[30]

> 본 논문의 연구 결과는 단순히 왕험성 재평양설에 대한 경합가설, 즉 요동설과 요서설의 논리적 근거를 추가하는 데 그치지 않는다. 군사작전의 차원에서 한나라 공격루트 분석을 통하여 고조선 강역을 비정한 결과 『사기』 기록에 근거해서 북한 지역에 중국의 식민지인 낙랑군이 존재했다는 학설은 그 논리성에 여러 가지 결함이 발견되었다. 따라서 북한 지역이 주(周)나라 입국 초 기자조선 때부터 중국의 봉지였고, 위만조선 멸망 이후 중국 식민지의 문화적 영향권에서 고구려가 건국되었다는 중국의 북한 지역 연고권 주장은 그 근거를 의심하지 않을 수 없다. 이러한 논리적 추론은 북한 급변사태 시 고토회복이라는 명분을 내세워 중국군이 압록강의 한만국경을 넘어 북한 청천강 이북에 친중 정권을 세울 경우 한국 정부와 국제사회가 그 정당성을 반박할 수 있는 역사자료로 기능할 것이다.[31]

주장의 타당성을 논하는 것은 필자의 능력 밖의 일인 관계로 차후 재론을 기다릴 수 밖에 없다. 그럼에도 이 논문을 언급하는 것은, 논문의 연구 결과

---

30) 「"위만조선 수도, 한반도에 없었다"〈인하대 연구팀〉」, 『연합뉴스』 2015. 7. 20.
31) 박성용·남창희·이인숙, 「漢나라 군사작전으로 본 위만조선 왕험성 위치 고찰─북한 급변사태 시 중국의 연고권 개입 명분에 대한 함의」, 『국방연구』 제58권 제2호, 2015, 30쪽.

가 "북한 급변사태 시 중국의 연고권 주장을 반박할 수 있는 역사자료로 기능할 것"이라는 서술이 사이비역사학이 한사군의 위치를 한반도 밖으로 내보내는 데 몰두하는 이유를 밝히는 실마리를 제공한다고 생각하기 때문이다. 이와 비슷한 맥락의 주장을 사이비역사학의 대중서에서도 확인할 수 있다.

> 동북아역사재단의 공식 견해대로 위만조선의 도읍이 평양 지역이었다면 대한민국은 더 이상 중국의 동북공정에 시비하지 말아야 한다. 그 대신 '과거 한반도 북부가 중국사의 영토인 것은 맞지만 지금은 우리 땅이니 내어줄 수 없다'고 달리 주장해야 한다.[32]

이들이 공유하고 있는 감정은 동북공정을 진행 중인 중국이 역사를 근거로 한반도 북부에 대한 영유권을 주장해 올 것이라는 불안감이다. 불안감은 고대국가의 영역을 현대 국민국가의 영토와 등치시키는 입장에서 배태된 것이다. 즉 그들은 고대사를 고대사 자체로 이해하지 않는다. 철저하게 현대의 관점에서 고대사를 해석하기 때문에 한사군의 군현 지배를 근대국가의 식민지 지배와 동일시하고, 이 때문에 그 영역을 한반도 외부로 몰아내는 것이 현대 대한민국을 위한 역사 해석이자 우리 영토를 지켜내는 길이라고 믿는 것이다.

필자는 현대의 몽골인민공화국이 징기스칸과 그 후예들의 정복전쟁을 근거로 유라시아대륙 전체에 대한 영유권을 주장할 수 없으며, 이 사례를 통

---

32) 이덕일, 『한국사 그들이 숨긴 진실』, 위즈덤하우스, 2009, 28쪽.

해 한사군이 한반도 북부에 있었다는 사실이 중국이 이곳에 대한 영유권을 주장할 근거가 될 수도 있다는 우려가 기우에 지나지 않음을 충분히 입증할 수 있다고 생각한다. 하지만 역사 해석에 역사가의 현재적 입장이 투영되어서는 안 되며, 그를 통한 해석은 모두 부정되어야 한다고 말하려는 것은 아니다. '역사는 과거와 현재의 대화'라는 고전적인 명제는 여전히 유효하다. 그러나 역사가가 살고 있는 현실이 역사 해석에 투영되는 것과, 역사가가 현실의 욕구—이 경우에는 현대국가의 영토주의적 욕구—에 복무하여 우리에게 유리한 역사를 쓰는 데 몰두하는 것은 분명하게 구별되어야 한다. 앞서 확인한 학계 일각의 논문과 사이비역사학의 저술들은 불행히도 후자에 해당할 것이다.

역사학의 역사는 이들 사이비역사학과 같은 관점으로 고대사에 접근하여 현실의 침략 정책에 역사적 당위성을 부여한 집단의 존재를 증언한다. 제국주의 일본의 영토주의적 욕망에 복무한 식민사학자들이다. 사이비역사학이 그들이 그토록 비판하는 일제 식민사학과 같은 프레임에서 역사를 바라보고 있음을 알려주는 또 다른 사례이다.

우리에게 유리한 역사를 쓰려는 현실의 욕구를 고대사 인식에 투영하는 사이비역사학의 주장은 때로는 황당하다고까지 할 수 있는 해프닝으로 나타나기도 한다. 사이비역사학의 주장을 대중에게 보급하는 선봉장 격인 이덕일(한가람역사문화연구소 소장)은 동북아역사재단 측이 제작한 『동북아역사지도』가 중국의 동북공정을 그대로 반영했다고 맹렬히 비판하면서 다음과 같이 주장했다.

담기양의 『중국역사지도집』은 한나라 소속인 고구려현을 만주와 평안북도

일대로 표시했고, 『동북아역사지도』는 이것을 베꼈다. 그런데 담기양의 『중국
역사지도집』은 우습게도 서한(서기전 202년~서기 8년) 때의 지도라고 설명해놓고 고
구려 '군(郡)'이라고 표기했다. 『한서』 「지리지」에는 고구려군이 없다. 한사군의
하나인 현도군에 고구려현이 있을 뿐이다. 담기양의 『중국역사지도집』은 왜
『한서』 「지리지」에 있지도 않은 고구려군을 만주와 평안북도 일대로 그려놓은
것일까? 고구려사를 중국사로 둔갑시키려는 동북공정의 일환이다. 고구려가
처음부터 한나라 소속의 군이었던 것으로 설명해야 고구려의 전 역사를 중국
사로 포함시킬 수 있기 때문이다.[33]

   담기양의 『중국역사지도집』이 처음 출간된 것은 1982년이다. 이덕일의 주
장대로라면 중국은 이미 1980년대부터 있지도 않은 '고구려군'을 조작해내
는 등 고구려사를 자국의 역사로 편입시키기 위한 역사조작을 자행해왔다.
그리고 한국의 역사학계는 그것도 알지 못한 채 그 지도를 그대로 베꼈다.
사실이라면 중국 역사학계는 교활하고, 한국 역사학계는 한심하며, 이덕일
은 탁월하다고 해야 할 것이다. 하지만 그의 주장은 사실이 아니다.
   이덕일이 말하는 지도는 『중국역사지도집』 2권 27~28쪽에 수록된 「서한
유주자사부」 지도이다. 이 지도에는 중국 한(漢)나라의 행정구역 말고도 그
주변에 위치한 여러 종족들의 거주지도 함께 표시되어 있는데, 고구려는 그
들 중 하나로 적혀 있다. 그런데 지도를 그린 담기양은 고구려족의 거주지
를 현도군이 설치된 지역과 동일시하고, 이 때문에 현도군과 고구려를 가까
운 곳에 표기했다. 이덕일은 이것을 분간하지 못한 채 현도군에 붙어 있는

---

33) 이덕일, 『매국의 역사학, 어디까지 왔나』, 만권당, 2015, 133쪽.

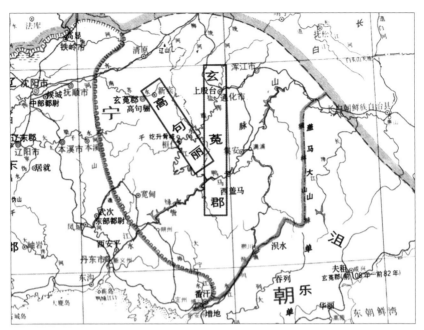

잘못 읽은 지도 『중국역사지도집』 2권(1982) 27~28쪽,「서한 유주자사부」지도의 부분이다. 고구려와 현도군 지명의 윤곽선은 독자의 이해를 돕기 위해 추가했다.

'군(郡)'을 고구려에 붙여 읽어, '고구려군'이라는 행정구역을 창조한 것이다.

무엇이 역사학으로 박사학위까지 받은 사람에게 이런 초보적 실수를 저지르게 하고, 또 그것을 대중에게 공표해서 망신을 자초하는 지경에 이르게 했을까. 필자에게 타인의 마음속을 들여다볼 능력은 없기 때문에 단정할 수 없지만, 역사를 바라보는 그의 관점과 태도, 즉 인식은 현재적 관점에 매몰되었고, 해석은 현실적 욕구에 복무하고 있었다는 데 그 원인이 있으리라 생각해본다. 그에게 중국의 동북공정은 한국사를 중국사의 시공간에 편입시킴으로써 현대중국의 침략 정책을 뒷받침하는 음모였다. 따라서 그의 관심은 온통 이 음모를 명약관화하게 드러낼 증거를 찾고, 또 그 음모를 분쇄

할 역사상을 만들어내는 데 쏠려 있었다. 그런 와중에 우연히—하지만 실수로—중국이 고구려의 전 역사를 중국사로 포함시키기 위해 조작한 증거인 '고구려군'을 찾은 것, 아니 찾았다고 믿은 것이다.

역사 해석에 대한 이런 태도는 이덕일, 그리고 그와 입장을 공유하는 사이비역사학의 많은 주장들에서 공통적으로 나타난다. 하지만 이것은 그들의 역사 해석을 편협한 동시에 비합리적으로 만드는 일종의 강박이다. 이 강박에서 벗어나지 않는 한, 아무리 부정하려 해도 그들의 역사학에서 '사이비'라는 꼬리표를 뗄 날은 요원해 보인다.

위만은 압록강을 동쪽으로 건넜나 남쪽으로 건넜나
— 사이비역사학의 1차 사료 이용법 해설

사이비역사학에서 유독 강조하는 것이 있다. 이른바 '1차 사료'다. 그들의 말에 따르자면 『사기』나 『후한서』 등 한군현이 실제 존재하던 당시의 기록, 즉 당대(當代) 사료가 '1차 사료'인 것 같다.—그렇다면 마찬가지로 한군현이 실제로 존재했던 3세기 당대의 기록인 『삼국지』의 지리 정보는 왜 그렇게 무시하는지 궁금하지만, 일단 넘어가기로 하자.

그들은 '1차 사료'에는 한군현이 한반도에 위치했다는 기록이 단 한 줄도 없었다고 단언하면서 기록들을 줄줄 읊는데, 그중 하나가 『사기』 조선열전의 다음 기록이다.

[위만이] 무리 천여 인을 모아 상투를 틀고 오랑캐의 복장을 하고서 동쪽으로 달아나 요새를 나와 패수를 건넜다(聚黨千餘人, 魋結蠻夷服而東走出塞, 渡浿水).

여기에 나오는 "패수"를 역사학자들은 압록강 또는 청천강으로 보는 경우가 많다. 하지만 사이비역사학은 이것이 바로 학계가 '1차 사료'에 무지함을 보여주는 증거라며 비난했다. 패수가 압록강이나 청천강이라면 위만이 남쪽으로 건너야지 동쪽으로 건널 수 없다는 것이다. 사실 이 기록이 동쪽은 위만이 달아난 방향을 말하는 것이지 강을 어느 쪽으로 건넜는지를 말하는 게 아니긴 하다. 그래도 일단 그들의 해석이 맞다고 치자. 압록강이나 청천강은 남쪽으로 건너야지 동쪽으로 건널 수 없다는 말은 얼핏 그럴듯하게

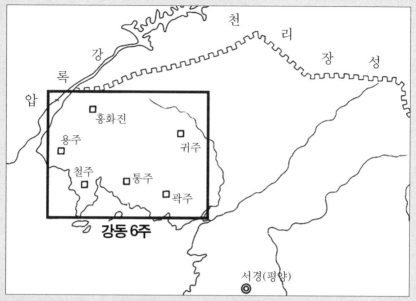

강동 6주의 위치 변태섭, 『한국사통론(4訂版)』, 삼영사, 1996, 204쪽의 지도를 바탕으로 제작.

들릴 수도 있다. 그런데 역사는 마치 그들이 이런 주장을 할 것을 예상이라
도 한 듯 반증을 준비해두고 있었다.

993년 고려의 서희(徐熙)는 거란(契丹)의 장수 소손녕(蕭遜寧)과 담판을 통해
거란군을 물러나게 하고 압록강까지 영토화할 권리를 확보하였다. 이때 서
희가 확보한 영토는 '강동(江東) 6주'라고 불렸고, 오늘날의 평안북도에 위치
했다. 압록강은 남쪽으로만 건널 수 있고 동쪽으로는 건널 수 없다는 사이
비역사학의 경직된 인식대로라면 이 지역은 '강남(江南) 6주'라 불렸어야 하
지 않을까?

'강동 6주'의 사례가 잘 알려주는 것처럼 중국대륙에서 압록강을 건널 때
그 방향은 건너는 주체와 지점에 따라서 동쪽 또는 남쪽으로 달리 인식될
수 있다. 하지만 한군현이 한반도에 있어서는 안 된다는 사이비역사학의 전

제 아래서는 해석의 융통성이 발휘될 여지가 사라진다. 이는 사이비역사학이 이른바 '1차 사료'를 다루는 방식을 잘 보여준다. 사이비역사학의 저술들에서 '1차 사료'는 오직 그들의 전제를 입증하는 데만 복무할 뿐이다. 입증에 방해되는 부분들은 배제되는 경우도 있다. 이러한 모습이 나타나는 이유는 무엇일까? 두 가지 중 하나일 것이다. 역사학자로서의 소양이 부족하기에 생기는 무지(無知)이거나, 역사학계를 식민사학으로 매도하기 위해 의도된 무리(無理). 만약 후자라면 그야말로 '사이비'라고 할 수밖에 없다.

'임나일본부' 연구와 식민주의 역사관

신가영

임나일본부설 법정에 서다

최근 임나일본부설의 허구를 비판해온 한 연구자를 '식민사학자'로 규정한 저술가가 있다. 이덕일은 『우리 안의 식민사관』(만권당, 2014)에서 "임나일본부설이 사실이라는 김현구"라고 단정하는 등 김현구(金鉉球)를 임나일본부설 지지자로 매도하여 비판했다. 결국 그는 명예훼손 혐의로 법원에 서게 되었다.[01] 이에 반발하는 측에서는 "임나일본부설을 학자가 더 이상 비판하는 것은 불가능"하다, "이제는 누가 임나일본부설을 비판할 수 있겠느냐"라면서, "식민사관을 비판하면 감옥에 가야 한다"는 식의 성명서를 발표했다.[02] 이들은 기존 학계에 대한 강한 불신을 거두지 않고 있으며, 피해의식마

---

01) 2016년 2월 5일 서울서부지방법원 재판부는 출판물에 의한 허위사실 적시 혐의로 이덕일에게 징역 6개월, 집행유예 2년을 선고했다. 「"김현구 교수는 식민사학자" 주장… 명예훼손 혐의 이덕일 소장 '집유'」, 『뉴시스』 2016. 2. 25.

02) 「이덕일 유죄, 원로학자들 반발 "학문사상의 자유 훼손"」, 『뉴시스』 2016. 2. 21; 「유죄 판결로 임나일본

저 느끼는 듯하다. 학문적 논쟁으로 인해 법정 소송에 휘말리는 것은 결코 학문 연구의 발전에 도움이 되지 않는다는 점에 동의한다. 다만 이들의 주장이 과연 '학문적' 차원에서 제기된 임나일본부설의 정당한 비판인지 여부에 대해서는 의문을 갖지 않을 수 없다.

『우리 안의 식민사관』에 따르면 김현구의 『임나일본부설은 허구인가』(창비, 2010)는 '임나일본부(任那日本府)'가 실제로 한반도 남부를 지배했다는 주장을 담고 있으며, 이는 식민사관을 좇는 국내 학계의 문제라고 한다.[03] 이덕일은 김현구 연구의 문제점을 다음과 같이 정리했다. "① 한반도 남부에는 실제로 임나일본부가 있었다, ② 그런데 임나일본부는 일본의 야마토 정권이 지배하는 것이 아니라 백제가 지배했다, ③ 백제를 지배하는 것은 일본의 야마토 정권이다"라고 주장한다는 것이다. 그는 김현구가 임나일본부설을 정립한 스에마쓰 야스카즈(末松保和)의 견해를 그대로 좇아, 야마토 정권이 한반도 남부를 지배했다는 임나일본부설을 사실이라 주장하였다고 강하게 비난했다. 비판의 근거로는 최재석의 연구를 주로 인용했으며,[04] 김현구가 『일본서기(日本書紀)』의 시각으로 『일본서기』만 활용하고 있다고도 비판하였다.

여기서 더 나아가 "가야를 임나로 둔갑시켜(가야=임나) 고대 야마토 왜(倭)가 한반도 남부를 지배했다는 임나일본부설의 변종인 이른바 '한반도 남부 경

설 비판 힘들어져」, 『오마이뉴스』 2016. 2. 23; 「선열·지사 후손들 "이덕일 유죄판결, 일제로 돌아가자는 것"」, 『뉴시스』 2016. 3. 18; 「애국지사 후손들 "이덕일 유죄, 순국선열 꿈 부정한 것"」, 『연합뉴스』 2016. 3. 18.

03) 이덕일, 『우리 안의 식민사관』, 만권당, 2014; 이덕일, 『매국의 역사학, 어디까지 왔나』, 만권당, 2015.

04) 엄밀히 말하면 최재석의 연구를 직접 인용하지 않고 『역경의 행운』(다므기, 2011)이라는 저서만을 근거로 제시하였다.

'임나일본부' 연구와 식민주의 역사관 145

영설'을 제기하면서 임나일본부가 이 땅에 부활했다. (…) 김현구와 같은 역사관을 가져야 성공한 것으로 생각한 젊은 학자들이 '가야=임나'라는 김현구의 논리에 대거 동조하는 현상이 나타난 것이다. 사료적 근거가 전혀 없는 '가야=임나'라는 논리는 그런 과정을 거쳐서 고대사학계의 정설이 되다시피 하였다"라고 말하면서, 한반도 남부를 일본사에 넘겨주는 매국 행위를 하고 있다고 비난하기도 했다.

그는 '식민사학'에는 학문의 자유가 없기에 일체의 이론(異論)이 허용되지 않고 단 하나의 학설만 존재한다고 생각한 것 같다. 그래서 임나일본부설을 비판한 여러 학자들 가운데 한 사람인 김현구의 연구에 식민사관이 내재되어 있다고 말하면 곧 고대사학계 전체에 대한 충분한 비판이 된다고 생각했던 것이 아닐까?

하지만 김현구의 '임나일본부' 연구는 '한반도 남부 경영설', 즉 왜의 한반도 남부 지배를 비판하는 것이 요점이다. 왜의 지배를 인정하는 서술은 어디에서도 찾아볼 수 없다. 김현구는 『일본서기』 기록의 비판적 활용을 통해 일본 학계에서 제기된 임나일본부설의 문제점을 지적하였다. 또한 『일본서기』에만 기록된 '임나일본부' 관련 기사의 대부분은 가야와 왜의 관계 속에서 파악할 것이 아니라 백제와 가야의 관계에서 파악해야 함을 강조했다. 그렇기 때문에 '임나일본부'라는 용어 자체에 문제가 있으며, '백제의 임나 경영'이 보다 적절한 표현이라고 주장했다. 결국 왜가 아닌 백제가 주체였음을 강조한 것이다.

그렇다면 김현구의 연구에 대한 문제제기가 타당한 것이었는지 의문이 들 수밖에 없다. 게다가 김현구의 연구를 근거로 국내 고대사학계의 연구에 식민사관이 내재되어 있다고 매도하는 것 역시, 임나일본부설에 대한 학계의 연구를 제대로 이해하고 비판의 근거를 충분히 제시하면서 합리적으로 문제를 제기했다고 보기 어렵다. '임나일본부' 연구에서 김현구의 연구가 어떤 위치에 있는지 면밀히 파악하지 못한 결과가 아닐까란 생각이 든다.

고대 한일관계사, 특히 가야사 연구에서 식민주의 역사관의 문제는 완전히 해결되지 못한 숙제로 남아 있다. 왜의 통치기관이 가야 지역에 있었다고 표방되지는 않지만, 왜가 가야를 비롯한 한반도 남부 지역에 일정한 영향력을 행사하고 있었다는 견해가 여전히 일본 학계에서 제기되고 있는 상황이다. 특히 한반도 서남부 일대에서 전방후원분이 발굴되면서 이런 연구 경향이 여전히 나타나는 것을 우려할 수도 있다. 하지만 다양한 연구 방법을 통해 '임나일본부' 문제에 접근하고 있는 국내 학계를 식민사관이 내재된 하나의 학설이 지배하고 있다는 일방적인 주장에는 동의하기 어렵다. 무엇보다도 '임나일본부'를 여전히 '조선총독부'와 같은 성격으로 이해하는 가운데, 국내 학계의 연구를 식민주의 역사관이라는 프레임 속에 가두려는 움직임이 과연 진정한 학문적 발전을 위한 문제제기인지 의심스럽다.

침략과 저항의 이중주

'임나일본부'에 대한 논의는 고대 한일관계 연구뿐만 아니라 가야사 연구에서도 중요한 주제이다. 초기 가야사 연구는 일본의 침략적 목적에 의해 이루어져 그 역사상이 심하게 왜곡되었다. 에도시대(江戶時代) 국학자들은 『고사기(古事記)』와 『일본서기』를 통해 일본적 전통의 우위를 강조하였고, 건국신화나 전설을 소급하여 일본의 한국 지배를 주장하였다. 1720년에 편찬된 『대일본사』는 진구(神功)황후의 삼한정벌 이후 '임나'에 '일본부'를 설치하였다고 기술하기도 했다. 19세기에 이르러 일본의 근대화를 위해 한반도를 정벌해야 한다는 정한론(征韓論)이 대두되면서, 진구황후의 신라정벌 전설이 본격 거론되기 시작하였다.

한편 1882년 참모본부에서 편찬된 「임나고(任那考)」도 『일본서기』의 기록을 근거로 가야 지역에 일본부를 설치하여 한반도 제국을 통제했다고 기술했다. 이후 쓰다 소키치(津田左右吉), 이마니시 류(今西龍), 아유가이 후사노신(鮎貝房之進) 등은 일본의 '임나' 지배를 전제하고 '임나' 관계의 지명을 연구하기도 했다. 이처럼 일제는 한국 침략과 식민지배를 역사적으로 정당화하기 위해 식민주의 역사학을 만들어냈고, 그중 가장 많이 연구된 분야의 하나가 바로 임나일본부설이었던 것이다.

임나일본부설이란 왜(倭, 고대 일본의 야마토 정권)가 4세기 중엽 가야 지역을 정벌해 '임나일본부'라는 통치기관을 설치하고 가야를 비롯한 백제, 신라 등 한반도 남부 지역을 200여 년간 지배 또는 통제했다는 주장이다. 이 견해는 스에마쓰에 의해 체계화되었다.[05] 『일본서기』의 '임나' 관련 기록 외에도 「광개토왕비」의 신묘년 기사와 영락 10년조, 『송서』 왜국전의 왜왕의 작호, 칠지도 명문 등을 임나일본부설을 실증하는 사료로 자의적으로 해석·활용했다. 문헌고증이라는 이름 아래 사료를 왜곡하여 임나일본부설을 기정사실화했던 것이다. 임나일본부설은 한국사의 역사적 전개가 고대부터 외세의 간섭 속에서 이루어졌다는 타율성론에 입각한 대표적인 연구 사례였다.

---

05) 末松保和, 『任那興亡史』, 大八州出版, 1949; 『임나흥망사』, 吉川弘文館, 1956. 통치·지배기관으로서 '임나일본부'를 강조할 때는 '출선기관설(出先機關說)', 왜의 한반도 남부 지배에 강조를 둘 때는 '남선경영설(南鮮經營說)'이라고도 불렸다.

스에마쓰 야스카즈(1904~1992)와 『임나흥망사』
스에마쓰는 일본의 역사학자로 조선총독부 산하 조선사편수회에서 촉탁위원, 수사관보, 편수
관보, 수사관을 거치며 『조선사』 등의 편찬에 참여했다. 한반도 남부에 고대 일본의 식민지가
존재했다는 임나일본부설을 주장한 대표적인 식민사학자이다.

    스에마쓰의 임나일본부설은 당시 일본의 모든 역사 교과서, 개설서, 전문

서적 등에 주요 학설로 소개되었는데, 1960년대 북한 김석형의 '삼한 삼국

의 일본열도 내 분국설'[06]이 제기된 이후 전환점을 맞이했다. 김석형의 '분

국설' 제기는 사료 해석의 문제점에도 불구하고 연구자들이 임나일본부설

의 문제점을 인지하고 재검토할 계기를 만들었다.[07] 이후 일본 학계에서는

---

06) 기원전 수세기부터 한반도인의 일본열도 이주가 행해져 일본열도 내에 한반도 계통의 분국(分國)이 성
    립되었고, 『일본서기』의 고구려·백제·신라·임나 등의 국명은 일본열도에 세운 분국을 가리킨다는 견
    해이다. '임나일본부'는 야마토 정권이 오카야마 지역을 지배하기 위해 설치했던 기관으로 한반도의
    가야와는 관계가 없다고 보았다. 김석형, 「삼한 삼국의 일본열도 내 분국(分國)들에 대하여」, 『력사과학』
    1963-1, 1963; 『초기 조일관계 연구』, 사회과학원 출판사, 1966.

07) 스에마쓰설을 부정한 대표적인 연구로는 이노우에 히데오(井上秀雄)의 '가야의 왜인설'을 들 수 있다. 일

왜의 임나 지배보다는 그 지배기구인 '임나일본부' 문제에 관심이 모아지기 시작했다. 물론 여전히 왜가 가야 지역에 직간접적인 영향력을 미치고 있었다는 견해들이 제기되었다. 가야를 야마토 정권의 조공국으로 보기도 하였으며, 왜가 가야에 정치·군사적 영향력을 행사했다거나 가야 지역을 거점으로 고구려나 신라에 대항하였다고 파악하기도 했다.

한편 해방 이후 한국사 연구의 주도권을 잡게 된 국내 학계에서는 식민주의 역사학을 비판하고 극복하기 위해 많은 노력을 기울였다. 당연히 임나일본부설에 대해서도 『일본서기』를 비롯하여 근거로 제시된 모든 자료를 사료비판함으로써 그 허구성을 지적했다.[08] 특히 가야 지역을 중심으로 한 한반도 남부의 여러 세력과 왜의 관계에 대해 다양한 시각에서 분석이 이루어졌다.

국내 학계에서 임나일본부설 비판에 첫 포문을 연 이는 천관우(千寬宇)였다. 천관우는 『일본서기』를 비판적으로 활용하여 가야사의 복원을 적극 시도하였다. 그는 '임나일본부' 관련 사료는 백제 유민들이 남긴 것으로, 백제가 가야를 정벌·지배했던 기록을 후대 『일본서기』 편찬자들이 조작하여 마치 고대 일본인들이 '임나'를 지배했던 것처럼 왜곡했다고 파악하였다. 결론적으로 '임나일본부'는 백제의 '군사령부' 같은 성격으로 이해해야 한다는 것이었다.[09]

본열도에 한반도인이 이주하였던 것과 같이 가야 지역에도 일부의 왜인들이 집단적으로 거주했으며, '임나일본부'는 그 왜인들, 왜인과 한인의 혼혈인들을 통제하는 행정·자치 기관이었다고 보았다. 井上秀雄, 『任那日本府と倭』, 東出版, 1973.

08) 임나일본부설을 증명하는 자료로 이용되었던 「광개토왕비」, 『송서』 왜국전, 칠지도 명문에 대한 연구는 지면관계상 다루지 못했다. 각각의 연구를 통해 임나일본부설의 허구성에 대해서 충분히 지적되었다.

09) 千寬宇, 「復元加耶史(中)」, 『文學과知性』 29, 1977; 『加耶史研究』, 一潮閣, 1991.

김현구는 천관우의 견해에 큰 영향을 받았다. 그는 '왜의 가야 지배' 자체를 전혀 인정하지 않았다. 김현구의 연구는 일본 극우파 시각에 동조하여 이루어진 것이 아니라, 천관우의 견해를 구체화시킨 것이다. 그는 '임나일본부'를 백제가 가야를 통치하기 위해 설치한 기관으로 보았던 천관우의 견해를 수용하고, 한 걸음 더 나아가 가야 지역에서 활동한 왜인들을 백제가 고용한 존재로 파악했다. 즉, 백제가 왜군을 용병으로 고용해 가야 지역에 주둔시키고, 그곳에 왜인 계통의 백제 관료를 파견하였다고 이해하였다. 고대 한일관계가 가야가 아닌 백제와 왜 중심으로 이루어졌고, 그 관계는 특수한 용병관계였다고 생각한 것이다.[10]

스에마쓰에 의해 정립된 임나일본부설은 더 이상 주장되기 어렵다. 특히 1980년대 이후 가야 지역에 대한 광범위한 발굴조사에 의해 가야제국의 독자성을 보여주는 유물이 발견됨에 따라 가야제국과 고대 일본의 관계도 과거와 달리 인식할 수밖에 없었다.[11] 물론 가야 지역을 비롯한 남해안 일대에서 왜계 유적·유물이 출토되기도 했지만,[12] 이는 지배-복속의 근거라기보다

---

10) 金鉉球, 『大和政權の對外關係硏究』, 吉川弘文館, 1985; 『任那日本府硏究: 韓半島南部經營論批判』, 一潮閣, 1993.

11) 일제는 '임나일본부'의 존재를 확인하기 위해 고고학적 조사를 시행하였다. 1916년 조선총독부는 한반도 전역에 대한 조사를 시행하였는데, 중점적 조사 대상 지역으로 낙동강 일대의 신라·가야 지역이 포함된 것을 볼 때 조사의 목적은 '임나일본부'의 물적 증거 찾기에 있었던 것을 알 수 있다. 조사에 참여한 하마다 고사쿠(濱田耕策)가 적어도 고고학적으로는 임나일본부설을 증명하기가 불가능하다고 실토하였다는 데서 알 수 있듯이(朱甫暾, 「『日本書紀』의 編纂 背景과 任那日本府說의 成立」, 『韓國古代史硏究』 15, 1999), 그 당시에도 임나일본부설의 고고학적 증거는 제시되지 못했다.

12) 가야 지역에서 현재 확인되는 왜계 고분은 8기인데, 대체로 남해안 일대에 집중 분포한다. 반면 문헌기록에 자주 등장하는 고령·함안·김해 지역에서는 왜계 고분이 확인되지 않는다. 이주헌, 「가야 지역 왜계고분 피장자와 임나일본부」, 『지역과 역사』 35, 2014, 191~194쪽 참조.

는 당시 고대 한일 간의 활발한 교류를 보여주는 자료로 이해된다.

'임나일본부' 연구의 현주소

1980년대 이후 발굴을 통해 새로운 고고자료가 축적되었고, 『일본서기』에 대한 연구가 진전됨에 따라 가야사 연구도 보다 입체적으로 진행되었다. 이러한 연구성과를 바탕으로 과거 일본 학계의 편향된 연구 시각에서 벗어나 백제, 가야제국이 주체가 되는 '임나일본부' 연구가 다양하게 이루어졌다.

앞서 살펴본 천관우와 김현구의 연구는 『일본서기』의 한반도 관계 기사의 주체를 왜에서 백제로 바꿔 파악하여 백제의 역할을 강조하였다. 그래서 왜가 가야를 지배한 것이 아니라 백제가 가야를 지배했던 것으로 이해하는 새로운 '임나일본부'상을 그려낸 것이다. 이들의 연구를 통해 『일본서기』의 사료적 가치가 인정되었다는 점에서 연구사적 의의가 있지만, 한계도 있었다.

'임나일본부' 관련 사료에는 백제가 가야 지역을 지배하였다는 기록이 없다. 무엇보다 '임나일본부'와 관련된 왜인들의 활동을 보면, 백제로부터 명령을 받거나 백제의 이익을 위해 행동하기보다는 오히려 가야제국과 신라에 더 우호적인 모습으로 기술되고 있다. 또한 가야 지역에서 벌어진 사건들에 대해 가야의 여러 세력들의 입장과 상황을 제대로 반영하지 않은 채 일방적으로 왜나 백제의 이해관계를 강조하는 것 역시 역사상을 왜곡할 수도 있다.

그래서 가야 세력의 독자성을 입증하기 위한 연구도 다양하게 진행되었다. '임나일본부' 관련 자료가 주로 백제, 신라와의 외교 교섭 기사로 이루어 졌다는 데 주목하여 가야의 대외관계사라는 시각에서 '임나일본부' 문제에 새롭게 접근하는 연구들이 제출되었다.[13] 요컨대 국내 학계의 연구를 크게 두 가지로 정리한다면, '임나일본부'를 둘러싼 ① 백제와 가야·왜의 관계, 그리고 ② 가야제국과 왜의 관계라고 할 수 있다.

'임나일본부' 연구의 첫걸음은 용어 자체에 대한 분석이었다. '임나일본부'는 국내의 어떤 자료에도 기록되지 않았고 『일본서기』에서만 살펴볼 수 있는 용어이다.[14] 『일본서기』에서 '임나일본부', '안라일본부', '일본부'는 응략 8년(464)에 1건, 나머지는 흠명 2년(541)~흠명 13년(552)에 집중적으로 사용되었다. '일본'이나 '부'라는 표현은 당시 일본에서 사용되지 않았던 용어이기에 '임나일본부'는 『일본서기』가 편찬될 때 조작된 것으로 추정한다. '임나일본부'는 실제로 존재하지 않았던 용어라고 이해되지만, '임나일본부'를 대체할 용어에 대해서는 의견이 분분하다. '임나일본부'에 대해 각양각색으로 이해하고 연구자 다수가 동의할 수 있는 대안이 제시되지 못하였기에

---

13) 이에 대한 연구사 정리는 다음의 논고를 참조하였다. 나행주, 「6세기 한일관계의 연구사적 검토」, 『임나문제와 한일관계』, 景仁文化社, 2005; 연민수, 「임나일본부」, 『한국 고대사 연구의 새 동향』, 서경문화사, 2007; 이연심, 「임나일본부의 성격 재론」, 『지역과 역사』 14, 2004; 이재석, 「소위 임나 문제의 과거와 현재—문헌사의 입장에서」, 『역사학연구』 23, 2004; 정효운, 「중간자적 존재로서의 '임나일본부'」, 『동북아 문화연구』 제13집, 2007; 김태식, 「임나일본부설의 흐름과 쟁점」, 『한일 역사의 쟁점 2010 (1) 하나의 역사, 두 가지 생각』, 경인문화사, 2010; 백승충, 「'任那日本府'의 파견 주체 재론—百濟 및 諸倭 파견설에 대한 비판적 검토를 중심으로」, 『한국민족문화』 37, 2010; 이연심, 「한일 양국의 '임나일본부'를 바라보는 시각 변화 추이」, 『한국민족문화』 57, 2015.

14) 『일본서기』와 비슷한 시기에 편찬된 『고사기』에도 '임나일본부'가 전혀 사용되지 않았다. 이에 주목한 경우 7세기 말~8세기 초 『일본서기』 편찬에 참여한 백제계 망명 세력들이 임나를 천황의 과거 직할영 역으로 설정해놓고 천황의 군대를 빌어 임나를 부흥시켜 이를 발판으로 잃어버린 백제왕국을 수복할 목적으로 임나일본부설을 조작하였다고 추정한다. 朱甫暾, 앞의 글.

'임나일본부'라는 용어를 그대로 사용하고 있는 상황이다.

'임나일본부'는 교역기관, 외교기관, 안라왜신관, 사신단, 왜계 관료, 중간 자적 존재 등 그 성격이 다양하게 추정되고 있다. '부(府)'라는 표현을 주목 해볼 때 크게 두 가지로 구분하여 볼 수 있다. 바로 기관·기구로 파악하거 나 사자(使者)·사신으로 파악하는 것이다. 첫 번째 견해에서는 '부'가 설치되 지는 않았지만 '부'라고 표현될 만한 기관이나 기구는 있었다고 추정하기 에 왜인들이 특정 기관이나 기구에 소속되어 있었다고 본다. 두 번째 견해 는 '임나일본부'에서 '부'의 훈(訓)이 '미코토모치(ミコトモチ, 御事持)'라는 점에 주목하였다. '임나일본부'를 대체로 '임나(=가야)에 파견된 왜왕의 사신'으로 이해하고 있는데,『일본서기』에 기록된 "재안라제왜신등(在安羅諸倭臣等)"[15]을 '임나일본부'의 원형으로 본다.

많은 연구에서 '임나일본부'를 가야의 대외관계의 산물로 이해하고 있다. 백제의 영향력을 강조하는 일부 견해에서는 백제가 설치한 기구·기관으로 파악한다. 6세기 전반 '임나일본부'라고 불릴 수 있었던 특정한 기구 혹은 사신단이 함안 지역의 안라[16]에 있었던 것은 인정되고 있다. 어떤 관점을 따 르든, 현재 국내 학계의 연구는 '임나일본부'가 왜의 지배 혹은 통치기구라 는 관점에서 벗어나 있다.

오늘날 국내 학계에서 이루어지는 '임나일본부' 논쟁의 핵심은, 왜의 '임 나일본부' 운영 혹은 왜의 한반도 남부 지배 문제가 아니라, 가야 지역에서 활동하고 있었던 왜인들의 실체를 어떻게 파악할지의 문제이다. '임나일본

---

15) 『일본서기』권19, 흠명 15년 12월.

16) '임나일본부'는 안라에 주로 있었지만, 대가야에도 있었다는 새로운 견해도 제기되었다. 백승옥,「「任那 日本府」의 所在와 등장배경」,『지역과 역사』36, 2015.

부'라는 것은 당시에 존재하지 않았더라도, 한반도 남부에서 활동하던 왜인들을 어떻게 이해할지에 대해서는 연구자마다 의견이 엇갈린다. 이는 구체적으로 다음과 같은 세 가지 쟁점으로 구분된다.

첫째, 한반도 지역의 왜인들과 야마토 정권의 관계이다. 대체로 야마토 정권에서 파견된 왜인으로 이해하지만, 왜의 영향력이 직접 미치는 것으로 보지 않는다. 백제나 가야제국의 주체성을 강조하고 있다. 규슈(九州) 지역 혹은 기비(吉備) 지역의 왜인으로 추정하기도 한다. 둘째, 왜인이 어떻게 가야 지역으로 올 수 있었는지도 주요 쟁점이다. 국내 학계에서는 백제가 왜인을 파견하였다고 이해하거나 안라에서 이들을 불러들였다고 본다. 셋째, 왜인이 가야의 여러 세력과 어떤 관계였고, 어떤 역할을 하고 있었는지에 대해서도 연구자마다 조금씩 견해 차이가 있다.

현재 일본 학계에서의 '임나일본부' 논의도 이와 크게 다르지 않다. 가야 지역에 대한 야마토 정권의 지배는 인정하지 않는다. 대체로 '임나일본부'의 성립 시기를 6세기 전반으로 제한해 보고 있으며, '임나일본부'의 성격을 야마토 정권이 '임나'를 군사적으로 통치하기 위해 설치한 지배기관이 아니라, 한반도의 선진문물을 독점 수용하기 위해 '임나'에 파견한 사신 또는 관인 집단으로 이해하는 견해가 많다.[17] 가야 세력의 독자성을 어느 정도 반영하고는 있지만, 연구의 주된 관심은 '임나일본부'와 야마토 정권의 연관성이다.

이처럼 '임나일본부'는 서로 다른 관점과 시각에서 다양하게 연구되고 있다. '임나일본부'에 대해 다양한 설이 제기되는 이유는 '임나일본부'가 기록

---

17) '일본부'를 일본부경·일본부집사·하급관리의 위계질서를 갖춘 조직체, 합의체로 이해하기도 한다.

되어 있는 『일본서기』가 가진 자료의 한계 때문이다. 『일본서기』는 8세기 일본 천황제 율령국가의 정당성을 주장하기 위해 편찬된 역사서로, 일본인들의 한반도 제국(諸國)에 대한 상대적 우월감이 반영되어 있다. 예컨대 '임나'라고 표현된 가야제국을 비롯하여 고구려, 백제, 신라는 고대 일본의 조공국, 속국으로 기술되어 있다. 즉 일본 중심의 왜곡이 이루어진 것이다.[18]

이러한 『일본서기』 기록 자체의 문제와 더불어, 『일본서기』에 인용된 백제 측 기록인 「백제기(百濟記)」, 「백제신찬(百濟新撰)」, 「백제본기(百濟本記)」의 '임나' 관련 기술에 가야에 대한 백제의 인식이 반영되어 있다는 점도 간과하기 어렵다. 백제사 연구에서는 『일본서기』에 기록된 어떤 사건의 주체를 왜에서 백제로 바꿔 사료를 이해하기도 한다. 반면 가야사 연구에서는 「백제기」, 「백제신찬」, 「백제본기」도 일방적인 백제 중심의 기록이기 때문에 사료를 활용하는 데 주의를 기울이고 있다.

'임나일본부' 관련 기사는 「백제본기」에 근거하고 있기 때문에 『일본서기』 편찬 시기의 윤색된 부분을 제외한다면 사료적 신뢰성이 있다고 인정되었다. 그래서 '임나일본부'를 왜가 아닌 백제가 운영하거나 파견한 것으로 이해했던 것이다. 하지만 「백제본기」의 내용도 원자료 그대로 인용된 것이 아니라 『일본서기』 편찬 당시의 관념을 반영하여 일부 개변된 것으로 파악된다. 그렇기에 백제의 가야에 대한 강한 영향력이 실제 가야제국과 백제의 관계를 반영한 것인지는 면밀한 검토가 필요한 것이다.

고구려, 백제, 신라와 달리 가야는 자신들의 역사서를 남기지 못하였다.

---

18) 특히 '임나'는 '임나관가(任那官家)'로 표현되고 있는 것을 볼 때 『일본서기』에서는 '임나'를 일본 고대 왕실의 직할령으로 인식하고 있는 것을 알 수 있다.

따라서 연구자가 『일본서기』의 조작·윤색된 기록을 통해 가야사의 실상을 제시하기는 쉽지 않은 상황이다. 백제와 가야제국에 대해 일본의 우월적 입장이 반영된 기술은 당연히 배제시킨 후 이용하지만, 그 다음의 사료 분석과 활용은 연구자의 관점에 따라 다를 수밖에 없다. 이것이 현재 학계에서 '임나일본부'에 대한 다양한 견해가 도출될 수밖에 없는 이유라고 할 수 있다. 요컨대 일본인과 백제인들의 역사 기술이 정확하게 이루어지지 않았을 가능성 또한 면밀히 고려하는 가운데 역사 해석이 이루어져야 한다는 것이다. 이는 역사학에서 문헌고증의 기본이라고 할 수 있다.

상황이 이러한데도 '임나일본부' 연구를 비롯한 가야사 연구, 고대 한일관계사 연구들이 『일본서기』를 주로 이용하는 것을 근거로 식민주의 역사학이라고 일방적으로 단언하는 것은 학계의 연구에 대한 부당한 폄하이다. 그 누구도 『일본서기』의 내용을 그대로 사료로 활용하지 않으며, 그 시각을 따르지도 않는다. 가야사를 비롯한 고대 한일관계사 연구자들은 일본 학계의 일부에 식민주의 역사관이 남아 있는 것을 의식하는 가운데 '임나일본부'의 실체에 접근하고자 오늘도 계속 노력하고 있다.

'임나'에 대한 편견과 오해

임나일본부설에 대한 연구는 해방 이후 지속적으로 이어졌으며, 엄밀한 사료 비판을 기본으로 하고 있다. 그렇다면 사이비역사가들이 국내 학계를 식민주의 역사학이라 매도하는 근거는 무엇일까. 우선 이들은 '임나일본부'를 왜의 지배·통치기관으로 여기는 과거 스에마쓰 식의 '임나일본부'설이

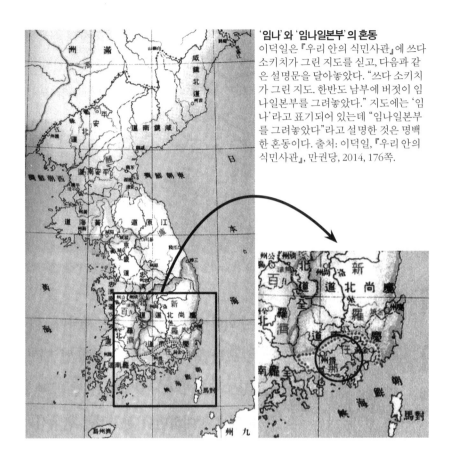

'임나'와 '임나일본부'의 혼동

이덕일은 『우리 안의 식민사관』에 쓰다 소키치가 그린 지도를 싣고, 다음과 같은 설명문을 달아놓았다. "쓰다 소키치가 그린 지도. 한반도 남부에 버젓이 임나일본부를 그려놓았다." 지도에는 '임나'라고 표기되어 있는데 "임나일본부를 그려놓았다"라고 설명한 것은 명백한 혼동이다. 출처: 이덕일, 『우리 안의 식민사관』, 만권당, 2014, 176쪽.

한국과 일본 학계에서 여전히 통용된다고 생각하는 것 같다.

이들은 사료상의 '임나'를 '임나일본부'로 인식하고 있으며, '임나일본부'를 여전히 '조선총독부'와 같은 것으로 이해하는 선입견을 보인다. 그래서 한반도에 '임나'가 존재한다는 주장 자체가 식민주의 역사관에 따르는 것이라고 말한다. 이는 『일본서기』 편찬자들의 '임나' 인식에서 한 치도 벗어나지 못한 채 '임나일본부' 문제에 접근한 것이다. 따라서 '임나'가 한반도에 존재한다는 사실에 강한 거부감을 나타낸다.

이러한 인식은 짐짓 이해가 가는 면도 있다. 『일본서기』에서 '임나'는 왜에 가장 먼저 '조공'한 나라이며, '임나'라는 명칭은 스진(崇神)천황의 이름에서 비롯되었다. 게다가 '임나'는 왜의 번국(藩國)이자 내관가(內官家)로 왜에 의해 지배되었기에, 『일본서기』에 기록된 '임나'를 부정적으로 인식하는 것을 문제시하기는 어렵다. 하지만 '임나'의 위치를 가야 지역, 즉 한반도 남부에 비정하는 것 자체가 식민사관이라는 단순한 논리로 학계를 매도하는 데는 문제가 있다.

'임나'가 한반도가 아닌 일본에 있었다고 추정하는 견해는 종종 제기되었다. 『일본서기』숭신기의 기록을 볼 때 '임나'는 일본의 쓰시마(對馬島)에 있었으며, 가야가 멸망한 562년 이후에도 『일본서기』에 '임나'가 기록[19]되고 있는 것을 볼 때 '임나'와 가야는 별개의 존재라고 주장한다. 그래서 '임나'가 한반도 남부에 있었다는 것은 사료적 근거가 없는 주장이라고 치부한다. 하지만 이는 『일본서기』의 많은 '임나' 관련 기록 중 일부만 검토한 결과일 뿐이다.

무엇보다 '임나'라는 명칭은 『일본서기』에서만 사용된 것이 아니었다. 414년 건립된 고구려의 「광개토왕비」를 통해 신라와 가까운 곳에 '임나가라(任那加羅)'가 있었음을 알 수 있다. 924년 건립된 '봉림사 진경대사보월능공탑비'에는 진경대사의 선조가 신김씨(新金氏)이며 '임나(任那)' 왕족이었다고 기록되었다. 『삼국사기』에서는 가야 출신인 강수(强首)가 자신을 '임나가량인(任那加良人)'이라고 한 것을 살펴볼 수 있다. 이처럼 한국 측 사료도 확실히

---

19) 『일본서기』에서 임나 멸망(562년) 이후 등장하는 '임나' 관련 기사는 대체로 '임나'를 매개로 한 신라와 일본의 외교 관련 문제로 이해되거나, 『일본서기』 편찬자의 임나 관념에 따른 실체가 없는 허구로 이해되고 있다.

'임나'를 사용했던 것을 알 수 있다. 이 기록들에서 '임나'가 김해 지역을 가리키는지, 아니면 고령 지역을 가리키는지 논란은 있지만, '임나'가 가야의 한 세력을 가리키는 명칭으로 사용된 것은 분명하다.

중국 측 사료에서도 '임나'는 확인된다. 『송서』 왜국전, 『남제서』 왜국전, 『양서』 왜전, 『남사』 왜국전, 『통전』 신라전 등에서도 '임나'를 살펴볼 수 있다. 660년경 찬술된 『한원』 신라전에는 '임나'가 한반도에 있었다고 추정할 수 있는 기록이 있다. 즉, '임나'라는 명칭을 인정했다는 이유로 식민주의 역사관을 말하는 것은 의미가 없는 일이다.

> 영토는 임나를 총괄하였다. [『제서』에 이르기를 "가라국은 삼한의 종족이다"라고 하였다. 지금(당나라) 신라의 노인들이 말하기를, "가라와 임나는 옛날에 신라에 멸망되었다. 그 옛 땅은 지금 모두 나라의 남쪽 7~8백리에 있다."][20]

한편 중국 측 사료를 근거로 '임나'와 가야가 다르다고 주장하기도 한다. 『송서』, 『남제서』 등에 기록된 왜왕들의 작호를 보면 "왜·신라·임나·가라(加羅)·진한(秦韓)·모한(慕韓) 6국 제군사", "왜·백제·신라·임나·가라·진한·모한 7국 제군사" 등 '임나'와 '가라'가 각각 다른 나라로 구별되고 있다. 하지만 이때의 '임나'는 가야 전체를 가리키는 명칭으로 사용된 것이 아니라 가야의 여러 나라 중 하나를 가리키는 명칭으로 사용되었다. '임나'와 '가라'는 대체로 김해 지역과 고령 지역의 가야로 추정된다. 둘 다 가야를 가리키는 명칭인 것이다.

---

20) 『한원』 권30, 번이부, 신라.

가야의 명칭에 대해서는 고구려, 백제, 신라와는 달리 논란이 있다. 가야를 가리키는 명칭은 다양하게 전하고 있는데, 가야에 관한 기록들은 가야인 스스로 편찬한 것이 아니고 타자에 의해 쓰였거나 가야가 멸망한 이후 기록된 것이기 때문이다. 일반적인 용례로 사용하는 가야(加耶)는 『삼국사기』의 편찬자가 오늘날 우리가 '가야'라고 부르는 여러 나라들을 하나로 통일하여 '가야'라고 기록한 것이다. 당시 명칭으로 가야를 사용하지는 않았을 것으로 추정된다. 가야라고 불리는 나라들은 '대가야', '안라', '가락', '금관국'과 같이 고유한 명칭으로 기록되거나, '임나', '가라', '가야'와 같이 동일한 명칭으로 기록되기도 하였다. 『삼국사기』에 기록된 가야는 초기에는 김해 지역의 가야를 가리켰지만, 어느 시기 이후에는 주로 고령 지역의 가야를 가리키는 명칭으로 이해된다.

즉, 가야의 명칭은 기록에 따라 가리키는 대상과 그 범위가 다른 경우가 있기 때문에 주의가 필요하다. 특히 『일본서기』에 기록된 '임나'는 뒤섞여 사용되었다. 가야의 여러 나라 중에서 하나의 세력을 가리키는 명칭으로 사용되기도 하고, 가야의 여러 나라 전체를 가리키는 명칭으로 사용되기도 하였다.[21] 가야 지역이 아닌 곳이 '임나'라고 기록되기도 하였다.[22] 따라서 '임

---

21) 『일본서기』 권19, 흠명 23년 정월. "신라가 임나관가를 공격하여 멸망시켰다. [어떤 책에서는 21년에 임나가 멸망하였다고 한다. 통틀어 말하면 임나이고, 개별적으로 말하면 加羅國, 安羅國, 斯二岐國, 多羅國, 卒麻國, 古嵯國, 子他國, 散半下國, 乞湌國, 稔禮國 등 모두 열 나라이다.]"

22) 『일본서기』 권14, 웅략 21년 3월. "천황이 백제가 고구려에게 멸망하였음을 듣고 久麻那利를 문주왕에게 주어 그 나라를 세우는 것을 도왔다. 이때 사람들이 모두 "백제국이 비록 무리들은 이미 죽거나 倉下에 모여 근심하였는데도 오로지 천황에게 의지하여 다시 그 나라를 세웠다"고 하였다. [문주왕은 개로왕의 母弟이다. 일본의 舊記에서는 "久麻那利를 말다왕에게 주었다"고 하였는데, 아마도 잘못일 것이다. 久麻那利는 임나국의 下哆呼唎縣의 別邑이다.]"

나'가 곧바로 어떤 가야를 의미하는 것인지 단정하기는 어렵다. 다양한 '임나'의 용례가 있기 때문에 『일본서기』에 기록된 '임나'를 한반도에 비정할 수 없다고 보는 것은 사료 분석이 제대로 이루어지지 않은 것이다.

이처럼 한국과 중국 측 사료를 볼 때 '임나'는 한반도에 있었음을 알 수 있다. 물론 『일본서기』를 통해서도 '임나'가 한반도 남부에 있었음을 충분히 입증할 수 있다. 하지만 '임나'의 위치를 일본에 비정하는 견해에서는 한국, 중국, 일본의 '임나' 기록을 제대로 분석하지 않은 채 『일본서기』의 '임나' 관련 기록 중 자신의 주장에 유리한 일부만을 '그대로' 활용하고 있다는 한계를 보여준다.

역동적인 고대 한일 교류사를 기대하며

스에마쓰의 임나일본부설처럼 '고대 일본이 한반도 남부를 지배'하였다고 주장하는 이는 국내 학계에 없다. '임나일본부'를 왜의 통치기관으로 이해하는 연구자도 없다. 사이비역사가들이 김현구의 '임나일본부' 연구를 식민주의 역사관에 따른 것이라고 파악하는 것 자체가 임나일본부설에 대한 이해가 미흡함을 보여준다. 이미 학계에서 제기되었지만, 그의 연구의 의의는 일본 학계의 '한반도 남부 지배설'을 『일본서기』를 통해 비판한 것이고, 그 한계는 『일본서기』의 '임나' 관련 기록들에 백제의 가야 인식이 반영되었을 가능성을 간과한 것이다.

사이비역사가들은 식민사관이 내재된 하나의 학설이 국내 학계를 지배하고 있다고 말하였지만, 지금까지 살펴본 바와 같이 '임나일본부'와 관련된 연구에서는 매우 다양한 견해가 제시되고 있다. 지금도 많은 연구자들이 고대 한일관계의 실상을 규명하기 위해 '임나일본부'에 대한 연구를 진행하고 있는 상황에서, 이러한 연구들을 정확하게 소개하지도 않은 채 실상을 왜곡하는 것은 선입견 혹은 공명심에 사로잡혀 성급한 결론을 내리는 것과 다름 없다. 결코 학술적인 범주의 '연구'라고 지칭할 수 없는 것이다.

오늘날 학계에서 '임나일본부' 문제는 단지 임나일본부설을 극복하기 위해 연구되고 있는 것이 아니다. 왜인들이 어떻게 한반도에 존재하게 되었는지에 관심을 갖는 가운데, 백제의 입장에서 그리고 가야제국의 입장에서 이를 설명하고자 하는 것이다. 즉, '임나일본부' 문제는 6세기 안라를 중심으로 한 대외관계 기사와 더불어 한반도 남부의 제 세력들 간의 이해관계를 설명할 수 있는 주요 연구 쟁점이다. 특히 가야사 연구에서는 신라와 백제의 가야 진출에 대응하여 가야제국이 존립을 위해 어떤 노력을 하였는지를 그려낼 수 있게 되었다. 『일본서기』의 기록만이 아니라 고고자료를 통해서도 가야제국과 야마토 정권 및 일본열도의 여러 세력들의 관계를 연구하고 있기 때문에, 앞으로 '임나일본부'라는 부정적 용어에서 벗어나 새로운 고대 한일관계상이 제시될 것으로 기대된다.

고대사학자의 무한도전 역사서, 『일본서기』

『일본서기』는 '일본'이라는 국호가 만들어지고 율령을 근간으로 하는 천황제 국가가 성립되는 720년에 편찬되었다. 『일본서기』는 일본 건국신화부터 7세기 말 지토(持統)천황 시기까지 있었던 사건을 일어난 순서대로 기록한 편년체(編年體) 역사서다.

『일본서기』가 편찬된 데는 천황 중심의 지배 체제가 정당하다는 것을 보여주기 위한 정치적 의도가 짙게 깔려 있다. 『일본서기』의 서술은 건국신화 때부터 천황가의 우월성을 강조하면서 천황가의 유구한 혈통의 신성성을 부각하는 데 방점이 찍혀 있다. 천황 중심 역사관은 『일본서기』가 여러 역사적 사실을 지나치게 윤색·과장·미화하는 주된 배경이 되었다.

『일본서기』는 일본 고대사의 기본 사료지만, 일본이 한반도의 여러 나라와 관계를 맺어온 내용도 상당한 분량을 차지하고 있어 한국 고대사 연구를 위한 사료로서도 그 가치가 높다. 그러나 『일본서기』에 서술된 한반도의 여러 나라는 일본 천황에 복속하여 조공을 바치는 번국(蕃國)으로 묘사되어 있다는 문제가 있다. 임나일본부설의 시발점이 되는 진구(神功)황후의 삼한정벌을 계기로 백제, 신라, 가야(임나)는 지속적으로 일본 천황에게 조공을 바치며 신속(臣屬)을 청하는 나라로서 서술된다.

한반도 여러 나라에 대한 번국사관 역시 일본 천황가의 우월함을 돋보이게 하기 위한 장식이라고 볼 수 있다. 즉, 천황의 정치적 영향력이 일본뿐만 아니라 한반도의 여러 나라에도 미쳤다는 것을 강조하면서 천황의 위상을 높이는 데 적극 활용하고자 한 것이다. 이처럼 『일본서기』는 천황 중심의 편

향된 역사관에 따라 서술되었기 때문에, 사료로 활용하기에 무척 조심스럽다.

그럼에도 『일본서기』가 지닌 최고의 매력은 내용의 사실성(reality)이 높다는 점이다. 대개 짤막하게 사건의 결말만 기록한 『삼국사기』와는 달리, 『일본서기』에 기록된 역사적 기록은 기승전결을 갖춘 서사 구조를 띤 것이 많다. 『삼국사기』에서는 잘 이해되지 않는 사건의 실마리를 『일본서기』를 통해 찾기도 한다. 게다가 『삼국사기』에 기록되지 않은 내용이 『일본서기』에 전해지는 사례도 적지 않다.

『일본서기』는 고대사학자에게 무한한 도전의지를 불타오르게 만드는 역사서다. 자칫 『일본서기』가 깔아놓은 덫에 걸려 왜곡된 역사상에 빠져버릴 위험이 곳곳에 도사리고 있다. 그러나 『삼국사기』에 기록되지 않은 한국 고대사의 생생한 장면을 『일본서기』를 통해 되살릴 수 있는 소중한 기회를 얻기도 한다. 그래서 많은 고대사학자들은 『일본서기』를 외면하지 않고 그 이면에 숨겨진 역사적 진실을 찾기 위해 지금도 분투하고 있다.

오늘날의 낙랑군 연구

안정준

우리 사회의 낙랑군 인식

최근 정치권을 비롯한 사회 일각에서 한국 고대사 문제가 큰 이슈가 되고 있다. 2014년 4월 22일, '식민사학해체국민운동본부'라는 시민단체는 동북아역사재단에 대한 감사를 청구하였는데, 이유는 국민의 혈세로 운영되는 해당 기관이 일제강점기 식민사관과 중화 패권주의 논리를 따른다는 것이었다. 그리고 그 구체적 사례로 든 것 가운데 하나가 '낙랑군을 비롯한 중국 왕조의 군현들을 한반도에 비정했다'는 사실이었다. 이 문제는 국회의 '동북아역사왜곡대책특별위원회'로 대표되는 정치권 인사들을 통해서도 지속적으로 제기되고 있는 실정이다.

낙랑군의 위치에 대해서는 기왕에 요령설, 평양설 등 여러 학설들이 있어 왔으나, 현재 학계에서는 기원전 108년에 설치된 한(漢) 군현인 낙랑군이 평양 일대를 중심으로 420여 년간 존속했다는 것이 일반적으로 받아들여지고 있다.[01] 학계의 다수설이 공공기관에서 편찬되는 지도나 해외 학술서에 반영되는 것은 절차상 지극히 당연한 일임에도,[02] 이것이 학문 외적인 개입에 의해 중단 혹은 폐지되고 있는 것이다.

그 과정에서 전공자들의 학문적 논의는 일부 언론기사와 사이비역사가들의 논조에 의해 '식민사관'이라는 프레임에 가두어진 지 오래다. 학계 대다수 전공자들의 의견이 무시당하고, 정치권과 일부 비전공자들의 주장이 대등하게, 혹은 그 이상 조명되는 이 '이상한' 역사논쟁은 일반 대중들이 지니고 있는 민족주의적 감성에 기대어 지금도 지속되고 있다.

근대 이후 낙랑군에 대한 이해는 단순히 과거 사실에 대한 객관적 고찰 이상의 의미를 지녀왔다. 2천여 년 전에 설치됐던 일개 군현의 존재가 우리 사회에 이토록 첨예한 논란을 불러일으키는 원인은 무엇일까. 이는 낙랑군 문제가 일제시기 이래 식민사관을 뒷받침하는 중요한 주제로 활용되었고, 지금도 여전히 이를 중국 왕조의 식민도시 내지 식민지(植民地) 성격으로 인식하는 대중들이 적지 않기 때문일 것이다.

이런 상황에서 사이비역사가들은 낙랑군의 위치를 한반도 일대로 비정하는 것 자체가 곧 과거 일제의 식민사관 논리에 동조하는 것이라는 지극히 단순한 논리로 학계를 몰아세우고 있다. 이처럼 학술을 가장한 비학술적 '선동'이 횡행하는 현실에서 가장 우선시되어야 할 것은 현재 이루어지

---

01) 4세기 초반에 한반도의 낙랑군이 고구려에 의해 소멸된 이후, 중국 땅으로 넘어간 낙랑군 출신 이주민 집단을 구성원으로 하는 낙랑군[교군(僑郡)]이 중국 왕조들에 의해 설치되기도 했다. 이 글에서는 4세기 이후의 낙랑군(교군)은 논의하지 않는다.

02) 동북아역사재단에서 지난 7년여 동안 추진했던 편찬 사업인 '동북아역사지도'를 비롯해 2013년 12월 출간된 영문판 『The Han Commanderies in Early Korea History(초기 한국사에서의 한사군)』에서는 낙랑군의 위치를 한반도 평양 일대를 중심으로 비정하였다.

고 있는 학계의 낙랑군 연구 현황과 그 문제의식을 대중들에게 정확하게 알리는 일이라고 생각된다. 사실 정치권과 일반 대중들에게는 연구자들이 낙랑군을 평양 일대에 비정한다는 사실 자체만 널리 알려져 있을 뿐, 이 군현의 성격을 어떻게 인식하고 있는지에 대해서는 거의 알려져 있지 않다. 즉 학자들이 해방 이후 전혀 다른 문제의식을 통해 낙랑군 시기를 들여다보고, 새롭게 발굴된 자료를 통해 일제 '식민사관'의 논리를 극복하기 위한 치열한 노력을 기울였다는 사실은 거의 알려져 있지 않은 것이다.

이 글에서는 비록 한정된 지면이지만, 오늘날 학계가 인식하는 낙랑군의 실체가 무엇인지를 설명하고, 사이비역사가들의 주장이 갖는 문제점을 하나씩 짚어볼 것이다. 특히 낙랑군 연구의 주도권이 일본으로부터 남·북한 학계로 넘어온 1945년 해방을 기점으로 연구사를 구분하는 가운데, 학계가 인식하는 낙랑군의 실체와 지배 구조, 그리고 이를 뒷받침하는 대표적인 근거들을 소개할 것이다. 해방 이전부터 이루어진 낙랑군 논쟁의 전개 과정을 바라보면서 현재 우리 사회 내에 잔존해 있는 일제 '식민사관'의 실체가 무엇인지에 대해서도 함께 살펴보고자 한다.

해방 이전의 낙랑군 연구

1945년 8월의 해방 직후 일본인들은 본국으로 쫓겨 갔다. 이후 평안도와 황해도 일대의 낙랑군 유적지 발굴과 연구의 주도권은 남·북한 연구자들에게 돌아왔다. 따라서 해방이라는 시점은 이후 낙랑군 연구의 목적과 문제의식이 변화했던 큰 전환점이었던 셈이다. 이 해방 직후의 연구사적 변동을 이해하기 위해 먼저 그 이전까지의 연구 경과를 대략적이나마 이해할 필요가 있다.

낙랑군의 위치 문제에 대해서는 이미 조선 후기 실학자들에 의해 상당한 연구가 진행되었다. 왜란과 호란을 겪은 이후 새로운 역사의식을 고양시키고 실증적 역사지리 연구를 집대성하기 위한 필요성에서 연구가 활발히 이루어졌던 것이다. 특히 우리에게 잘 알려진 한백겸(韓百謙), 정약용(丁若鏞), 유득공(柳得恭) 같은 실학자들은 당시까지 전하는 한국과 중국의 여러 문헌들을 정밀하게 연구하였고, 그 과정에서 한사군에 대한 대부분의 문헌자료들을 수집하였다. 이를 기반으로 우리가 아는 낙랑군 재(在)평양설, 재요동설, 재요서설과 같은 대부분의 학설이 그 당시에 이미 제기되었다.

이러한 실학자들의 연구성과들은 청대(淸代) 역사지리학자인 양수경(楊守敬) 등의 연구를 거쳐 20세기 이후의 일제 관학자 및 민족주의 연구자들의 한사군 연구에까지 계승되었다. 즉 낙랑군이 평양 일대를 중심으로 존재했다는 설 자체는 조선 후기 이래로 성립되어 이어져온 하나의 학설이었다. 이를 근대 일본인들이 최초로 창안한 것처럼 언급한 최근의 일부 저작이나 발언들은 기존 연구사에 대한 무지에서 기인했거나 의도적으로 실상을 왜곡한 것에 불과하다.

한편 당시 실학자들이 낙랑군의 위치에 대해 평양설, 요동설, 요서설과 같은 여러 학설들을 견지할 수밖에 없었던 이유는, 한사군의 설치와 변천상을 명료하게 보여주는 문헌기록이 본래 부족한 데다, 이를 결정할 만한 고고자료의 발굴이 이루어지지 않았기 때문이었다. 이후 낙랑군 연구의 진척을 가능하게 한 고고자료의 발굴은 20세기에 들어서야 가능해졌다. 그러나 관련 자료들이 묻혀 있던 평안도, 황해도 일대의 발굴을 처음 주도했던 것은 불

낙랑토성 유적과 유물
왼쪽이 낙랑토성 유적, 오른쪽이 '낙랑예관'이라 새겨진 기와이다. 출처: 국립중앙박물관 편, 『낙랑(樂浪)』, 솔, 2001.

행히도 당시 한반도를 강점하고 있던 일본인들이었다.

일제는 1910년대에 사회문화조사사업의 일환으로 총독부 주도의 조선고적조사를 진행하였다. 일본인들은 초기에 고구려 유적에 대한 관심으로 대동강 연안을 조사하던 중 낙랑토성을 발견하고 그 내부에서 '낙랑예관(樂浪禮官)'이라는 명문이 새겨진 기와(수막새), '낙랑태수장(樂浪太守長)' 봉니[03] 등을 발견했다. 이때 발견된 '낙랑토성'이 낙랑군의 치소라는 점은 문헌자료를 통해서도 뒷받침된다. 중국 북위(北魏)왕조 때 학자인 역도원(酈道元)이 저술한 『수경주(水經注)』에는 아래와 같은 기록이 나타난다.

> 그 땅(고조선 수도: 평양)은 지금 고구려국의 수도이다. 내가 고구려 사신(蕃使)에게 물어보니 말하길, '성은 패수(浿水)의 북쪽에 있다. 그 강은 서쪽으로 흘러 옛 낙랑 조선현을 지나는데, 곧 낙랑군의 치소이다. 한무제(漢武帝) 때 두었다'라고 하였다.

---

03) 봉니(封泥)란 당시 죽간(竹簡)·목간(木簡) 등의 공문서를 봉인하기 위하여 이를 묶은 노끈의 이음매에 점토 덩어리를 붙이고 인장을 눌러 찍은 유물을 말한다.

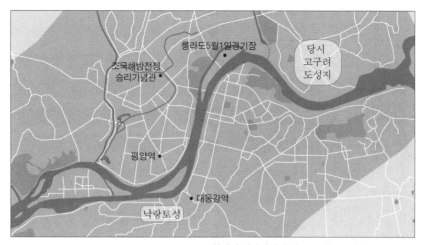

현재의 평양시에서 옛 고구려 도성과 낙랑토성 위치

북위의 역도원은 5세기 말~6세기 초에 활동했던 인물이다. 당시 고구려는 장수왕(長壽王)·문자명왕(文咨明王)의 재위기였고, 수도는 대동강 이북의 대성산성(大城山城) 혹은 안학궁(安鶴宮) 일대로 비정된다. 이때 역도원과 만난 고구려 사신은 패수(대동강)의 북쪽에 고구려 수도가 있으며, 이 강은 서쪽으로 흘러 옛 낙랑군의 중심치소였던 (남쪽의) 조선현 지역을 지난다고 언급했던 것이다. 따라서 주변에서 많은 중국계 고분과 유물들이 발견되는 낙랑토성을 낙랑군 조선현에 비정하는 견해는 『수경주』에 나타난 고구려 사신의 발언과 비교해도 전혀 모순되지 않는다.[04]

이후 조선총독부 고적조사단의 지속적인 고고자료 발굴을 통해 1914년에 평안남도 용강군에서 점제현신사비(秥蟬縣神祠碑)가 발견되었고, 1916년 대동군 대동강면에 있던 한(漢)식 고분들에서 각종 부장품들이 다량 출토되는 등

---

04) 관련 연구는 노태돈, 「고조선 중심지 변천에 대한 연구」, 『단군과 고조선사』, 사계절, 2000, 43~46쪽 참조.

초원 4년 호구부 목독
1990년 7월 평양 정백동 364호 나무
곽무덤 부장품.
출처: 윤용구, 「낙랑·대방지역 신발
견 문자자료와 연구동향」, 『한국 고
대사연구』 57, 2010.

의 성과가 있었다. 이 고고자료들을 근거로 1920년대 중반에는 낙랑군의 중
심지가 평양 일대라는 것이 중국의 고증학자들을 비롯한 대부분의 학자들
사이에서 이미 확고한 통설로 자리 잡은 상태였다.

또한 낙랑군·대방군에 대한 고고자료의 발굴은 일제시기에 끝난 것이 아
니었다. 일제시기에 발굴한 낙랑 지역 고분의 수가 70여 기에 불과한 반면,
해방 이후 북한에서 발굴한 낙랑 고분의 수는 1990년대 중반까지 무려 3,000
여 기에 달한다.[05] 현재 우리가 아는 낙랑군 관련 유적의 대다수는 일제시기
가 아닌 해방 이후에 발굴되었다고 해도 과언이 아니며, 학계에서 가장 주
목하는 낙랑 관련 유적·유물들 역시 주로 이 시기에 새롭게 발견되었다는
사실을 간과해선 안 된다. 해방 이후 발굴된 관련 유물로는 1990년 7월에 평
양 정백동 364호분에서 나온 부장품인 '초원 4년 호구부 목독'이 가장 널리
알려져 있다.

이 목독 3점은 중국 전한(前漢) 원제 재위기인 초원(初元) 4년(기원전 45년)[06]에

---

05)   리순진, 『평양 일대 락랑 무덤에 대한 연구』, 사회과학출판사, 1966.

06)   '초원(初元)'은 중국 전한(前漢)의 연호이다. 연호란 중국에서 비롯되어 한자(漢字)를 사용하는 아시아의 왕
      조국가에서 당시 연대를 표시하는 방법이었다.

제작된 것으로 낙랑군이 설치된 지 60여 년이 지난 뒤에 작성된 것이다. 이 기록은 낙랑군 예하 25현의 가호(家戶) 및 인구수와 그 전년 대비 증감치를 기재한 장부 형태이다. 당시 낙랑군에서 세금과 노역을 부과하기 위해서는 군현의 주민 현황(호구수)을 정확하게 파악해야 했는데, 초원 4년 호구부는 이를 위한 기초 자료였다.[07] 즉 이 목독 자료는 군현의 공문서(公文書) 성격을 띠고 있었으며, 기원전 45년 당시에 평양 지역의 낙랑군 내에서 군현 지배를 위한 문서행정이 정상적으로 이루어졌음을 보여주는 근거라고 할 수 있다.

또한 낙랑·대방군 지역에서는 이 지역을 지배했던 중국 왕조의 연호가 새겨진 물품들이 다수 발견되었다. 예컨대 2세기 말부터 만들어진 황해도·평안도 일대의 벽돌무덤 내에서는 글자가 새겨진 벽돌들이 발견되었다.[08] 여기에는 당시 낙랑군과 대방군을 지배하던 왕조(후한·위·진)의 연호가 시기별로 정확하게 표기되었으며, 왕씨(王氏), 한씨(韓氏) 등 중국인 혹은 중국화한 토착민의 성씨도 기록되었다.[09] 또한 이 벽돌에는 낙랑군 산하 '장잠현의 현장(長岑長)', '오관연(五官掾)'과 같은 군현의 관리명도 기재되어 있어서, 이 무덤에 중국 군현의 관리를 비롯한 지배층이 묻혔음을 알 수 있다.[10]

일제시기뿐만 아니라 해방 이후에도 중국 군현 지배와 관련한 문자들이

---

07) 낙랑군 초원 4년 호구부 목독에 대해서는 尹龍九, 「새로 발견된 樂浪木簡」, 『韓國古代史研究』 46, 2007; 윤용구, 「낙랑군 초기의 군현 지배와 호구 파악」, 『낙랑군 호구부 연구』, 동북아역사재단, 2010 참고.

08) 기본적으로 이 벽돌들은 고분을 이루고 있는 구조물의 일부이기 때문에 타 지역으로부터 이동해 온 것으로 보기도 어렵다.

09) 중국 왕조에서는 변경 군현의 토착민에게 한식(漢式) 성씨를 사여하는 경우도 있었다.

10) 이 벽돌의 기록들은 공석구, 『高句麗 領域擴張史 硏究』, 書景文化社, 1998, 78~80쪽에 연대순으로 정리되어 있다.

벽돌무덤 내에서 지속적으로 발견되었으며,[11] 기타 낙랑군 시기의 고분 내에서 중국 왕조의 연호가 새겨진 칠곽이나 양산 등의 물건들도 발견되고 있는 실정이다.[12] 이런 근거들을 고려할 때 일부 사이비역사가들의 저서에서 현재 학계가 일제시기의 총독부 주도로 발굴한 자료들만을 근거로 낙랑군의 위치를 확정했다는 주장은 명백한 거짓이다. 또한 일제시기 고고자료들 가운데 출처가 의심스러운 일부 자료를 제시하면서 고고자료 자체에 대한 신뢰를 떨어뜨리려는 시도들은 현재 학계가 제시하고 있는 논거들을 비판하기 어려운 궁색함의 반영일 뿐이다.

일부 사이비역사가들은 역사 연구상에서 1차 사료는 문헌자료로 두는 것이 원칙이며, 낙랑군의 위치 문제를 파악하는 데도 고고 유물·유적보다 문헌사료를 우선시해야 한다는 논리를 펴기도 한다. 하지만 역사 연구상에 그런 공식은 없다. 복잡한 인간사에 그런 단순불변의 공식으로 접근할 수 있다는 발상부터가 잘못된 것이다.

단적인 예로 우리가 중국 지린성(吉林省) 지안(集安) 지역을 고구려의 수도(국내성)로 비정하는 논거들만 보아도 이러한 발상의 허위가 너무나 분명해진다. 현재까지 지안시 일대에서 발견되는 고구려 계통 적석총들, 그리고 결정적으로 광개토왕비가 지난 1,600여 년간 왕릉 주변에 우뚝 서 있는 것이 수도를 입증하는 가장 중요한 근거가 아니고 무엇인가. 이러한 고고 유적·유물들을 1차적 판단 근거로 삼는 가운데, 고구려 국내성에 관한 여러 문헌사

---

11) 전주농, 「신천에서 대방군 장잠장 왕경(帶方郡 長岑長 王卿)의 무덤 발견」, 『문화유산』 1962-3, 1962; 사회과학원 고고학연구소 편, 「발굴소식: 새날리에서 발견된 벽돌무덤」, 『조선고고연구』 2003-3, 2003, 34쪽; 윤송학, 「황해남도 신천군 새날리 벽돌무덤 발굴보고」, 『조선고고연구』 2004-4, 2004, 39쪽.

12) 김덕철, 「락랑 일대에서 발굴된 귀틀무덤에 대하여」, 『조선고고연구』 2001-4, 2001, 34쪽.

료들을 이와 더불어 해석하는 것이 당연한 수순인 것이다.

낙랑군의 위치 문제도 마찬가지다. 현재 평안도와 황해도 지역에서 발견되는 수천 기의 중국 계통 고분들, 그리고 그 고분 내에서 발견된 중국계 인명(人名)과 군현 관리의 명칭 등이 새겨진 수많은 벽돌과 칠기(漆器) 유물들, 그 외에도 점제현신사비(秥蟬縣神祠碑), 봉니(封泥) 등 중국 군현 관련 출토품들을 1차적인 기준으로 삼고 낙랑군의 위치를 비정하는 것은 지극히 당연한 수순이다. 이 자료들을 근거 없는 '공식' 하나로 일거에 부정하고, 자기 논리를 뒷받침하는 문헌자료만 제시하는 방식은 의도된 역사왜곡에 지나지 않는다.

해방 이후의 연구

우리 학계가 주도하게 된 해방 이후의 낙랑군 연구는 1920년대에 일단락된 위치 문제가 아니라, 낙랑군의 지배 구조(지배층과 피지배층), 낙랑군의 성격(군현 통치가 정상적으로 이루어졌는지) 문제로 점차 심화되었다.[13] 우리 학계가 이 문제에 천착하게 된 데는 일본 학계의 연구에 대응한다는 취지가 강했다. 따라서 이 연구의 본질을 이해하기 위해 1960년대까지 진행된 일본 학계의 낙랑

---

13) 해방 이후의 북한에서는 초기에 높은 수준의 연구가 이루어지기도 했으나, 이후 이 주제가 점차 정치·이념의 도구로 변질되면서 순수한 학술 연구로만 이어지지 못한 측면이 있었다. 해방 이후 북한의 고조선·낙랑군 연구 동향을 정치사회적 변동과 관련해서 논한 글은 오강원·윤용구, 「북한 학계의 고조선·단군 연구 동향과 과제」, 『북한의 한국사 연구동향 (1) 고·중세편』, 국사편찬위원회, 2003, 63~96쪽 참고.

군 연구를 먼저 간략히 살펴볼 필요가 있다.

　일본인 연구자들은 1945년 이후 더 이상 평양 지역의 낙랑군 유적에 직접 접근하거나 발굴에 참여하는 것 자체가 불가능해졌기 때문에 기존에 발견된 고고자료(보고서)의 분석을 중심으로 낙랑군의 지배 구조를 밝히는 데 주력했다. 이런 연구를 통해 그들이 내린 결론은, 낙랑군 지배층은 중국인, 즉 한족(漢族)이며, 원래 그 지역에 오랫동안 거주했던 고조선 계통의 주민은 그들의 지배를 받는 피지배계층이라는 것이었다.

〈표 1〉 미카미 쓰기오가 주장했던 낙랑군의 주민 지배 방식

지배층	중국인(한족)
피지배층	고조선계(토착민)

　이런 주장을 집대성한 일본인 연구자 미카미 쓰기오(三上次男)는 낙랑군의 지배층이 조영한 낙랑 고분들(귀틀무덤, 벽돌무덤)의 형태와 부장 유물들에서 중국 문화가 강하게 드러난다는 점을 강조하였고, 이를 토대로 낙랑군의 지배 계층은 중국인이 분명하다고 주장했다.[14] 또한 같은 시기에 그 지역에 다수 살았던 고조선계 토착 유력자들의 무덤은 고인돌이라고 보았다.

　즉 중국인들이 낙랑군의 설치 이후 귀틀무덤, 벽돌무덤 등 매우 선진적인 고분을 조영하고 그 내부에 화려한 고급 유물들을 부장할 동안, 우리 고조선계 토착민은 커다란 돌을 덧대어 만든 고인돌을 조영하고 그 내부에 돌칼 등의 석기류나 주로 부장하는 매우 후진적인 문화 양상을 보였다는 것이

---

14)　엄밀히 말하면 여기서 언급된 '중국인(한족)'은 낙랑군이 설치되기 이전에 이미 고조선에 망명해서 살고 있었던 중국인들, 그리고 낙랑군 설치 이후 새롭게 중원에서 유입된 중국인들을 포괄한 개념이다.

미카미 쓰기오가 주장했던 낙랑군의 중국인·토착민 무덤

다.[15)

이러한 미카미 쓰기오의 견해는 일제시기 식민사관(정체성론, 타율성론)의 연장선상에서 제기된 것이었다. 즉 고조선의 멸망 이후 새롭게 들어온 중국인들과 그 이전에 고조선 땅으로 이주해 왔던 일부 중국인들이 토착 원주민을 '종족적'으로 지배했고, 결과적으로 고대 한반도인들은 자기 사회의 발전 동력을 외부(중국)에서 구할 수밖에 없었다는 역사상을 그린 것이었다.

중국 왕조의 지배하에 중국인들이 낙랑군에서 지배층으로 군림하고, 고조선계 토착민은 그 예하에서 지배를 당하고 살았다는 일본 측의 주장은 사실일까. 이에 대해 한국 학자들은 '그런 강압적인 지배가 이루어졌다면 과연 낙랑군이 한반도에 420여 년간이나 존속할 수 있었겠는가'하는 근본적인 문제제기를 던졌다.[16)

본래 낙랑군은 설치된 지 얼마 지나지 않아 폐지되었던 다른 군현들(임둔군,

15)　三上次男, 『古代東北アジア史硏究』, 吉川弘文館, 1966, 23~82쪽.

16)　孫晉泰, 『韓國民族史槪論』, 乙酉文化社, 1954, 95~99쪽; 金元龍, 「삼국시대의 개시에 대한 일고찰」, 『東亞文化』 7, 1967; 『韓國考古學硏究』, 一志社, 1967, 525~533쪽.

진번군, 현도군)과는 달리 평안도 일대를 중심으로 기원전 108년부터 기원후 313년까지 약 420여 년간 유지되었다. 그 기간 동안 중원에서는 두 차례 이상 왕조가 바뀌었고, 왕조 교체기에 격심한 정치·사회적 혼란을 겪기도 했다. 이 혼란의 와중에 가장 변경에 있던 낙랑군은 중원으로부터의 군사적·경제적 지원이 끊기는 상황에 자주 직면하기도 했다. 게다가 낙랑군에는 애초에 중국으로부터의 대규모 주민(한족) 이주가 이루어진 적이 없었다. 즉 낙랑군 지역에는 중국인들이 소수였고 토착민 비율이 압도적으로 높았던 것이다.

그렇다면 이러한 여러 차례의 정치적 어려움 속에서, 그리고 낙랑군 주민의 절대다수가 토착 원주민으로 구성된 상황에서, 이들의 협력과 참여 없이 군현이 장기간 존속할 수 있었을까. 미카미 쓰기오의 견해처럼 중국인들이 옛 고조선의 중심 지역에 들어와 다수의 토착민들을 피지배층으로 두는 강압적인 통치를 했다면, 과연 낙랑군이 4세기 동안이나 안정적으로 그 지역을 통치할 수 있었을까.

당시 중국 왕조의 통치자들은 다른 변경 지역의 통치를 통해 현지 원주민을 배제한 일방적이고 강압적인 지배가 불가능하다는 사실을 잘 알고 있었다. 특히 고조선은 한나라 군대의 공격에 의해 중앙정부가 소멸된 것은 사실이지만, 사회 기반이 철저히 파괴되거나 그곳 유력자들이 대대적으로 외부로 옮겨진 것이 아니었다. 즉 고조선계 토착민의 존재를 완전히 배제한 가운데 그 지역을 장기간 통치한다는 것은 사실상 불가능했던 것이다.

또한 낙랑군 일대의 고고자료들이 갖는 중국 문화적 특성만으로 그 지역 지배층이 모두 중국인이었다고 단정하기는 어렵다. 우리가 현재 고고자료를 통해 알 수 있는 것은 낙랑 지배층 고분의 무덤 형태와 부장품에서 나타나는 문화적 양상일 뿐, 그 묘주들의 종족적 DNA를 분석한 것이 아니다. 그렇다면 토착 원주민 유력자가 오랫동안 중국 문화에 익숙해지면서 점차 중국인들이 주로 사용했던 물품을 사용하거나 고분 조영 방식도 중국식으로 바꾸어갔을 가능성은 없을까.

이러한 문제의식에 근거하여 한국 연구자들은 낙랑군의 중국인(한족)과 토착 원주민을 서로 지배-피지배라는 이분법적 대립 구도로 바라보기는 어렵다고 생각하게 되었다. 그리고 이를 구체적으로 밝히기 위해 낙랑군의 지배 구조와 군현 지배의 성격을 본격적으로 재검토하게 되었다.

고고자료 발굴을 통한 연구의 진전

일본의 낙랑군 연구가 논파된 주된 계기는 역시 해방 이후 고고자료의 발굴을 통해서였다. 일본인들이 낙랑군 내 고조선계 토착민의 무덤이라고 주장했던 고인돌은 한국 학계의 지속적인 발굴조사 결과 기원전 3세기 이전까지만 만들어진 것으로 드러났다. 낙랑군이 기원전 2세기 말(B.C. 108년)에 설치되었음을 감안한다면, 이는 결코 낙랑군 시기의 무덤일 수 없다.

또한 해방 이후 북한 지역에서의 꾸준한 고고자료 발굴로 평안도와 황해도 지역을 중심으로 약 3,000여 기의 낙랑 고분들이 발굴되었고, 이 가운데 낙랑군 초기부터 기원 전후 시기까지 '나무곽무덤'들이 다수 조영되었음을 새롭게 알게 되었다.

그런데 낙랑군의 지배층이 조영했을 이 무덤들에서 놀라운 유물들이 나오기 시작했다. 고조선계 토착민의 대표적인 문화인 세형 동검(한국식 동검)이 발견되었던 것이다. 토착민의 전유물들이 낙랑군 지배층의 무덤 내에서 다

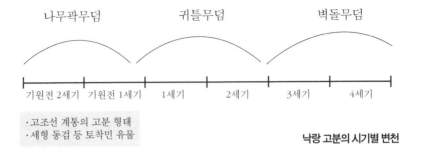

나무곽무덤　　　　　귀틀무덤　　　　　벽돌무덤

기원전 2세기　기원전 1세기　1세기　　2세기　　3세기　　4세기

·고조선 계통의 고분 형태
·세형 동검 등 토착민 유물

낙랑 고분의 시기별 변천

수 출토되었다는 것은 무엇을 의미하는가. 이는 곧 고조선 때부터 이 지역에 오랫동안 살아온 토착민이 낙랑군에서도 줄곧 지배층이었음을 의미하는 것이다.

예컨대 앞서 소개했던 '초원 4년 호구부'(낙랑군의 호구조사 공문서)는 군현에서 행정직을 담당했던 인물의 부장품으로 보인다. 그런데 이 무덤(정백동 364호분) 내에서도 세형 동검 계통의 유물이 발견되었다. 또 낙랑군의 25현 가운데 하나인 부조현의 현장(夫租長)을 지냈던 고상현이라는 인물의 무덤에서도 세형 동검이 발견되었다. 이 사례들은 세형 동검을 부장했던 고조선 계통의

기원전 1세기 당시 나무곽무덤의 유물
왼쪽부터 황주군 흑교리, 평양 동대원리, 대동군 상리에서 출토된 유물이다.

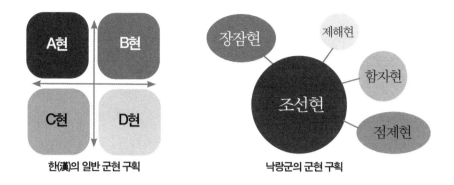

한(漢)의 일반 군현 구획　　　　낙랑군의 군현 구획

토착민이 군현에서 호구조사 등 주요 행정업무를 담당하거나, 혹은 현장과 같은 고위관직을 역임했음을 뒷받침한다.

한편 고조선의 멸망 이후에도 이 지역 토착사회가 붕괴되지 않았음을 보여주는 근거도 나타난다. 보통 중국 한대(漢代)의 군현들은 각 현들이 대략 1만 호 정도의 호구수를 기준으로 고르게 나타나는 반면, 낙랑군의 경우 25현의 각 현별 호구수가 극심한 격차를 보이고 있다(조선현: 9678호, 점제현: 1039호, 제해현: 173호, 초원 4년 호구부 기준).

이 역시 연구자들에 의해 그 원인이 밝혀졌다. 낙랑군 산하의 25개 현의 행정구역은 중국 왕조의 다른 군현들처럼 호구수(1만 호 기준)와 면적에 따라 획일적으로 구획된 것이 아니라, 종래 토착 세력들의 영역과 경계를 따라서 구획된 것이었다. 즉 한나라는 고조선 시기 이래의 토착 세력들이 원래 거주했던 지역과 사회구성 형태를 깨지 않고 대부분 그대로 인정해주었고, 그 과정에서 현의 규모와 호구수가 위와 같이 불규칙하게 나타날 수밖에 없었던 것이다. 이는 곧 낙랑군 설치 당시에도 엄연히 유지되었던 고조선계 토

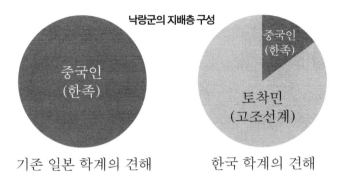

낙랑군의 지배층 구성

기존 일본 학계의 견해   한국 학계의 견해

착민사회의 모습을 반영하는 것이기도 하다.[17]

그렇다면 이 토착민의 무덤에 중국제 물건들이 함께 부장된 이유는 무엇일까. 이는 군현 설치 이후에 중국과의 통교가 잦아지면서 이 지역에 들어온 중국 제품, 그리고 낙랑군 내에서 제작된 중국식 물건들이었다. 당시 사회·경제적으로 높은 지위에 있던 토착민이 중국제 고급 물건들을 일상에서 사용하고 이를 무덤에 위신재로서 함께 부장했던 것이다. 이는 우리나라에서 과거에 부유층이 값비싼 미국제나 일본제 수입품들을 구입해 사용하고, 이를 자기 지위를 내보이는 수단으로 여겼던 것과 큰 차이가 없다. 낙랑군 시기의 '명품'은 당시 선진 지역이었던 '중국제'였던 셈이다.

요컨대 고조선이 멸망한 이후 그 지역 토착 세력들은 흩어지거나 사라진 것이 아니었다. 중국 왕조는 다수의 토착민사회가 온존한 옛 고조선 지역에서 이들의 협력과 도움 없이는 군현을 장기적으로 운영할 수 없었다. 이로 인해 낙랑군의 주요 지배층 가운데 상당수는 토착민으로 구성되었으며, 낙

---

17) 吳永贊, 「樂浪郡의 土着勢力 再編과 支配構造」, 『韓國史論』 35, 1996, 31~40쪽; 윤용구, 앞의 논문, 2010, 157~162쪽.

랑군의 지배층 유적은 고조선계 세형 동검 문화의 기반 위에 중국 문물이 결합된 형태로 나타나게 되었던 것이다.

이처럼 고고자료를 기반으로 한 한국 학계의 연구로 인해 낙랑군이 중국인에 의해 운영된 중국인 사회라는 오랜 통념은 깨졌다. 더불어 지배층은 중국인이요, 피지배층은 토착민이라는 일본 학계의 이원적 종족지배론도 함께 붕괴되었다. 따라서 중국 군현이라는 외형과 그 지역에 파견된 일부 중국인 관리들의 존재만으로 낙랑군 역사를 '민족' 대 '민족'의 대립 구도로 이해하고, 심지어 근대 이후의 민족적 자긍심이나 영토 관념까지 투영시키는 것은 당시 시대상에 전혀 부합하지 않는다고 할 수 있다.

낙랑군 연구와 관련된 '선동'과 그 문제점

일제 관학자들은 고조선 멸망 이후 설치된 한사군(漢四郡)이라는 역사적 실체를 근대적 시각에 입각해 식민지로 성격 규정하고, 이를 타율성(他律性)론의 정립 차원에서 적극 활용하였다. 당시 신채호(申采浩) 등 민족주의 사학자들은 일제의 식민지 논리 자체를 부정하기보다는 한사군의 설치 자체를 부정하거나 그 위치를 한반도에 두어선 안 된다는 입장에서 연구를 진행하였다. 그러나 지금 현재 우리 학계는 일제의 식민사관 논리와 타율성·정체성론 아래의 한국사 인식이 갖는 문제점을 전근대사 전반에 걸쳐 이론적으로 논박하였기 때문에, 군이 한사군의 위치 자체를 두고 '금기'를 둘 필요가 없어졌다.

앞서 언급한 대로 학계의 낙랑군 연구가 그 문제의식을 심화하여 지금에 이르는 동안, 소위 '애국사학'을 한다는 사이비역사가들은 여전히 낙랑군의 위치 문제만 천착하고 있다. 낙랑군을 근대적 식민지로 규정하며, 민족 대 민족의 대립 구도로 파악했던 과거 일제 식민사관의 논리적 틀에서 전혀 벗어나지 못했기 때문이다. 이들은 심지어 2천여 년 전 낙랑군의 존치 문제를 현대국가의 영토와 등치시키는 중국 동북공정의 논리 구조가 어떤 문제를 지니고 있는지에 대해서도 명확하게 인지하지 못하고 있는 것 같다.

예컨대 사이비역사가들이 주장하는 바대로 단순히 낙랑군이 평양 일대에 비정되는 것 자체가 일제 식민사관과 중국 동북공정을 뒷받침하는 것이라고 가정해보자. 그 경우 중국 랴오닝 지역에서 관련 유적·유물들이 다량 발견되어 낙랑군이 중국에 존재했다는 것이 후대에라도 새롭게 증명된다면 다행이겠지만, 지금처럼 북한 지역의 발굴 성과들이 지속적으로 보고되어서 낙랑군이 한반도에 존재했던 것이 더욱 분명해질 때는 어떻게 대응할 것인가. 그때 가서는 식민사관과 동북공정 논리가 전부 맞다고 인정할 것인가.

낙랑군의 위치 문제만을 기준으로 한 이념적 '선긋기'는 결국 식민사관과 동북공정의 논리적 함정에 빠지고, 연구 인식 수준마저 크게 퇴보시킬 수 있다는 점을 간과해서는 안 된다. 혹자는 낙랑군을 랴오닝 지역으로 기록한 후대의 몇몇 문헌자료들을 근거 삼아 우리 역사 교과서에 '요령설'을 공식 입장으로 확정하는 것이 '애국'이라고 주장하기도 한다. 그렇게 해서 대한민국 내에서는 일종의 '애국'이 될지는 모르겠지만, 이 문제를 함께 연구하고 있는 외국 학계에서는 영원히 웃음거리밖에 되지 못한다.

해방 이후에 지속되었던 일본 학계의 낙랑군 연구(이원적 종족지배론)에 대응하기 위해서는 발견된 자료들에 대한 객관적이고 치밀한 검토가 필요했던 것이지, 편협한 애국심의 발로에서 자기 주장에 유리한 자료들만을 취하고 나머지는 외면해 버리는 '꼼수'가 필요했던 게 아니었다. 미카미 쓰기오의 낙랑군 연구가 이제 일본 학계에서도 더 이상 인정받지 못하게 된 것은 바로 해방 이후의 발굴조사와 우리 학계의 연구성과가 있었기 때문이다.

그렇다면 현재 사이비역사가들은 기존에 발굴된 북한 지역의 낙랑군 관련 고고자료들을 어떻게 해석하고 있는가. 필자가 시중의 책들을 아무리 뒤져봐도 고고자료에 대한 뚜렷한 분석이 이루어진 글을 찾아볼 수 없었다. 해방 이후의 고고자료에 대해서는 아예 언급조차 않거나, 무책임한 '조작론', '음모론'을 통해 독자의 감성에만 호소하는 경우들이 많다. 그동안 낙랑군의 평양 일대 비정 등을 근거로 '동북아역사지도' 사업의 폐지를 줄기차게 주장해온 이덕일(한가람역사문화연구소 소장)은 2015년 11월 학자들과 국회의원들이 모인 토론회장에서 아래와 같이 주장하였다.

> 북한이 왜 느닷없이 낙랑목간(초원 4년 호구부)을 공개했겠느냐. 북한 입장에서는 남한에서 식민사학이 계속 유지되는 게 좋은 거예요. 제가 생각할 때는 만약 대한민국이 우리(이덕일류) 같은 역사학으로 바뀌게 되면 자기들(북한)이 우위로 주장할 수 있는 절대품목(한국사) 하나가 없어지게 된다는 거예요.[18]

이 토론회 자리에서 이덕일 소장은 오로지 남북한의 대립 구도에 근거하는 가운데, '초원 4년 호구부'라는 자료를 대한민국 역사학을 파괴하려는 북한의 '음모', 혹은 그 결과물이라고 주장했다. 문제는 국회의원들과 전공 학

---

18) 한군현 및 패수 위치비정에 관한 국회토론회(2015. 11. 16) 중 이덕일 소장의 발언 내용. 『[마방] 한국 상고사-한군현 및 패수 위치비정에 관한 논의_20151116』(https://www.youtube.com/watch?v=NrALsUDArUM), 1:17:40~1:18:17) 부분 참조.

자들이 다수 모인 자리에서 저런 엄청난 주장을 하면서도 정작 근거는 아무 것도 제시하지 않았다는 점이다.

이처럼 사이비역사가들은 낙랑군 고고자료와 관련 연구들에 대한 제대로 된 학문적 비판을 제시하지 않고 있다. 만약 이 분야에 대한 학계의 연구 방향에 문제가 있다면 학술논문을 통해 정식 학회에서 발표를 하고 본인 주장에 대한 연구자들의 동조를 확보할 일이지, 왜 국회와 언론을 통한 여론몰이에만 주력하는가. 만약 정치권과 여론을 통한 압박으로 학자들의 문제의식과 결론이 갑자기 뒤바뀐다면 그것이야말로 학계가 건강하지 못하다는 증거가 아닌가.

사이비역사가들은 전공자들의 동의를 얻지 못하자 현재 이루어지는 낙랑군 연구를 일제 식민사관-이병도-학계로 이어지는 가공의 '식민사관 프레임'에 가두어 불신의 늪에 빠트리기 위한 대중선동을 지속하고 있다. 현재 학계의 한사군 위치비정이 이병도의 연구에만 갇힌 결과라는 주장 역시 터무니없는 거짓말이다. 앞서 설명한 대로 낙랑군의 중심지가 평양이고, 군치가 대동강 남안의 낙랑토성이라는 사실은 1920년대 중반에 이미 해외 연구자들 사이에서도 확정된 상태였으며, 이병도가 이러한 학설을 집대성한 것이 아니다.

지금까지 나온 한사군 관련 연구논문은 1,000편이 넘는데, 이 가운데 이병도가 쓴 논문은 채 10여 편이 되지 않는다. 이병도는 고고자료만을 근거로 낙랑군 25현의 구체적인 위치를 일일이 비정하기 어려운 상황에서, 주로 문헌을 통한 최대한의 연구를 시도해보았던 것이지, 연구사적으로 낙랑군의 한반도 비정을 결정지은 사람이 아니다. 당장 이병도의 저작들을 모두 제외하고 다시 연구를 진행한다 해도 낙랑군이 평양 일대를 중심으로 존재했다는 통설은 흔들리지 않는다. 낙랑군 이외에 이병도가 기존에 주장했던 현도군과 임둔군의 위치에 대한 연구는 이제 더 이상 학계의 통설이라고 하기도 어렵다. 많은 후학들이 이를 비판하여 다른 위치로 비정하고 있는 것이다.

상황이 이런데도 사이비역사가들은 계속해서 이병도가 낙랑군=평양설을 정통으로 계승한 학자이며, 고대사학계가 그의 학설을 중심으로 한 폐쇄적인 구조 속에서 결론을 내고 있다는 설을 유포하는 실정이니, 이병도의 연구사적 위치가 대중들에게 실제 이상으로 부풀려진 것은 아이러니하게도 우리 학계가 아닌 사이비역사가들의 '공로'라고 할 수 있다. 그 자체가 사실왜곡이요, 이를 근거로 학계를 '매국 세력'이니 '식민사학'이니 하며 매도하는 것 자체가 선동이 아니고 무엇인가. 거짓이 진실처럼 둔갑하고, 진실이 거짓에 가려버리는 비정상적인 사회에서, 순수학문인 역사학조차 누군가에겐 일종의 '수단'처럼 인식되는 상황은 아닌지 우려스럽지 않을 수 없다.

학문의 영역에 접근하는 것은 이제 누구에게나 그 길이 열려 있다. 학자들의 저술은 서점이나 도서관에서 얼마든지 구해볼 수 있으며, 금석문이나 중국 24사 문헌자료들도 웹에서 쉽게 검색이 가능하다. 그러나 정작 중요한 것은 눈앞에 쌓인 정보와 자료의 양이 아니다. 연구하는 사람의 학문을 대하는 진지한 자세, 그리고 자기 스스로의 이념이나 가치관을 객관화하려는 노력, 그 자체가 역사 연구의 '출발'이자 궁극적인 '지향'이라는 점을 결코 망각해선 안 될 것이다.

'초원 4년 호구부'란 무엇인가

해방 이후 북한의 평양 일대 발굴조사는 1990년대부터 본격화되었다. 당시 발굴된 낙랑군 시기 고분들은 2천여 기가 훨씬 넘는데, 이 시기의 발굴 유적·유물들 가운데는 남북한의 대치 국면, 그리고 북한 당국의 통제 등으로 인해 아직 공개되지 않은 것들도 다수이다. 평양시 락랑구역 통일거리 건설장에서 발굴된 정백동 364호분의 부장품인 '초원(初元) 4년 호구부(戶口簿)'(이하 '호구부') 역시 1990년 7월에 발견된 것으로 알려져 있다. 그러나 북한 학계의 연구서(『력사과학』)를 통해 처음 그 실체가 외부로 공개된 것은 2006년에 이르러서였으며, 남한 학계에서 이 책을 입수하여 호구부의 존재를 인지한 것은 2007년의 일이었다. 따라서 그 본격적인 연구는 2000년대 후반부터 이루어진 셈이다.

이 호구부는 단순히 낙랑군의 위치 문제뿐만 아니라, 당시 군현 내부의 현황을 생생하게 보여주는 자료라는 점에서 큰 주목을 받았다. 총 3점의 나무 판(목간) 형태로 이루어진 호구부 가운데 하나의 맨 위 문단에는 "낙랑군 초원 4년 현별 호구 다소(樂浪郡初元四年 縣別戶口多少)"라는 문구가 기재되어 있다. 즉 중국 전한(前漢) 때인 초원 4년(기원전 45년)에 낙랑군에서 산하 25현 각각의 가호(家戶)와 인구(人口)수를 기록했다는 의미이다. 실제로 그 아래에는 각 현의 이름, 호구수, 그리고 전년(기원전 46년) 대비 증감치가 일일이 나열되어 있다. 여기에 기재된 25현의 명칭은 『한서(漢書)』 지리지의 낙랑군 25현 명칭과도 일치한다.

또한 호구부에는 각 현의 호구수가 한 자리 수까지 상세하게 기재되어 있

평양 정백동 364호분 출토 「논어」 죽간 39매 출처: 한국목간학회, 『목간과 문자』 4, 2009.

다. 이는 통상 현 이하의 단위에서 취합된 자료들이 최종적으로 군 단위에서 합산된 결과라고 추정되는데, 낙랑군 내에서도 군현 지배를 위한 문서행정이 정상적으로 이루어졌다는 사실을 보여주는 것이다. 북한 측 보고에 의하면 같은 무덤 내에서 호구부 외에도 같은 시기 낙랑군 관아의 공문서(公文書)들이 함께 발견되었다고 하는데, 이 역시 생전에 군현의 행정실무를 담당했던 무덤 주인공의 직무와 무관하지 않을 것으로 판단된다. 또한 같은 무덤에서 발견된 『논어(論語)』 선진(先進)·안연(顏淵)편이 적힌 죽간들(39매)은 허베이성 딩저우(定州)의 무덤(전한 무덤)에서 발견된 논어 죽간들과 서술 방식이나 형태 면에서 별 차이가 없는 것으로 판명되기도 했다.

아쉽게도 현재까지 정백동 364호분에서 발견된 유물들을 비롯한 여러 정보들이 모두 공개된 상태는 아니다. 하지만 우리 학계에서는 향후 남북 간의 화해 모드가 조성되어 학술 교류가 진전된다면, 나머지 자료들을 통해 낙랑군의 운영 실상에 대한 보다 다양한 연구를 수행할 수 있을 것으로 기대하고 있다. 학술적인 차원에서도 남북한의 평화 모드가 더욱 절실한 시국이다.

'단군조선 시기 천문관측기록'은 사실인가

기경량

위서의 과학적 검증을 시도하다?

『단기고사(檀奇古史)』와 『환단고기(桓檀古記)』는 역사학계에서 근현대에 만들어진 위서(僞書)로 판정 받은 책들이다. 사이비역사 연구자들은 이 위서들을 무분별하게 연구에 활용하고 있으나, 이는 사료 비판의 측면에서 치명적 결함을 가지고 있으므로 인정할 수 없다는 게 역사학계 일반의 시각이다.

그런데 위서로 판명난 이들 사서의 천문기록이 실제 일어났던 현상과 부합한다는 연구가 있었다. 1993년 발표된 박창범·라대일(이하 박창범으로 지칭)의 논문 「단군조선시대 천문현상기록의 과학적 검증」이 그것이다. 천문학자인 박창범은 프로그램을 이용해 『단기고사』와 『환단고기』「단군세기」의 천문현상기록의 실현 여부를 확인하였고, 긍정적인 결과를 얻었다고 한다. 박창범은 2002년에 해당 논문의 내용을 쉽게 풀어 소개한 『하늘에 새긴 우리역사』(김영사)라는 대중서를 출간하기도 하였다.

그간 역사학계로부터 비합리적·비논리적이라는 비판을 받아왔던 사이비역사 연구자들은 이에 크게 고무되었다. 그들은 『환단고기』 등의 사실성이 이제 '과학적으로 증명'되었다는 식의 주장을 펼치게 되었고, 이 주장은 1990년대 후반 인터넷의 보급과 함께 대중적으로 널리 퍼져 나갔다.

이에 대한 한국 고대사학계의 직접적인 대응은 없었다. 역사학자 입장에서 천문학이라는 생소한 분야에 대해 입장을 표명하기 곤란한 측면이 있었을 것이다. 다만 과학사를 연구하는 이문규와 전용훈이 2003년과 2007년에 각각 반론을 제기한 적이 있고, 오랫동안 사이비역사학과 싸워온 이문영에 의해서도 비판이 이루어진 바 있다.[01] 이들의 작업으로 인해 박창범의 연구가 지닌 문제점과 한계는 충분히 지적되었다. 그러나 사이비역사 연구자들은 여전히 천문학을 통해 『환단고기』 등의 사실성이 증명되었다는 주장을 포기하지 않고 있다. 사이비역사에 경도된 모 천문학자가 2012년 EBS '역사특강' 프로그램에 출연해 해당 내용을 설파한 것이 좋은 예이다. 자신들의 주장을 증명해줄 객관적인 증거의 부재에 목말랐던 그들로선 쉽게 포기할 수 없는 소재임에 분명하다. 이에 '단군조선 시기 천문관측기록'의 사실성이 정말 성립할 수 있는지 박창범 논문 내용을 중심으로 살펴보고자 한다.

『단기고사』와 『환단고기』의 사료적 신뢰성

『단기고사』는 발해의 건국자인 대조영(大祚榮)의 아우인 대야발(大野勃)이

---

01) 이문규, 「하늘에 새긴 우리 역사를 잘못 읽다」, 『서평문화』 49, 2003; 전용훈, 「단군세기의 행성직렬 기록
     은 조작됐다!」, 『과학동아』 2007년 12월호; 이문영, 『만들어진 한국사』, 파란미디어, 2010.

192 한국 고대사와 사이비역사학

편찬했다고 하는 사서이다. 단군·기자시대를 다루고 있으나 한문본은 존재하지 않는다. 1949년에 김두화·이화사가 국한문본을 출간했다고도 하지만, 현재 전해지는 것은 1959년에 정해박이 만들었다는 번역본뿐이다. 『단기고사』에는 1907년에 작성되었다는 이경직(李耕稙)과 신채호(申采浩)의 중간서가 붙어 있다. 그러나 역사학계에서는 『단기고사』 자체의 내용은 물론이고 이경직과 신채호가 썼다고 하는 중간서도 조작된 것으로 판단한다. 이경직의 학부 재직 시기와 중간서의 연대가 불일치하고, 신채호의 저작물 중 『단기고사』의 내용을 활용한 사례가 전혀 없기 때문이다.

사실 『단기고사』의 내용을 조금이라도 들춰본 사람이라면 누구라도 이 책이 신뢰하기 어려운 책임을 알 수 있다. 용어 사용은 물론이고 내용이 도저히 고대의 것으로는 생각할 수 없는 것들로 채워져 있기 때문이다.

만국박람회를 평양에서 크게 개최하니 여러 나라의 진귀한 물품이 몰려들어 산해같이 진열되었다.[02]

기계공창을 송화강 기슭에 설치하고 각종 기계를 제조하였는데, (…) 자행륜차(自行輪車) (…) 천문경(天文鏡) (…) 자명종(自鳴鐘) (…) 어풍승천기(御風昇天機) (…) 흡기잠수선(吸氣潛水船) (…) 이런 것들이 발명되어 이 시대에 크게 번창하였다.[03]

조서를 내려 지방자치제를 실시하였는데, 관리를 나누어 입법, 사법, 행정을

---

02) 『단기고사』 전단군조선 제11세 도해 38년.
03) 『단기고사』 전단군조선 제11세 도해 56년.

맡아 각각 그 직책을 지키게 하고 (…).[04]

조문휴가 자본론을 저술하여 임금께 바쳤다.[05]

인용된 바와 같이 『단기고사』의 내용은 그야말로 노골적인 근대적 사고의 산물이다. 이 책이 근대에 들어와 조작되었다는 점은 의심의 여지가 없다. 주목되는 것은 『단기고사』에 다음과 같은 천문지식이 실려 있다는 점이다.

감성관 황포덕이 임금께 아뢰기를 '제가 천문을 관측한 지 50년이 되므로 천체의 대강을 추측하였습니다. 천체 중에 제일 큰 것은 북극성 같은 항성입니다. 그 다음은 태양의 종류이며, 다음은 수성, 금성, 지구성(地球星), 화성, 목성, 토성, 천명성(天明星), 해명은성(海明隱星), 명성(明星) 같은 행성이 있어 태양을 중추로 삼아 회전하니, 우리가 살고 있는 지구도 여기 태양계의 하나인 행성입니다 (…).'[06]

『단기고사』에 따르면 단군조선 사람들은 이미 기원전 수천 년 전에 지동설을 알고 있었으며, 태양계 외곽 행성들의 이름까지 알고 있었다. 당연히 믿을 수 없는 이야기이다. 천왕성은 1781년, 해왕성은 1846년, 명왕성은 1930년에 각각 발견되었다. 이는 망원경을 이용한 천체 관측과 천체역학을 통한 계산의 성과였다. 게다가 이 세 행성의 이름은 서양 천문학에서의 명칭을

---

04) 『단기고사』 전단군조선 제13세 흘달 16년.
05) 『단기고사』 후단군조선 제21세 여루 40년.
06) 『단기고사』 전단군조선 제5세 구을 15년.

그대로 번역한 것이다. 원래 천왕성은 우라노스(Uranus), 해왕성은 넵튠(Neptune), 명왕성은 플루토(Pluto)인데, 바로 그리스 로마 신화에 나오는 신들의 이름이다. 동양 천문학에서는 이 별들의 존재를 알지 못하였기 때문에 독자적인 이름조차 없었다. 이 중 명왕성은 오랫동안 태양계의 9번째 행성으로 인정받아오다가 76년 만인 2006년에 행성의 지위를 잃었다. 이러한 사실을 통해 우리가 합리적으로 추론할 수 있는 것은 『단기고사』가 위작된 시기는 명왕성이 발견된 1930년에서 행성 지위를 상실한 2006년 사이가 분명하다는 점 정도이다.

박창범은 이러한 책에 실려 있는 천문기록의 사실성을 검증하겠다고 하였다. 박창범 역시 『단기고사』에 상기한 내용이 실려 있다는 사실을 인지하고 있었다. 그럼에도 이를 후대의 개입으로 인한 '혼선' 정도로 표현하며 종종 벌어지는 일이라고 가볍게 넘어가버렸다.[07] 과학자로서 실험에 앞서 시료가 심각하게 오염되어 있음을 확인하였음에도 개의치 않는 모습은 쉽게 납득하기 어렵다.

『단기고사』나 『환단고기』가 위서임을 인정하지 않는 이들은 이들 사서에 문제되는 내용이 일부 있더라도 그것은 근대에 들어와 가필이 된 흔적일 뿐, 책 자체를 위서로 볼 수는 없다고도 한다. 그러나 『단기고사』의 조작 정도는 그 수위가 너무 심각하기 때문에 위와 같은 주장이 설득력을 가질 수 없다. 단 하나의 거짓말이 탄로 나도 신뢰가 바닥에 떨어지는 것이 세상사이다. 하물며 수많은 거짓말이 확인된 책인데도, 거짓말이 확인되지 않은 다른 부분은 진실일 것이라는 기대를 가져야 할 이유가 어디에 있을까. 『단

---

07) 박창범, 『하늘에 새긴 우리역사』, 김영사, 2002, 30쪽.

기고사』의 위작 연대는 역사학자 조인성에 의하여 빨라도 1949년에 가까운 어느 시기라고 지목된 바 있다.[08]

다음으로 사이비역사학에서 활용하는 위서 중 대중적으로 가장 널리 알려진 『환단고기』를 살펴보자. 이 책은 「삼성기」, 「단군세기」, 「북부여기」, 「태백일사」로 구성되어 있고, 제47대 2,096년에 걸친 단군조선의 편년사를 기록하고 있다. 본래 따로 존재하였던 4종의 역사서를 1911년 계연수(桂延壽)가 묶어 『환단고기』라 명명하여 출간하였다고 한다. 그러나 1911년 인쇄본은 전해지지 않으며 1979년에 이유립에 의해 영인된 '오형기 정서본'이라는 것이 남아 있을 뿐이다. 『환단고기』가 1979년에야 영인된 것은 계연수가 1920년에 죽으면서 다음 경신년(庚申年, 1980)이 되거든 『환단고기』를 세상에 내놓으라는 말을 남겼기 때문이라고 한다.[09] 물론 전혀 설득력이 없는 이야기이다. 위서를 만들어 세상에 퍼뜨린 사람들이 하는 주장을 곧이곧대로 믿어주어야 할 이유도 전혀 없다.

『환단고기』에서 『단기고사』와 밀접하게 관련된 부분은 「단군세기」이다. 「단군세기」에 등장하는 단군조선의 역대 왕명 및 재위 기간이 『단기고사』에 나오는 그것과 거의 유사하기 때문이다. 『환단고기』에는 『단기고사』처럼 근대 문물들이 보란 듯이 나열되어 있지는 않다. 그럼에도 세부적인 용어 사용을 살펴보면 역시 근대적 사고의 흔적이 역력하다. 청나라 시조 전설과 관련하여 생긴 '영고탑(寧古塔)'이라는 지명의 사용, 근대적 의미로서의 문화(文化)라는 용어 사용, 박은식이 지은 『한국통사』(1915)의 내용을 반영했

---

08) 조인성, 「韓末 檀君關係史書의 再檢討―『神檀實記』・『檀奇古史』・『桓檀古記』를 中心으로」, 『國史館論叢』 3, 국사편찬위원회, 1989, 221쪽.

09) 조인성, 「규원사화와 환단고기」, 『한국사 시민강좌』 2, 일조각, 1988, 74쪽.

다고 보이는 서문 등이 대표적인 예이다.[10] 때문에 역사학계에서는 『환단고기』 역시 『단기고사』와 마찬가지로 근대 이후에 만들어진 위서라고 보고 있다.

『환단고기』「단군세기」는 『단기고사』의 내용을 의식하고 참조한 흔적이 역력하다. 어린 아이가 보아도 엉터리임을 판명할 수 있는 『단기고사』의 허황된 부분들을 대폭 삭제하고 편집하여 보다 그럴듯하게 만든 것이 『환단고기』「단군세기」라 평가할 수 있다. 그에 따라 『환단고기』는 『단기고사』가 세상에 모습을 드러냈다고 하는 1949년 즈음부터 1979년 사이의 어느 시점에 위작된 것으로 이해된다.

'오성취루' 현상과 '조수현상'의 검토

오성취루 문제

오성취루 현상은 태양계의 행성 중 오성(五星), 즉 수성(水星), 금성(金星), 화성(火星), 목성(木星), 토성(土星)이 동양의 28수(宿) 별자리 중 하나인 루(婁)의 자리에 모이는 것을 의미한다. 이 현상은 『단기고사』와 『환단고기』「단군세기」에 모두 실려 있는데 원 문장은 다음과 같다.[11]

---

10) 이상의 내용은 위의 글, 82~86쪽 참조.

11) 『단기고사』는 명색이 수천 년 전의 일을 기록하였다고 주장하는 책이지만 놀랍게도 한문본이 없다. 가장 이른 시기의 것도 그냥 국한문 혼용으로 써진 것이다. 따라서 한문으로 된 원문을 제시할 수도 없다. 위서 중에서도 무척 성의 없이 만들어진 위서라 할 수 있다.

50년에 오성(五星)이 루성(婁星)에 모였다.[12]

무진 50년 오성이 루성에 모이고, 누런 학이 뜰의 소나무에 와 쉬었다.[戊辰 五十年 五星聚婁 黃鶴來捿苑松][13]

박창범에 따르면 위 기록에 나와 있는 오성결집 현상이 실제로 발생하였다고 한다. 발생 시기는 기록 연대인 홀달 50년(B.C. 1733)과 1년 밖에 차이가 나지 않는 B.C. 1734년이라고 하였다. 다만 오성이 모인 장소는 루성이 아니었고, 그와 130도 가량 떨어진 장성(張星)이었다. 박창범은 사서의 기록과 불과 1년밖에 차이가 나지 않는 해에 실제로 오성결집 현상이 일어났다는 점, 그리고 그 결집이 B.C. 1733년을 기점으로 전후 550년간 두 번밖에 보이지 않은 강한 것이었다는 점에 주목하였다. 이를 바탕으로 이 기록이 후대에 임의로 날조되었을 확률은 1,000분의 7에 불과하다는 계산까지 제시하였다.[14] 하지만 정말 그러할까.

우리가 이들 사서에 나와 있는 오성취루 기록이 사실과 부합하는지 확인할 때 체크해야 할 사안은 두 가지이다. 첫 번째는 '오성이 언제 모였는가'이고, 두 번째는 '오성이 어디에 모였는가'이다. 그러나 실제로 발생한 오성결집의 연도와 위치는 둘 다 사서의 기록과 차이를 보이고 있다. 이 중 발생연도의 차이는 어느 정도 수긍이 가능하다. 1년 정도의 오차는 고대 사서에서

---

12) 『단기고사』 전 단군조선 13대 단군 홀달 50년.

13) 『환단고기』 「단군세기」 13대 단군 홀달 50년.

14) 공식은 (B.C. 2000년에서 B.C. 1450년까지 5행성이 B.C. 1734의 그것과 같거나 더 결집한 횟수)×(기록년과 1년의 오차)/(550년)이며 다음과 같이 계산된다. 2×2/550=0.007.

흔히 볼 수 있는 현상이며, 『단기고사』나 「단군세기」가 정말로 단군조선 당대의 기록이 적힌 사서라면 그 세월의 장구함을 감안했을 때 1년의 오차는 큰 문제가 되지 않을 수 있다.

다만 이 경우에도 『단기고사』나 「단군세기」의 연대가 그 자체로 얼마나 안정성을 가지고 있는지는 따져보아야 한다. 예를 들어 「단군세기」에는 오행성이 루성에 모인 사건과 누런 학(黃鶴)이 정원의 소나무에 와서 쉰 사건이 흘달 50년에 함께 일어난 것으로 기록되어 있다. 하지만 『단기고사』에서는 누런 학 기록이 흘달 56년으로 기록되어 있어서 오성취루 기록과 분리되어 있다. 이것만 보아도 같은 계열이라고 하는 두 사서에서조차 동일 사건에 대해 6년 이상의 시간차가 있음이 확인된다. 애초에 흘달 50년이 정말 B.C. 1733년을 가리키는 것인지조차 확신할 수 없는 것이다.

두 번째 위치 문제는 더욱 쉽게 넘길 수 없는 사안이다. 기록상 오성이 모였다고 하는 루성은 서양식 별자리 중 양자리에 해당한다. 하지만 실제로 오성이 모인 곳은 그보다 약 130도 떨어진 장성, 즉 바다뱀자리였다. 오성결집 현상이 기록과 비슷한 위치도 아닌, 전혀 엉뚱한 하늘 반대쪽에서 발생한 것이다. 그럼에도 박창범은 이것을 사서의 기록과 동일한 현상이라고 판정하였다.

박창범은 서기전 16세기는 동양에서 28수의 이름이 확정되기 훨씬 이전이므로, 오행성의 결집 위치에 대한 정보는 후대의 해석이고 그 때문에 혼란이 발생한 것이라 해명하였다.[15] 그러나 이는 사서에 기록된 '오성취루'와 기원전 1734년에 발생하였던 오성결집 현상을 동일한 것으로 판정하기 위

---

15) 박창범, 앞의 책, 29~30쪽.

하여 중요한 검증 조건 하나를 자의적으로 제외시켰다는 혐의를 피하기 힘들다.

이러한 자의성은 다음과 같은 사안에서도 드러난다. 박창범은 이 기사가 후대에 조작되었을 확률이 1,000분의 7에 불과하다고 판단하였다. 그 근거는 B.C. 1734년에 발생한 오성결집이 전후 550년간 두 번밖에 보이지 않는 강한 것이었다는 데 있다. 그러나 오행성의 결집도는 사서 내용의 실현 여부를 확인하는 실험에서 특별히 의미 있는 기준이 되지 못한다. 『단기고사』와 「단군세기」의 기록에는 오성의 결집도가 어느 정도였는지 판단할 수 있는 정보가 전혀 존재하지 않기 때문이다. 그러므로 B.C. 1734년에 발생한 오성결집의 평균 각거리가 10.26도의 강한 것이라는 점을 이유로 이 결집도에 미달하는 다른 오성결집들의 가치를 인정하지 않고 확률 계산에서 제외시켜버린 박창범의 태도는 불합리하다.

결집도 10.26이라는 제한을 두지 않는다면 오성결집 현상은 제법 자주 일어나는 현상이다. 그 주기는 대략 20년 정도로 추정된다. 이는 오성의 결집을 결정하는 가장 중요한 요소인 목성과 토성의 만남이 19.9년에 한 번씩 이루어지기 때문이다.[16] 목성과 토성은 공전 주기가 느리므로 몇 년에 걸쳐 가까워지고 교차한다. 이 기간 중 나머지 세 행성이 목성과 토성 부근에 오게 되면 오성결집 현상이 발생하는 것이다. 경우에 따라서는 목성과 토성이 교차하여 멀어지기 전에 나머지 세 행성의 공전 주기가 맞아 떨어져 오성결집 현상이 발생한 지 불과 2~3년 만에 다시 오성결집이 발생하는 것도 가능하

---

16) 이는 목성과 토성의 공전주기가 각각 11.8622년과 29.4577년(Allen,1976)이기 때문이다. 박창범·라대일, 「단군조선시대 천문현상기록의 과학적 검증」, 『한국상고사학보』 14, 한국상고사학회, 1993, 98쪽.

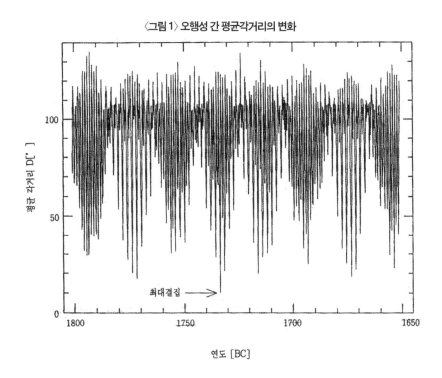

〈그림 1〉 오행성 간 평균각거리의 변화

다. 박창범의 설명과 달리 '오성취'라고 판단 가능한 천문 현상은 극히 보기 드문 현상은 아닌 셈이다.

이는 박창범이 자신의 논문에서 제시한 그래프를 통해서도 확인할 수 있다. 〈그림 1〉을 보면 20년에 한 번꼴로 오행성 간의 평균각거리가 좁혀지는 현상이 반복됨을 알 수 있다. 그래프 상으로는 150년간 8회에 걸쳐 오성결집라고 부를 수 있는 현상이 주기적으로 발생하였음을 알 수 있다.

그렇다면 동양 천문학에서 '취(聚)'는 별들이 얼마나 근접해야 성립히는 개념일까. 이에 대해서는 다음 자료가 참고가 된다.

'회'는 하나는 역방향, 하나는 순방향으로 움직여 하나의 별자리에 함께 임하는 것이다. 또 말하기를 광휘가 서로에게 미치는 것이다. '취'는 행성이 셋 이상 인 경우이다(會者一逆一順 同臨一宿 又云光耀相逮 聚者 自三星以上).[17]

위 내용 중 '광휘가 서로에게 미치는 것'은 그 의미가 명확하지 않지만, 아마도 두 행성이 근접한 위치에 있는 상태를 말하는 것으로 여겨진다. '같은 별자리에 함께 임하는 것'은 이보다 기준이 명확해 보이지만, 수치화된 기준을 제시하는 것은 곤란하다. 하늘 전체를 360도로 보았을 때 28수 동양 별자리 중 가장 영역이 좁은 자수(觜宿)가 차지하는 영역은 2도에 불과하며 가장 넓은 정수(井宿)가 차지하는 영역은 자수의 16배가 넘는 33도에 이르기 때문이다.[18]

〈그림 2〉의 '천상열차분야지도(天象列次分野之圖)'를 보면 알 수 있듯이, 동양 별자리는 각 별자리의 수거성(宿距星) 사이 거리인 이각(離角)의 크기가 균일하지 않다. 평균각거리가 크더라도 영역이 큰 별자리에서라면 얼마든지 하나의 별자리 안에 들어갈 수 있으며, 평균각거리가 작더라도 영역이 작은 별자리 안에는 한 번에 들어갈 수 없는 일도 발생한다. 결국 동양 천문학에서 '취'라고 하는 것은 꽉 짜여진 정밀한 개념이 아니라 상당히 느슨한 개념이라 보는 것이 옳을 것이다.

앞서 밝혔듯이 박창범의 연구에 대해서는 이문규과 전용훈 등이 반론을 편 바 있다. 이들은 『단기고사』나 『환단고기』 「단군세기」에 실려 있는 '오성

---

17) 『흠정사고전서』 자부(子部) 7, 「영대비원」 술수류(術數類) 점예(占例). 이중 '취'가 별 셋 이상 모이는 것이라는 정의는 항상 적용되는 것은 아닌 듯하다. 『증보 문헌비고』를 보면 행성 둘이 만나는 현상을 '취'라고 표현한 경우가 대단히 많다. '회'와 '취'는 사실상 혼용되는 경우가 많았다고 보아야 할 것 같다.
18) 이는 『천문유초』의 주천도수를 따른 것이다.

취루' 기록 연대가 실제 오행
결집이 발생한 연도와 불과 1
년 차이로 나타난 것에 대해
후대 계산되어 삽입되었을 가
능성을 제시했다. 예컨대 이문
규는 조선 초인 세종대에 이
미 행성이나 해와 달의 위치
등 천체 운행을 독자적으로
계산할 수 있었다고 하였다.[19]

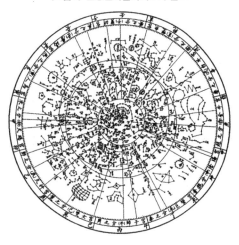

〈그림 2〉 천상열차분야지도 부분도

전용훈은 조선 후기 실학자인 성호(星湖) 이익(李瀷)의 의견을 빌려 오성취합
에 대한 기록과 의미 해석이 중국 한나라 이후 성립되었다고 지적하는 한
편, 몇 가지 사례를 들어 옛날 사람들도 오성취합이 일어날 시점을 손쉽게
계산하였다고 설명하였다.[20]

  이러한 지적은 오행성의 운행을 계산하는 것이 현대과학에서나 가능한
초고도의 지식일 것이라는 대중적 편견을 깨준다는 점에서 의미가 깊다. 다
만 필자가 앞서 밝힌 대로 오성결집이라고 부를 수 있는 현상이 약 20년 주
기로 발생하는 일임을 감안한다면, 기록과 실제 오성결집 현상이 1년 차이
로 비슷하게 발생한 것에 대해 지나치게 의미를 부여할 필요는 없다. 연표
상의 아무 연도를 무작위로 찍는다 하더라도 그것이 실제 오성결집이 발생
한 해와 1년의 오차 범위 내에 위치할 확률은 1/6~1/7에 이르기 때문이다.

19) 이문규, 「하늘에 새긴 우리 역사를 잘못 읽다」, 『서평문화』 49, 2003, 55쪽.

20) 전용훈, 「단군세기의 행성직렬 기록은 조작됐다!」, 『과학동아』 2007년 12월호, 139~140쪽.

이는 우리 일상에서 얼마든지 발생할 수 있는 확률이다.

오성결집이 실현된 연도의 비슷함보다 주목해야 할 부분은 오히려 발생 장소에 대한 정보이다. 일반적인 오행성 결집은 옛 사서에서도 기록이 제법 있는 편이다. 예를 들어 『삼국사기』에도 고구려 차대왕(次大王) 4년(149) 여름 5월에 "오성이 동쪽 방향에 모였다(五星聚於東方)"는 기록이 남아 있다. 그런데 여기서는 오성이 '동쪽 방향'에 모였다고 하여 발생 위치를 애매하게 표현한 반면, 『단기고사』와 『환단고기』「단군세기」는 그냥 '오성이 모였다'라고 하지 않고, 군이 '루성'에 모였다고 서술하였다. 왜 그랬을까?

두 사서 중 『환단고기』「단군세기」는 사실상 『단기고사』의 내용을 베껴 재활용한 것으로 여겨지는 만큼, 이 의문을 풀 수 있는 열쇠는 역시 『단기고사』에 있다고 할 수 있다. 『단기고사』라는 위서의 특징은 수천 년 전의 내용을 담은 역사서라고 주장하면서도 근현대의 용어와 문물들을 거리낌 없이 나열하는 무신경함에 있다. 이러한 성향을 감안했을 때 『단기고사』를 위작한 사람이 군이 수천 년 전에 발생한 오성결집을 계산까지 해가며 사서에 싣는 수고를 하였을 것 같지는 않다. 그것은 『단기고사』를 위작한 사람의 능력과 성실함을 과대평가하는 일이 될 것이다. 『단기고사』의 다른 내용을 보았을 때 이 책을 위작한 사람은 그렇게까지 꼼꼼한 사람이 아니다.

『단기고사』에 오성취루 기록이 삽입된 연대는 무작위로 선정되었다고 여겨진다. '루성'이라는 발생 장소 역시 그냥 별 생각없이 적당히 넣었을 수 있다. 다만 『단기고사』 내용의 상당 부분이 근대의 사건과 문물을 단군조선 시기의 것으로 각색하여 삽입한 형태임을 감안하면, 오성이 루성에 모였다는 기록도 위작자가 실제로 경험하였거나 누군가에게 들어서 알게 된 당시의 천문 현상을 반영한 것일 가능성이 있다. 이러한 가정을 바탕으로 확인해본

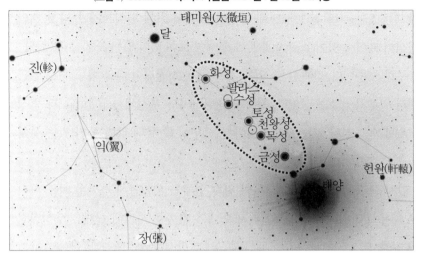

〈그림 3〉 Stellarium 0.14.3 기원전 1734년 7월 13일 18시경

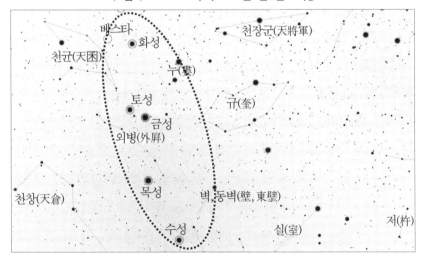

〈그림 4〉 Stellarium 0.14.3 1940년 3월 5일 18시경

결과 흥미로운 사실을 발견할 수 있었다.

필자가 천문 관측 프로그램인 스텔라리움(Stellarium) 0.14.3을 이용해 검토해 본 결과, 1940년 3월 초에 오성결집 현상이 실제로 발생하였음이 확인되었다. 결집도는 기원전 1734년에 발생한 그것에 비해 떨어지지만, 다섯 개의 행성이 늘어서 있어 관찰자에게 '오행성이 모여 있다'라는 느낌을 주기에는 충분한 수준이다. 간과할 수 없는 것은 이 오성결집이 다름 아닌 루성 부근에서 발생하였다는 점이다. 정확히 표현하자면 루성에서 규성(奎星)과 벽성(壁星)에까지 걸쳐 있는 오성결집이지만, 루성 쪽에 더 많이 몰려 있는 형태인 것은 분명하다.

앞서 살펴보았듯 『단기고사』의 위작 연대는 1949년에 가까운 어느 시기로 지목되고 있다. 그런데 그 위작 연대와 가까운 시기에 실제로 오성결집이 있었고, 그것도 하필이면 루성 부근에서 발생하였다. 우연의 산물로 보기에는 공교로운 일이다.

혹자는 1940년에 발생한 이 천문 현상은 오성의 결집도가 떨어지고, 일부 행성은 루성의 범위에서 벗어났기 때문에 '오성취루'로 인정할 수 없다고 주장할지도 모르겠다. 그렇다면 이렇게 되묻고 싶다. 날짜를 가린 채 1940년 3월 5일 저녁에 발생한 오성결집을 보여 주며 이것이 기원전 1734에 발생한 것이라고 했을 때도 똑같은 잣대를 대어 이것은 '오성취루'가 아니라고 판정할 수 있겠는가 하고 말이다. 아마 힘들 것이다.

따라서 필자는 1940년에 발생한 이 천문 현상이야말로 『단기고사』에 실려 있는 '오성취루'의 실체일 가능성이 높다고 생각한다. 이상한 일도 아니다. 『단기고사』는 원래 그런 책이기 때문이다.

조수 현상 문제

박창범이 오성취루 외에 주목한 현상으로 조수 현상이 있다. 『단기고사』와 『환단고기』「단군세기」에는 다음과 같은 기록이 실려 있다.

남해의 조수가 3척 물러났다.[南海潮水退三尺][21]

박창범의 계산에 따르면 29대 단군 마휴 9년은 B.C. 935년이다. 이 해에는 특별한 일이 없었으나 4년 후인 B.C. 931년 11월 22일에 전후 200년간 가장 강한 조석력이 지구상에 미쳤다고 한다. 박창범은 문헌기록에서 4년 떨어진 해에 200년간 가장 큰 조석력이 발생했다는 점에 주목하며 이 기록이 전혀 근거 없이 임의의 시기를 선택했을 경우 B.C. 931년에 지구에 미친 조석력과 같거나 더 강한 조석력이 발생한 때가 기록이 있는 해로부터 우연히 4년 이내에 있을 확률은 $1 \times 8/200 = 0.04$에 불과하다고 계산하였다.

조석력은 조수면과 밀접한 관련이 있다. 지구가 받는 조석력은 달과 태양의 중력에 의하여 지구 중심이 받는 힘과 지구 표면이 받는 힘의 차이에 기인한다. 박창범은 지구에 미치는 조석력의 크기를 계산한 후 이를 근거로 사서에 기록된 조수면이 낮아지는 현상이 실제로 발생하였다고 판단했다. 논문에서 직접적으로 언급하지는 않았지만 확률을 제시하는 태도 등을 보았을 때 이를 오성취루 현상과 마찬가지로 『단기고사』와 『환단고기』「단군세기」의 신뢰성을 확보하는 근거로 보았음은 물론이다. 그러나 그가 논문에 제시한 도면을 꼼꼼히 살펴보면 이상한 점이 확인된다.

『단기고사』와 『환단고기』「단군세기」에서는 남해의 조수가 3척 물러났다고 하였다. 1척(尺)은 현재 단위로 약 30cm이므로 3척이라면 대략 1m라고 볼 수 있다. 해당 기록 자체가 워낙 옛날의 사건을 기록한 것인 데다 단군조선인들의 도량형에선 1척이 반드시 30cm를 가리키는 것이 아닐 수도 있지만,

---

21) 『환단고기』「단군세기」29대 단군 마휴 9년.

〈그림 5〉 조석력과 조수 최저수위의 상관성(인천만, 1992~1993)

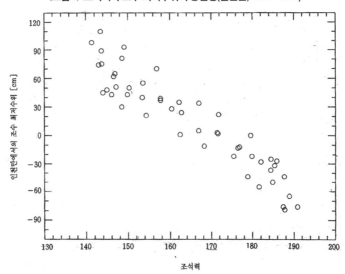

〈그림 6〉 B.C. 935년 전후 200년간 조석력의 변화

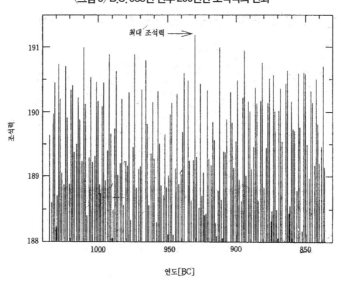

사서에까지 기록이 남겨진 것을 보면 당시 조수면의 수위가 주목할 만큼 많이 내려간 결과로 판단할 수 있을 것이다. 그런데 조수면의 수위 차이가 1m 이상 나려면 대략 어느 정도의 조석력 차이가 발생해야 하는 것일까?

박창범이 조석력과 조수 최저수위의 상관성을 보이기 위해 제시한 〈그림 5〉를 참고하면 약 20~40 정도의 조석력 변화가 필요하다는 사실을 알 수 있다. 문제는 이 수치를 〈그림 6〉에 대입했을 때 발생한다. 박창범의 논문에서 〈그림 6〉의 역할은 B.C. 931년에 전후 200년간 가장 강한 조석력이 발생했다는 사실을 나타내는 데 있다. 그런데 도면을 살펴보면 200년간 최대 수치라는 B.C. 931년의 조석력이 191을 약간 넘는 수준이라는 사실과 함께, 전후 200년 동안 조석력이 190 이상의 크기로 발생한 횟수가 50회가 넘는다는 사실을 알 수 있다. 심지어 〈그림 6〉에 보이는 최저단위인 188의 조석력을 〈그림 5〉에서 찾아보면, 200년간 최대 조석력이라는 191보다도 조수면의 수위가 낮은 경우조차 발견할 수 있다.

이 두 도면을 통해 알 수 있는 것은 200년간 최대의 크기로 발생했다는 B.C. 931년의 조석력 수치가 사실 별 의미가 없다는 사실이다. 조석력의 크기가 조수면의 높낮이에 미치는 영향력이 이처럼 낮은 수준이라면 이를 사서 내용의 신빙성을 판단하는 근거로 사용할 수는 없다.

또 한 가지 문제점은 박창범이 조수 현상의 실현 여부를 긍정적으로 검토하는 과정에서 기록상의 연대와 실제 현상이 4년의 오차가 있을 수 있음을 간접적으로 인정하고 말았다는 점이다. 필자는 앞서 오성취루 기록을 검토할 때 『단기고사』와 『환단고기』 「단군세기」에 실려 있는 누런 학의 기록이 6년의 시간차를 보이고 있다는 점을 지적하였다. 『단기고사』와 『환단고기』 「단군세기」의 연대가 이처럼 불안정하다는 것을 인정한다면, 오성취루 현상이 발생했다고 하는 흘달 50년이 박창범이 생각한 대로 B.C. 1733년이 맞는지 더욱 불확실해진다. 자연히 사서의 오성취루 기록 연대와 오성결집이 실제로 일어난 B.C. 1734년이 1년의 오차밖에 보이지 않는다고 강조하였던 것도 그 의미가 퇴색될 수밖에 없다.

올바른 학제 간 연구를 위하여

이상의 내용을 토대로 판단할 때 『단기고사』와 『환단고기』「단군세기」의 천문현상기록을 활용해 사서의 신뢰성을 검증하려 한 박창범의 시도는 실패한 것으로 보인다. 오히려 이들 사서가 믿을 만한 사료의 자격을 전혀 갖추지 못하였다는 정반대의 결론을 내릴 수밖에 없다.

박창범은 자신의 논문에서 천체 현상의 기록은 "주관적이거나 후세에 의한 첨삭·왜곡의 가능성이 큰 다른 역사적 사건들과 중요한 차이를 갖는다"고 하였으며 "자연현상 기록들은 변조될 여지가 별로 없다"고도 하였다. 하지만 이는 사실이 아니다. 전근대 동아시아에서 천문 현상은 정치적 목적에 이용된 경우가 많았다. 지상의 권력자가 천명을 받았음을 증명하는 유용한 도구가 천문 현상이었기 때문이다. 전근대 역사서들이 굳이 일식과 혜성의 출현 등 천문기록들을 꼼꼼하게 기재한 이유도 이 때문이다.

천문 현상을 권력과 연결하여 해석하는 것이 일반적이었던 동아시아의 전통을 감안한다면, 수천 년 전의 내용을 담고 있다고 주장하는 위서를 조작하는 과정에서 가짜 천문 현상들을 만들어 삽입하는 것은 너무도 당연한 일이라 하겠다. 박창범의 연구가 가진 한계는 이러한 조작 가능성을 지나치게 경시하고 외면하였다는 점이다.

　사료가 부족한 고대사를 연구할 때 천문학을 비롯한 자연과학의 접목은 참신하고 긍정적인 시도이다. 그러나 자연과학에서의 실험 결과 하나로 기존 역사학계의 연구성과를 송두리째 뒤집을 수 있다고 생각하는 것은 바람직하지 않다. 올바른 학제 간 연구를 위해서는 자연과학과 역사학이 각자의 영역을 존중하고 합리적으로 의견을 조율하여 협력적인 관계를 구축하는 것이 중요하다.

고구려·백제·신라는 한반도에 없었다?

사이비역사 연구자들의 주된 관심사는 고조선이다. 하지만 개중에는 다른 시대에 관심을 두는 경우도 있다. 그중 하나가 고구려·백제·신라가 모두 한반도가 아닌 대륙에 존재하였다는 주장이다.

대표적으로 1994년에 출간된 『고구려·백제·신라는 한반도에 없었다』(정용석, 동신출판사)라는 책이 있다. 이 책의 저자인 정용석은 본래 기상청에서 일했다고 한다. 그 때문인지 주장의 근거로 『삼국사기』의 자연재해나 기상과 관련된 기록을 적극적으로 이용한다. 예를 들어 이런 식이다. 특정 연도에 신라에서 비가 많이 와 홍수가 났다는 기록이 있는데, 같은 연도의 백제 기록에는 그런 이야기가 없다고 한다. 좁은 한반도 안에 삼국이 있었다면 신라와 백제에는 동시에 홍수가 나야 하는데 기록상으로는 그렇지 않으므로 이는 신라와 백제의 거리차가 매우 큰 곳, 즉 대륙에 있었다는 증거라는 것이다. 그 외에 『삼국사기』에는 메뚜기에 의한 피해가 많이 기록되어 있는데 한반도에는 그런 메뚜기떼가 존재하지 않는다든지, 지진 기록이 많이 남아 있는데 한반도는 지진이 일어나지 않는 지역이라든지, 토함산에서 화산이 폭발하였다는 기록이 있는데 지금의 경주 토함산은 화산이 아니라든지 하는 것을 근거로 제시한다.

이 같은 내용은 검증되지도 않은 저자의 선입견에서 비롯된 터무니없는 주장에 불과하다. 그의 주장대로라면 백제의 수도였던 서울이나 부여·공주 지역과 경주 지역은 항상 동시에 홍수가 나야 한다. 하지만 그렇지 않다는 사실은 우리 모두가 잘 알고 있다. 메뚜기떼나 지진의 피해는 『조선왕조실록』에도 다수 기록되어 있다. 한반도에서도 얼마든지 일어날 수 있는 재해인 것이다. 토함산의 '화산 폭발' 기록이라는 것도 지극히 자의적 해석이다. 실제로는 "토함산의 땅이 탔다(吐舍山地燃)"(『삼국사기』 신라본기 5, 무열왕 4년)는 식의 표현에 불과하다. 이를 '화산 폭발'로 단정하는 것은 무리이다. 이러한 재이 기록은 상징성을 담은 은유일 수도 있고, 혹은 가스 분출로 인한 화재를 의미할 수도 있다. 실제로 경주 부근인 포항에는 천연가스가 매장되어 있음이 확인된 바 있다.

고구려·백제·신라가 한반도가 아닌 대륙에 있었다는 위와 같은 주장을 '대륙 삼국론'이라고 한다. 이는 '대륙 고려설', '대륙 조선설', 심지어 '대륙 대한제국설'이라는 황당무계한 아류들까지 낳았다. 두말 할 것 없이 전형적인 사이비역사이다. 서점에는 정도의 차이가 있을 뿐 이런 수준 미달의 책들이 역사 코너를 가득 채우고 있다. 역사에 관심을 가지고 있는 독자들이 교양에 도움이 되는 좋은 역사 서적을 고를 수 있도록 스스로 안목을 키우고 주의를 기울여야 하는 이유이다.

단군
—역사와 신화, 그리고 민족

이승호

우리가 물이라면 새암이 있고, 우리가 나무라면 뿌리가 있다 / 이 나라 한아버님은 단군이시니, 이 나라 한아버님은 단군이시니 // 백두산 높은 터에 부자요 부부, 성인의 자취 따라 하늘이 텄다 / 이 날이 시월 상달에 초사흘이니, 이 날이 시월 상달에 초사흘이니 // 오래다 멀다 해도 줄기는 하나, 다시 필 단목잎에 삼천리 곱다 / 잘 받아 빛내오리다 맹세하노니, 잘 받아 빛내오리다 맹세하노니—〈개천절 노래〉(작사 정인보, 작곡 김성태)

우리가 〈개천절 노래〉를 부르기까지

위의 〈개천절 노래〉는 위당 정인보(鄭寅普)가 작사하고 〈새야새야 파랑새야〉를 오선지에 처음 옮겼던 김성태(金聖泰)가 작곡하였다. 어린 시절 누구나 한 번쯤 들어보거나 불러보았을 이 노래는 지금도 매년 10월 3일 개천절 경축식에서 제창되고 있다. 노래에 등장하는 '이 나라 한아버님' 단군왕검(檀君

王儉)이 이 땅에 내려와 고조선을 건국한 날은 기원전 2333년 음력 10월 3일, 이 날을 '개천절'이라 처음 명명한 단체는 대종교였다.

대종교에서 개천절을 처음 기념한 것은 1909년 11월 15일(음력 10월 3일)이었다. 이후 개천절 행사는 대종교만의 행사가 아닌 국민적 행사로 여겨지고 치러졌다고 한다. 일제가 한국을 강점한 1910년에도 개천절 기념행사가 거행되었으며, 일제강점기를 통하여 대종교의 기념일로 계속되었을 뿐만 아니라 상해임시정부에서도 공식 기념일이었다.[01] 그리고 해방 이후 지금까지도 날짜만 음력에서 양력으로 바뀌었을 뿐 여전히 국경일로 기념하고 있다.

올해는 단기로 4349년이 되는 해이다. 그렇다. 지금 우리는 단군왕검이 나라를 열었다는 기원전 2333년으로부터 4,300여 년이 지난 시점을 살고 있다. 때문에 한국사를 흔히 '반만년의 역사'라고도 한다. 이 단기 연호는 5·16 군사쿠데타 이후 군부독재 정권에 의해 폐지되기 전까지 한국에서 공식적으로 사용되기도 하였다.

그런데 기원전 2333년에 단군이 고조선을 건국했다는 것을 우리는 어떻게 알게 된 것일까. 단군에 대한 가장 오래된 기록은 『삼국유사』와 『제왕운기』에 실려 있다. 『삼국유사』는 1281년(충렬왕 7)에 승려 일연에 의해 편찬되었고, 『제왕운기』는 이승휴가 1287년(충렬왕 13)에 지은 서사시이다. 이들 문헌의 집필 배경에 대해서는 뒤에서 다시 살펴보도록 하고, 여기서는 우선 양자가 담고 있는 내용을 비교 검토하면서 기원전 2333년 10월 3일의 의미를 찾아가보도록 하자.

---

01) 서영대, 「근대 한국의 단군 인식과 민족주의」, 『동북아역사논총』 20, 2008, 41~43쪽; 정영훈, 「개천절, 그 '만들어진 전통'의 유래와 추이 그리고 배경」, 『단군학연구』 23, 2010, 416~422쪽.

내용	『삼국유사』	『제왕운기』
전사 (前史)	권2, 기이 상, 고조선 / 『고기(古記)』 인용: 천신 환인의 서자 환웅은 환인에게서 세 개의 천부인을 받고 삼천 무리를 거느리고 태백산 신단수 아래로 강림하여 신시를 건설하고 풍백·우사·운사를 거느리고 세상을 다스림.	전조선기(前朝鮮紀) / 『본기(本紀)』 인용: 상제 환인의 서자 웅(雄)이 하늘로부터 세 개의 천부인을 받고 삼천 무리를 거느리고 태백산 신단수 아래로 강림하였는데, 이 사람이 단웅천왕(檀雄天王).
출생	권2, 기이 상, 고조선 / 『고기(古記)』 인용: 곰과 호랑이가 인간이 되게 해달라고 기원했고, 환웅의 지시를 충실히 따른 곰이 인간 여자로 변하여 환웅과 혼인, 단군왕검을 낳음.	전조선기(前朝鮮紀) / 『본기(本紀)』 인용: 손녀에게 약을 먹여 인간의 몸으로 만들고 단수신(檀樹神)과 혼인시키니, 여기서 단군이 탄생함.
건국	권2, 기이 상, 고조선 / 『고기(古記)』 인용: 단군왕검은 중국 요 임금 50년 경인년 평양성에 도읍하고 조선이라 하였으며, 또 백악산 아사달로 도읍을 옮김.	전조선기(前朝鮮紀) / 『본기(本紀)』 인용: 중국의 요 임금 원년인 무진년에 조선 지역에서 왕이 됨. 신라기(新羅紀) / 단군 원년에서 고려 태조 18년(935)까지는 3,288년이 됨.
최후	권2, 기이 상, 고조선 / 『고기(古記)』 인용: 단군은 1,500년 간 나라를 다스렸는데, 주 무왕 원년 기묘년에 무왕이 기자를 조선에 봉하자 곧 장당경으로 옮겼다가 뒤에 아사달로 돌아와 산신이 됨. 이때 나이가 1,908세.	전조선기(前朝鮮紀) / 『본기(本紀)』 인용: 1038년 뒤인 은나라 무정(武丁) 8년에 아사달에 들어가 신이 됨. 후조선기(後朝鮮紀) / 주 무왕 원년 기묘년에 기자가 와서 후조선을 세움.
후손	권2, 기이 상, 고구려 / 『단군기(檀君記)』 인용 세주: 단군은 서하(西河) 하백의 딸과 혼인하여 부루를 낳음.	한사군 및 열국기(漢四郡及列國紀) / 『단군본기(檀君本紀)』 인용: 비서갑(非西岬) 하백의 딸과 혼인하여 부루를 낳음.
기타	권2, 기이 상, 고조선 / 『위서(魏書)』 인용: 2,000년 전 단군왕검이 아사달에 도읍하여 조선을 건국하니 시기는 요 임금과 같은 때임. 권1, 왕력 주몽은 단군의 아들.	전조선기(前朝鮮紀) / 『본기(本紀)』 인용: 시라(尸羅)·고례(高禮)·남옥저·북옥저·동부여·북부여·예맥·비류국은 모두 단군의 후예임.

〈표 1〉은 『삼국유사(三國遺事)』와 『제왕운기(帝王韻紀)』에 실린 단군 관련 기록을 요약 제시한 것이다. 표에서도 알 수 있듯이 두 문헌은 몇몇 부분에서 내용상 차이를 보이지만 ① 고려 이전 시대의 역사를 통틀어 고조선(전조선)이 최초의 국가였다는 점, ② 단군은 범인과는 다른 신이한 출생담을 가진 고조선(전조선)의 건국 시조라는 점, ③ 그는 중국 요(堯) 임금 시절에 나라를 세

우고 일천 년 넘게 다스렸다는 점, ④ 최후로 아사달(阿斯達)에 들어가 산신이 되었다는 점 등에서는 같거나 유사한 내용을 전하고 있다.

그런데 단군이 고조선을 건국한 시점에 대해 일연(一然)은 『고기(古記)』를 인용하여 요 임금이 즉위한 지 50년인 '경인년'이라 썼던 반면, 이승휴(李承休)는 『본기(本紀)』에 근거하여 요 임금 원년인 '무진년'이라 쓰고 있다. 한편 일연은 세주를 달아 '요 임금의 즉위년은 정사년'이라 하며 『고기』의 기록에 의심을 품기도 했다.[02] 아무튼 두 문헌은 서로 연대의 차이를 보이면서도 대체로 중국의 요 임금 시대에 고조선이 건국되었다는 데 의견의 일치를 보고 있다. 특히 이승휴는 단군 원년에서 고려 태조(太祖) 18년(935)까지 3,288년의 세월이 흘렀다고 하였는데, 이렇게 볼 경우 고조선의 건국 연대는 기원전 2353년이 된다. 하지만 고조선이 건국되었다는 기원전 2333년이라는 시점은 어디서도 확인되지 않는다.

일단 고조선이 중국 요 임금 시대에 건국되었다는 데 두 문헌이 일치하는 만큼, 요 임금의 즉위 연대를 알 수만 있다면 문제는 간단히 풀릴 것 같다. 그러나 요 임금은 중국 역사상 초기 임금으로 전설상의 인물이다. 때문에 그가 왕위에 오른 연대는커녕 그가 실제인물인지조차 확신할 수 없다. 다만 송나라 때 들어 소강절(邵康節)이라는 학자가 요 임금의 개국 시기를 기원전 2357년으로 추정한 바 있고, 이것을 사마광(司馬光)이 『자치통감(資治通鑑)』에 인용하기도 했는데, 실상 이는 어떠한 역사적 근거도 없는 무의미한 추정일

---

02) 요 원년을 무진년으로 보는 설은 북송(北宋) 유서(劉恕, 1032~1078)의 『자치통감외기(資治通鑑外紀)』에서 처음 제시된 것이며, 갑진년으로 보는 설은 서진(西晉) 황보밀(皇甫謐)의 『제왕세기(帝王世紀)』나 송(宋) 소옹(邵雍, 1011~1077)의 『황극경세서(皇極經世書)』 등에 근거한 것이라 한다. 서영대, 「전통시대의 단군인식」, 『단군학연구』 창간호, 1999, 57쪽 및 68쪽 각주 41번 참조.

뿐이었다.[03]

그런데 허무하게도 기원전 2333년이라는 단기의 시작점은 바로 여기에 근거하고 있다. 단기 연대를 기원전 2333년으로 못박은 것은 조선시대에 들어와 『동국통감(東國通鑑)』을 편찬할 때의 일이었다. 『동국통감』 편찬 시 서거정(徐居正)은 단군이 요와 더불어 무진년에 함께 즉위하였다고 전하는 『고기(古紀)』의 기록에 의심을 품으며, 요 임금이 즉위한 것은 상원(上元) 갑자인 갑진년이니 단군 즉위는 그 25년 뒤인 무진년이었을 것이라 추정하였다. 결국 이 의견이 받아들여지면서 단기의 시작이 기원전 2333년으로 결정된 것이다. 실상 여기에는 어떠한 역사적 사실성도 담겨 있지 않았다. 때문에 해방 이후로도 한국 사회 일각에서는 단기 연호의 허구성 문제가 여러 차례 지적되었다.[04]

그럼 '10월 3일'이라는 날짜는 또 어떨까. 실상 이 날짜 또한 어디서 근거하였는지 불확실하다. 단군에 관한 가장 오래된 문헌인 『삼국유사』와 『제왕운기』뿐만 아니라 『동국통감』을 비롯한 조선시대 역사서에도 '10월 3일'과 관련된 기록은 보이지 않는다. 다만 조선 초 이래로 국가 차원에서 행해진 단군 관련 제례나 풍습을 전하는 문헌에서 그 제사 시기를 봄·가을이라 언급하고 있음을 주목해 이를 3월 15일(어천절, 단군이 승천한 날)과 10월 3일(개천절, 단군이 강림한 날)로 추정하고 그와 같은 전승이 조선시대 이전부터 존재했을 것

---

03) 송호정, 『단군, 만들어진 신화』, 산처럼, 2004, 48쪽.

04) 이와 같은 지적은 1948년 11월 19일자 『경향신문』 3면에 실린 유홍렬의 칼럼 「단군 기원의 유래」에서 찾아볼 수 있는데, 그는 여기서 허구성이 짙은 단기의 사용을 고집하지 말고 서기를 사용할 것을 주장했다. 또 1961년 11월 13일자 『경향신문』 4면의 「공용 연호 변경에 대한 각계 의견」에서는 유홍렬을 비롯하여 주요섭, 이숭녕, 조지훈 등이 단기 연호 폐지에 찬성하는 의견을 개진하였다.

으로 짐작할 뿐이다.[05] 요컨대 단군이 고조선을 건국했다는 '기원전 2333년 음력 10월 3일'이라는 날짜는 '상상의 시간'에 지나지 않는다.

그렇다면 단군이 기원전 2333년 음력 10월 3일에 이 땅에 처음 내려와 나라를 세우고 지금에 이르렀다는 반만 년의 역사는 어떻게 만들어진 것일까. 지금부터 '만들어진 전통(Invented Tration)'[06]으로서의 개천절이 탄생하기까지, 바꾸어 말하면 긴 세월을 통해 단군이 오늘날 '민족의 시조'로 기억되기까지의 과정을 살펴보려고 한다. 우선 논의의 기초 자료가 될 단군신화에서부터 접근해보는 것이 순서일 듯하다. 하늘신의 아들인 환웅(桓雄)과 곰 여인 사이에서 태어나 고조선을 건국하고 천오백 년간 나라를 다스리다 최후에는 아사달산(阿斯達山)의 산신이 되었다는 신비롭고 기이한 단군의 이야기가 바로 그것이다.

주몽은 되지만 단군은 안 된다?

우리가 잘 아는 고대 한국의 건국신화는 신비한 이야기로 가득 차 있다. 알에서 태어났다는 주몽(朱蒙)과 박혁거세(朴赫居世), 6가야 왕들의 탄생담부터 부여군의 추격을 피해 달아나던 주몽을 위해 물고기와 자라가 떠올라 강

---

05) 정영훈, 앞의 글, 2010, 407~408쪽.

06) 에릭 홉스봄 지음, 박지향·장문석 옮김, 「서장: 전통들을 발명해내기」, 『만들어진 전통』, 휴머니스트, 2004. 개천절은 홉스봄이 제시한 '만들어진 전통'의 서로 중첩되는 세 가지 유형 중 첫 번째 유형, 즉 "특정한 집단들, 실재하는 것이든 인위적인 것이든 공동체들의 사회 통합이나 소속감을 구축하거나 상징화하는 것들"(같은 책, 33쪽)에 대응하는 사례로 볼 수 있다.

을 건널 수 있도록 도와주었다는 등의 전승이 그것이다. 이러한 이야기들은 모두 기이하면서도 환상적인 창업주의 개국 영웅담, 바로 건국신화의 한 요소로 자리하고 있다. 즉 세계 여러 지역의 역사 시작이 그러하듯이, 한국에서도 고대국가의 성립 과정은 신화의 형식을 통해 전승되었던 것이다. 그리고 그 첫머리를 장식한 것은 바로 한국 역사상 첫 번째 국가라 할 수 있는 고조선의 건국신화, 곧 단군신화라 할 수 있다.

하지만 오늘날 '단군신화'라는 말을 입에서 꺼내는 순간 식민사관에 빠져 있다는 말을 듣기 십상이다. 이른바 '강단사학'이라 불리는 학계의 연구자들은 '단군신화'라는 용어 하나로 식민사학자로 몰리기도 한다. 서점에 진열된 고조선 혹은 한국 고대사 관련 대중서를 몇 권 들추어보면 금세 '단군신화'라는 표현의 부당성을 지적하는 책들을 여러 권 볼 수 있다. '단군신화'라는 용어를 일제강점기 식민사학자들이 만들어낸 표현으로 여기고 강한 거부 반응을 보이는 현상은 우리 사회 일각에 분명 존재하고 있다. 그리고 이 거부감은 사실 그 나름의 오랜 전통을 지니고 있다.

한국 고대사학회(회장 안호상)가 25일 국정 국사 교과서가 단군 개국을 완전히 신화로 규정, 한국사의 상한(上限)을 대폭 위축시킴으로써 일제 식민지 사관을 그대로 도습한 역사교육을 강요하고 있다는 내용의 성명서를 발표한 뒤를 이어 26일에는 재건국민운동 중앙본부에서 '국사 교과서 평가회'를 열어 단군신화론에 대한 공개비판을 가졌다.

각계 인사 76명이 서명한 25일의 고대사학회 성명서는 단군조선의 1,048년, 기자조선의 928년, 부여조선 164년 등 2,140년간의 역사를 새 교과서가 신화로 돌림으로써 우리 역사의 출발을 위만(衛滿)으로 잡은 것은 단군 개국의 사실을

부정하고 한국사를 4,300년으로부터 2,000년으로 줄였으며 우리를 시조(始祖) 없

는 민족으로 만들었다고 지적했다.[07]

위의 자료에서 볼 수 있듯이 '단군을 신화로 볼 것인지, 사실로 볼 것인지'

에 대한 논쟁은 가깝게는 1970년대 국정 국사 교과서 파동에서부터 확인된

다. 당시 안호상(安浩相)이 회장으로 있었던 한국 고대사학회(韓國古代史學會)의

주장을 요약하면 곧 '새 교과서는 단군의 개국 사실을 신화로 치부해버림으

로써 일제 식민지 사관을 그대로 도습한 역사교육을 강요하고 있으며, 한국

사를 4,300년으로부터 2,000년으로 줄여서 우리를 시조도 없는 민족으로 만

들었다'는 것이다. 이와 같은 논쟁과 갈등이 이후 어떤 양상으로 전개되었

는지까지 여기서 설명할 여유는 없지만, 어쨌든 이로 인해 촉발된 논란은

1980년대 말까지 상당히 오랫동안 큰 이슈로 회자되었다.[08]

흥미로운 점은 이러한 1970년대의 주장이 오늘날 사이비역사학계에 그대

로 계승되어 여전히 강고하게 주장되고 있다는 사실이다. 이미 지적되었듯

이 사이비역사학의 특징은 우리 민족의 우월성에 대한 강조와 광대한 고대

영토에 대한 집착, 그리고 음모론이며, 이들은 수십 년에 걸친 지속적인 선

전·선동으로 광범위한 대중화에 성공하였다.[09] 그리고 그들에게 있어 단군

은 웅대한 한국 고대사의 시작을 알린 존재이자 한민족의 시조로서 추앙되

고 있다.

07) 「神話냐 事實이냐―치열해진 '檀君 開國' 논쟁」, 『동아일보』 1974. 7. 27, 5면.

08) 김한종, 『역사교육으로 읽는 한국현대사』, 책과함께, 2013, 253~266쪽.

09) 기경량, 「사이비역사학과 역사 파시즘」, 『한국 고대사와 사이비역사학』, 역사비평사, 2017, 26~28쪽.

기원전 24세기에 건국한 단군조선이 실제로 존재했다는 사실은 교과서에서는 철저하게 부인된다. 고조선은 아무리 빨라야 기원전 15세기 이전에 건국될 수 없으며, 실제 역사상에 제 모습을 드러내는 것은 기원전 3세기부터이다. 이는 무엇을 뜻하는 것인가? 단군조선은 존재하지 않았으며 기자조선의 실재는 부인하니까 사실상 위만조선만 실재했다고 인식하고 있는 것이다. 이 경우 우리 역사의 시작은 연나라에서 망명한 위만으로부터 시작하게 된다.[10]

핵심 이유는 뭐냐면 '어떤 누구의 프레임으로 역사를 보는가'라는 게 가장 중요한 건데요. 단군을 갖다가 뭐 '신화다. 역사적 사실이 아니다'라고 주장하기 시작한 것은 일제 식민사학자들입니다. 그런데 일제시대에는 이게 별로 성공을 못 거두었어요. 워낙 일본 사람들이 역사를 왜곡하는 것을 알기 때문에. 그런데 해방 이후에도 일제 식민사학의 후예들이 계속 역사권력을 장악하면서 이 사람들이 소위 자기들은 '신민족주의 사학자다'라고 하면서 단군 사실을 갖다가, 사화를 계속 신화로 몰아붙이니까 일반 국민들이 '우리 역사학자가 주장하는 거니까 근거가 있지 않겠느냐'라고 생각해서 해방 이후에 오히려 신화라는 인식이 더 퍼져 나갔는데요.[11]

위의 주장은 1970년대 국사 교과서 파동이 촉발되던 당시 한국 고대사학회의 성명서 논리와 매우 닮아 있다. 이쯤 되면 '단군신화'라는 말이 일제 식민사학의 잔재로서 단군과 이천여 년의 고조선 역사를 배제한 용어라는 저

---

10) 이덕일, 『고조선은 대륙의 지배자였다』, 역사의 아침, 2006, 24쪽.
11) MBC 라디오 〈손석희의 시선집중〉 한가람역사문화연구소 이덕일 소장 인터뷰 중(2012. 10. 1).

들의 주장을 일면 이해할 수 있을 것 같기도 하다. 곧 '단군신화'라는 표현은 단군을 역사상의 인물이 아닌 신화 속 인물로 치부하는 말로서, 이는 기원전 24세기 무렵에 건국된 단군조선의 역사를 부정하는 일제 식민사관을 추종하는 것과 같다는 논리이다.

그런데 이러한 주장의 타당성을 따지기 이전에 한 가지 확인해야 할 사항이 있다. 즉 '단군신화'라는 용어는 정말 일제강점기 식민사관 속에서 만들어진 것인가 하는 점이다. 문제는 일제강점기에 '단군신화'라는 표현을 사용한 일본인 역사학자를 찾아보기 어렵다는 사실이다. 이는 지난 2015년 12월 17일 동북아역사재단 주최로 열린 상고사 학술회의에서 서영대 교수의 「단군, 신화인가? 역사인가?」 발표를 통해 명확히 확인된 바 있다. 1890년대부터 일본인들은 단군 문제를 본격적으로 거론하기 시작하였는데, 그들은 '신화'라는 표현 대신 '전설' 혹은 '설화'라는 말을 썼다.[12] 오히려 '단군신화'라는 표현은 당시의 한국 학자들 글에서 찾아볼 수 있는 용어였다.[13] 따라서 '단군신화'라는 말이 식민사관과 연결되어 있다는 주장은 성립되기 어렵다는 것이다. 사실 생각해보면, 일제강점기 동안 줄곧 한민족의 시조로 추앙되었던 단군에게 '신성한 이야기'라는 의미를 내포한 '신화'라는 용어를 붙여

---

12) 일제강점기를 전후하여 일본 역사가들이 쓴 단군 관련 논문을 몇 편 꼽아보면 대략 다음과 같다. 那珂通世, 「朝鮮古史考」, 『史學雜誌』 5-4, 1894; 白鳥庫吉, 「朝鮮の古傳說考」, 『史學雜誌』 5-12, 1894; 「檀君考」, 『學習院輔仁會雜誌』 28, 1894; 今西龍, 「檀君の說話に就て」, 『歷史地理(臨時增刊 朝鮮號)』, 1910; 「檀君考」, 『靑邱說叢』, 1929; 『朝鮮古史の硏究』, 近澤書店, 1937; 小田省吾, 「檀君傳說に就て」, 『朝鮮史講座』, 1924 등. 여기서는 모두 '전설' 혹은 '설화'라는 용어를 쓰고 있다.

13) 一熊, 「檀君神話」, 『開闢』 창간호, 1920; 崔南善, 「壇君論」, 『東亞日報』, 1926; 「壇君神典에 들어 있는 歷史素」, 『中外日報』, 1928; 『六堂崔南善全集』 2, 현암사, 1973; 백남운, 「緖論 제2장: 단군신화에 대한 비판적 견해」, 『朝鮮社會經濟史』, 1933; 김태준, 「檀君神話硏究」, 『朝鮮中央日報』, 1935; 이청원, 「檀君神話에 對한 科學的 批判」, 『朝鮮中央日報』 1936.

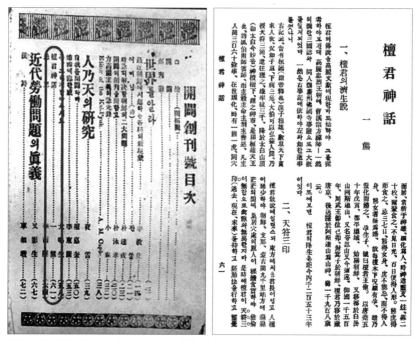

『개벽』창간호 목차(좌)와 一態의「檀君神話」(우) '단군신화'라는 표현은 『개벽』창간호(1920)에
실린 一態 의 「檀君神話」에서 처음 확인된다.

준 것이 바로 일본 역사가들이었다는 의심은 오히려 너무 순진한 생각이었
던 것이다.

한국 역사의 여명을 알리는 '신화의 시대'에 대한 당시 한국 학자들의 인
식을 살펴보는 데 있어 1908년 단재 신채호(申采浩)가 발표한 「독사신론(讀史
新論)」의 다음과 같은 언급에 주의를 기울여볼 필요가 있다.

무릇 삼국 이전에는 우리 동국민족(東國民族)이 아직 신시시대(神視時代)라. 그
러므로 당시 영철(英哲)은 모두 신화에 의하여 인민을 꾀어 모았는데, 고구려·신
라·가락국(麗羅駕) 세 나라(원문에는 "두 나라二國"라고 되어 있으나, 고구려·신라·가야를 가리키므로

"세 나라"로 수정함—인용자)의 심히 같은 신화가 매우 많으니, 고주몽(高朱蒙)도 알에서 나왔다 하며, 혁거세(赫居世)·김수로(金首露)도 알에서 나왔다 하며, 석탈해(昔脫解)도 알에서 나왔다 하고, 고주몽이 송양(松讓)과 기묘한 재주(奇術)를 겨룸에 매(鷹)가 되고 수리(鷲)가 되고 까치가 되었다 하였는데, 석탈해가 수로왕(首露王)과 기묘한 재주를 겨룸에도 매가 되고 수리가 되고 까치가 되었다 하였고, 해모수(解慕漱)가 천제(天帝)의 아들이라 자칭하였는데, 가락국(駕洛國)의 신정(神政)도 천신(天神)이 낳은 바라 하였으니, 같은 땅 같은 종이 낳은 바가 아니면, 어찌 이와 같이 같으리오 이것이 그 첫째요

즉 신채호는 삼국시대 이전의 역사에 대해 '신시시대(神視時代)'라 하여 신화에 의해 인민이 결집되는 시대, 곧 '신화의 시대'로 인식하고 있었다. 한편 최남선(崔南善)은 1926년에 쓴 「단군론(檀君論)」에서 다음과 같이 말했다.

시방까지의 단군전(檀君傳)을 전하는 그대로 볼 양이면, 아무리 두둔하여 말하여도 그것이 하나의 신화(神話)요, 하나의 전설(傳說)이요, 역사적으로 믿을 만한 글이 아님이 물론이다. 그 신괴(神怪)한 이야기의 의미를 가져다가 사실로 보고 사적(史蹟)으로 만드는 것은 아무래도 생각할 일이 아닐 것이다. 그러나 (…) 시방 사람으로 보아서 믿지 못하겠다 할 것이기 때문에 옛사람이 믿던 것임이 도리어 밝아도 지고, 옛사람이 믿던 것이기 때문에 그 가운데서 어느 종류의 역사적으로 남겨진 보배, 그렇지 못하여도 인류학적·민족학적인 새로운 빛이 기대되는 것이다. 혹시라도 이것이 한낱 하나의 신화, 고대의 하나의 민중시(民衆詩), 하나의 원시 철학임에 그치지 아니하고, 확실한 사실적 배경을 가져서 얼마만큼이라도 역사적 암흑을 쓸어 헤치는 도움이 된다 하면, 이것은 도리어 기대치 못

한 소득이라고도 할 것이다.[14]

일제강점기 단군 연구의 최전선에 서 있었던 최남선 또한 단군을 신화로 인정하면서도 오히려 그와 같은 시각 속에서 단군신화를 인류학·역사학적으로 검토할 필요성을 역설하였다. 즉 당시 한국 학자들에게 단군을 바라보는 시각의 차이는 존재했을지라도 단군의 시대는 곧 '신화의 시대'였으며, 그들에게 '단군신화'라는 말은 그 시기를 규정하는 어찌 보면 당연한 표현이었다.

또 한 가지 재미있는 사실은, 우리가 잘 아는 '주몽신화'의 주인공, 즉 알에서 태어나 신비한 능력을 바탕으로 고구려를 건국했다는 주몽의 업적에 대해 이를 '신화'로 명명한다고 하여 식민사관에 빠져 있다는 비판을 듣는 경우는 없다는 점이다. '과거 광활한 영토를 영유했던 고대 한국의 역사'를 상상하는 이들에게 고구려는 어쩌면 정신적 고향과도 같을 것이다. 그런데도 '주몽신화'라는 표현은 일반적으로 어떤 거부감도 없이 받아들여지고 있다. 물론 알에서 태어났다는 박혁거세·수로왕(首露王)의 신화도 마찬가지이다. 이들 또한 일반 상식으로는 믿을 수 없는 많은 일화들을 내포한 신화 속의 인물들이다. 그러나 이를 '신화'로 지칭하였다고 해서 식민사학자라는 비판을 들었다는 얘기는 아직 듣지 못했다. 그렇다면 왜 주몽은 되고 단군은 안 된다는 것일까.

추측컨대 이것은 '신화는 비과학적이고 실재하지 않은 환상 속의 이야기이기에 단군을 신화 속 인물로 간주할 경우 곧 우리 민족의 시조 단군의 역

---

14) 최남선, 「檀君論(三)」, 『東亞日報』 1926. 3. 5.

사는 허구가 되고 말 것'이라는 우려가 만들어낸 현상이 아닐까 한다. 만약 그렇다면 이것은 너무나도 단순한 논리라고밖에 말할 수 없다. 신화 또한 역사적 사건 혹은 인물에 대한 집단의 기억 보존 방식 중 하나이기 때문이다. 특히 문자가 없는 시대, 사회일 경우 신화는 집단의 역사 기억을 보존하고 전승하는 핵심 통로였다.[15] 때문에 현재 한국 학계에서 주몽이나 박혁거세를 아무런 역사적 실체가 없는 오로지 신화 속의 인물로만 치부하는 연구자는 없으며, 마찬가지로 '단군신화'라는 용어를 사용한다고 해서 단군이 허구의 인물이 되는 것도 아니다. 단군신화를 역사적인 시각에서 이해하려는 시도[16]가 이루어질 수 있는 것도 이러한 맥락에서 비롯된다.

단군, 신화와 역사의 이중주

그렇다면 신화란 무엇일까. 또 단군신화를 '신화'로 규정할 수 있는 이유는 무엇일까. 필자는 종교학이나 신화학에 문외한인 만큼 여기에 대해서는 해당 분야의 지식을 빌려올 수밖에 없다. 먼저 이제는 종교학·신화학 분야에서 고전이 된 엘리아데(Mircea Eliade, 1907~1986)는 신화에 대해 정의를 시도하며 다음과 같이 지적한 바 있다.

① 신화는 신성한 역사를 이야기하고 있으며, 그것은 원초의 때에, 시원(始原)의

---

15) 김현자, 『신화, 신들의 역사 인간의 이미지』, 책세상, 2004, 20~22쪽.
16) 서영대, 「단군신화의 역사적 이해」, 『한신인문학연구』 2, 2001.

신화적인 때에 생겼던 일들을 이야기한다.

② 신화는 항상 '창조'를 설명하며, 어떤 존재가 어떻게 만들어졌는지 존재의 시초를 말하고 있다.

③ 신화의 주역은 초자연적 존재이며, 그들은 원래 '태초'의 절대적인 때에 행했던 행위에 의해 알려지고 있다.

④ 신화는 항상 실재(reality)에 관여하고 있기 때문에 신성한 이야기, '진정한 역사'라고 간주된다.

⑤ 신화는 초자연적 존재의 행위와 그들의 신성한 힘의 현현을 말하고 있기 때문에 모든 중요한 인간 활동의 모범이 된다.

⑥ 신화의 첫째 기능은 인간의 모든 의례와 중요한 활동, 식사·결혼·노동·교육·예술·지혜 등의 모범형을 계시하는 데 있다.[17]

이 밖에도 세세한 논의가 더 있지만, 여기서는 대략 위와 같이 정리해둔다. 위의 논의를 염두에 두고 『삼국유사』의 단군신화를 살펴보면, 먼저 '천신의 서자였던 환웅이 인간 세상으로 강림하여 신시를 건설하고 세상을 다스렸다'는 이야기는 곧 고조선 이전 태초의 역사에 대한 내용을 담고 있다. 그리고 '단군왕검은 천신의 아들과 곰에서 인간으로 변한 여성 사이에 태어났으며 천오백 년간 나라를 다스리고 천구백팔 세에 산신이 되었다'는 내용은 단군이 초자연적·초월적 존재임을 보여준다. 즉 이러한 이야기의 맥락에 주목할 때, 문헌에 보이는 단군 기록은 고조선인의 '창세신화'이자 '건국신화' 그 자체라 할 수 있다.

---

17) 미르세아 엘리아드 지음, 이은봉 옮김, 『신화와 현실』, 성균관대학교 출판부, 1985, 14~15쪽.

한편 일제강점기 일본인 학자들은 단군신화 속에 보이는 도교적·불교적 요소, 즉 후대적 표현을 지적하며 단군신화가 고려 때 조작된 것이라 주장하였고,[18] 해방 이후로도 한편에서는 비슷한 인식이 견지되었다.[19]

“이 전설은 불교가 전해진 후 승려들에 의해 날조된 황당설”(나가 미치요那珂通世)

“불설 우두전단에 근거한 가종의 선담(仙譚)”(시라토리 구라키치白鳥庫吉)

“묘향산 산신의 연기와 평양 선인의 전설이 13세기 무렵 합쳐져 만들어진 평양의 개벽연기 전설”(오다 쇼고小田省吾)

“평양의 지방신에 지나지 않았던 것에 해열(解熱)의 묘약인 단군의 칭호를 부여하여 그 전설을 구성하고 단군기를 작성하였던 것”(이마니시류今西龍)

“단군신화의 근저를 이루는 것은 민간신앙으로『삼국유사』에 인용된『고기』=『단군고기』는 고려조부터 유행한 민간전승의 기록으로서 고려시대의 승려·무격·참위지리 사상가가 수집하여 기록한 것. (…) 단군왕검 선인은 어느 왕조의 시조도 아님”(이노우에 히데오井上秀雄)

---

18) 이와 같은 주장을 가장 체계적으로 정리한 연구자는 이마니시 류(今西龍)이다. 그는 “왕검선인(단군)은 부여의 시조 부루와 고구려의 시조 주몽의 아버지인 해모수이며, 이 해모수는 천신을 아버지로 곰을 어머니로 한 자이다. 현대 조선 민족 조상(祖先)의 주체인 한민족(韓民族)과는 무관한 자라고 단정할 수 있다”고 주장하는 한편, “평양의 유력한 선인을 (고려) 인종에서 고종 경에 이르는 사이 승려·무격(巫覡)·참위가(讖緯家) 등이 이 선인에게 해열(解熱)의 묘약인 단군의 칭호를 부여하여 그 전설을 구성하고 단군기를 작성하였던 것을 보각국손(일연)이『삼국유사』를 찬할 때 고기로서 그 권두에 전재한 것이기 때문에, 종래는 평양의 지방신에 지나지 않았던 것이 널리 세상에 알려지게 된 것이라고 단언할 수 있다”고 주장하였다. 今西龍,「檀君考」,『靑邱說叢』, 1929;『朝鮮古史の硏究』, 近澤書店, 1937, 49쪽 및 61쪽.

19) 井上秀雄,「朝鮮の建國神話」,『歷史評論』4月號, 1969;「朝鮮の建國神話」,『新羅史基礎硏究』, 1974, 495~498쪽.

물론 『삼국유사』에 실린 단군신화에는 후세인들의 인식을 반영하는 용어가 산재해 있음을 부인할 수 없다. 그러나 신화란 여러 시대에 걸친 전승 과정에서 가공되고 이야기가 덧붙여지면서 그 내용이 풍성해지는 것이 당연하다. 전승을 공유하고 다음 시대로 전달했던 전승의 전달자 및 수용자들의 인식이나 세계관 또한 역사의 흐름 속에서 바뀌어 나가기 때문이다. 하지만 그것이 신화의 기본적 내용마저 창작하거나 뒤바꾸기는 어렵다. '하늘신의 후손과 곰 여인이 맺어져 단군이 탄생하였고, 그가 바로 고조선의 건국시조'라는 신화의 기본 골격이 그 자체로 고조선인들의 창세신화이자 시조신화에서 연유했다고 보는 이유는 여기에 있다.

자신들의 기원과 중요한 역사적 경험을 기억하고 그것을 후세에 전하고자 하는 욕망은 어느 시대 어느 사회에나 존재한다. 고조선 시대 사람들 또한 자신들의 기원과 자기 사회의 최초 모습, 그리고 그것을 가능케 했던 경험들을 당대의 세계관에 의해 나름대로 설명하려 했을 터인데, 그것이 바로 단군신화라는 것이다.[20] 곧 현전하는 단군신화의 원형은 고조선의 건국신화에서 비롯하였으며, 고구려 건국신화(주몽신화) 속 주몽처럼 고조선 건국신화의 주인공 또한 단군이었다고 할 수 있다.

한편 고대국가에서 건국시조는 왕실의 시조이자 국가 전체의 관념적 시조신으로 여겨졌다.[21] 시조신은 건국신화를 바탕으로 신적 권능을 지닌 초월적 존재로서 인식되었는데, 일례로 고구려에서 주몽의 어머니인 유화부인(柳花夫人)이 농업신으로 추앙되었던 것[22]도 같은 맥락이다. 따라서 천신의

20) 나희라, 「단군에 대한 인식」, 『역사비평』 21, 1992, 215쪽.

21) 나희라, 『신라의 국가제사』, 지식산업사, 2003, 71쪽.

22) 김철준, 「〈東明王篇〉에 보이는 神母의 性格」, 『한국 고대사회사연구』, 서울대학교출판부, 1990, 59쪽.

아들로서 날씨(풍백·우사·운사)를 다스리고 곡식, 인간의 수명과 질병, 선악과 형벌 등을 주관했던 환웅과 그 혈통을 계승한 단군이야말로 고조선 당대인들에게 신적 권능을 지닌 시조, 곧 시조신이었다고 할 수 있다.

이처럼 고조선의 건국신화이자 시조신화였던 단군신화는 그 처음 모습부터 역사가 아닌 신화로서 시작하였다. 실상 이와 같은 건국신화는 고대 왕실을 비롯한 지배층의 주요 지배이데올로기였으며, 그들의 집권 정당성을 뒷받침하는 이념적 근간이었다. 따라서 단군신화 또한 고조선의 건국을 노래하는 신화이면서도 한편으로는 당시 최고 지배층에게 집권의 정당성을 부여하던 장치였다고 할 수 있다. 단군신화가 고조선 사회의 일면을 살필 수 있는 소중한 자료로서 평가받는 이유도 여기에 있다. 그런데 이렇게 볼 경우 고조선 건국신화로서의 단군신화는 고조선의 멸망과 함께 그 역할과 수명을 다한 것으로 보아야 한다. 하지만 이후로도 단군신화는 오랫동안 후세인들의 입에 오르내리며 그 생명력을 연장해갔다. 사실 단군신화가 가지는 '역사성'의 발현도 여기에서 비롯된다.

고조선 멸망 이후 단군에 대한 기억을 이어 나갔던 이들은 고구려인들이었다. 4세기 전반 고구려는 고조선 멸망 이후 오랫동안 평양 지역에 존재했던 낙랑군을 무너뜨렸으며, 427년에는 평양으로 천도하는 등 단군신앙의 근원지였던 평양과 직접적으로 닿아 있었기 때문이다. 자연 고구려인들의 관념 속에 단군과 그 신화에 대한 인식도 자리 잡게 되었을 터인데, 주몽신화의 여러 유형 중 주몽을 단군의 아들이라 하거나 부여왕 해부루(解夫婁)를 단군의 아들로 지칭한 기록(표 1 참조)들은 이러한 인식의 반영이라 할 수 있다.

이후 고려시대에 들어서도 단군에 대한 기억은 12세기까지 평양을 중심으로 한 서북한 지역에서 민속종교의 신앙 대상으로, 혹은 풍수도참설과 관련을 맺으면서 그 명맥을 이어오다가[23] 13세기 말 몽고 침략의 국가적 위기 속에서 새롭게 조명받았다. 즉 단군에 대한 기억이 처음으로 문자화되기 시작한 것이다. 이 무렵 등장한 문헌이 앞서 살펴본 『삼국유사』와 『제왕운기』이다. 두 문헌에서는 모두 고려 이전 시대의 역사를 통틀어 최초의 국가로 고조선을 지목했고, 단군을 최초의 임금이자 자신들의 '역사적 시조'로 인식하고 있다. 특히 '시라(尸羅)·고례(高禮)·남옥저·북옥저·동부여·북부여·예맥·비류국은 모두 단군의 후예'라고 노래한 『제왕운기』에서는 이러한 인식이 상당히 구체적으로 나타나고 있다.

때문에 이때에 이르러 '민족의 시조'로서 단군에 대한 인식이 출현한 것으로 보기도 한다. 물론 신분의 차별이 엄존했던 고려 사회에서 '민족의 시조'라는 개념을 설정하는 문제는 좀 더 고민이 필요하겠지만, 무엇보다 주목해야 할 부분은 13세기 고려인들이 자신들의 역사적 연원이 단군에서부터 비롯되었다고 말하고 있다는 점이다. 즉 이로써 단군은 언제든 '민족' 혹은 국가구성원 전체의 시조로 부름 받을 준비를 마쳤다고 볼 수 있다. 그런데 이 두 문헌에 실린 단군 관련 기록은 『고기』나 『본기』와 같은 당시까지 전해지던 다른 문헌을 바탕으로 작성된 것이다. 그렇다면 여기서 보이는 단군에 대한 인식, 즉 역사공동체의 출발점으로서 단군에 대한 기억은 보다 오래된 전통이었음을 알 수 있다.[24] 아무튼 13세기에 접어들면서 단군은 드디어 고조선의 시조이자 국가구성원 전체의 시조로 인식되기 시작했다. 몽골의 침략과 지배라는 국가적 시련 속에서 고려인들은 서로 간에 동질성,

---

23) 서영대, 앞의 글, 1999, 55쪽.

24) 위의 글, 58쪽.

즉 동원(同源)의식을 확인할 필요가 있었고, 단군은 그러한 역사공동체의 이념적 토대가 되어 주었다.

이후 조선시대에 오면 시조로서의 단군에 대한 인식은 더욱 확장된다. 단군은 '시수명지주(始受命之主)'로 지칭되면서 '시흥교화지군(始興敎化之君) 기자(箕子)'에 앞서 동방(東方) 역사상 최초의 군주로 인식되었다.[25] 이후로 단군사당이 만들어지고 국가적으로 제사를 지내기도 하였으며, 『삼국사절요(三國史節要)』나 『동국통감』 등 조선 초기 관찬 사서들은 역사의 첫머리를 단군조선으로 장식하였다. 명종(明宗) 연간에 편찬된 어린이용 교재인 『동몽선습(童蒙先習)』에서는 단군이 그들 역사의 출발점으로 언급되었다.

이와 함께 성리학적 합리성으로 무장한 당시 조선의 지식인들은 단군을 신화적 존재에서 현실 속 지배자로 끌어내렸다. 그들은 단군신화 속 웅녀(熊女)를 언급하는 대신 단군이 직접 하늘에서 내려와 고조선을 건국했다고 적었다. 일천 년을 넘게 살았다는 신화 속 단군은 사라지고, 단군의 자손이 세습적으로 나라를 다렸다는 식의 합리적인 이해 방식도 생겨났다. 바야흐로 신화에서 역사로의 변모가 시작된 것이다. 그리고 조선시대에 접어들면서 전에 없던 단군묘도 나타났는데, 『신증동국여지승람(新增東國輿地勝覽)』을 비롯하여 『숙종실록(肅宗實錄)』, 『영조실록(英祖實錄)』, 『정조실록(正祖實錄)』 등의 문헌에는 당시 평안도 강동현(江東縣)에 위치한 단군묘의 존재를 전하고 있다. 이후 세월의 흐름 속에서 몇 차례 풍파를 맞을 단군묘의 등장이다.

한편 16세기 말부터 조선에 불어 닥친 외침이 위기 속에 단군은 또다시

---

25) 『太祖實錄』 卷1, 元年 壬申 8月 庚申, "禮曹典書趙璞等上書曰 (⋯) 朝鮮檀君, 東方始受命之主, 箕子, 始興敎化之君, 令平壤府以時致祭."

부각되었다. 17세기 후반 반청의식이 고취되고 소중화의식이 발현되는 가운데 지식사회 일각에서는 단군이 기자를 밀어내고 교화의 군주로 거듭나기 시작했으며,[26] 단군을 중국 황제와 대등하게 위치 짓는 관념이 생겨나기도 했다.[27] 물론 그럼에도 불구하고 조선의 지식사회 전반에서 기자의 위상은 여전히 단군을 압도하고 있었다. 단군이 기자를 넘어 국조로 확고히 자리 잡게 되기까지는 시간이 더 필요했다. 어쨌든 조선시대에 들어와 역사적 실존 인물로서 국조 단군의 형상이 만들어져가고 있었음은 분명했다.

반면 민간에서는 여전히 신으로서의 단군 인식이 유지되고 있었다. 1885년 혹은 1920~30년대에 저술되었을 것으로 추정되는 『무당내력(巫黨來歷)』에서 무속의 기원을 단군에서 구하고 있는 점이나,[28] 민간에서 단군이 신앙의 대상으로 여겨졌던 여러 사례들[29]은 단군이 신화에서 역사로, 신에서 인간으로 변모해가는 중에도 여전히 민간에서는 단군의 신격(神格)에 대한 믿음이 유지되었음을 보여준다.

'민족'으로 빚어낸 각양각색의 변주곡

단군에 대한 숭배는 한말의 국가적 위기, 그리고 일제강점기라는 엄혹한

---

26) 18세기 초 홍만종(洪萬宗)은 『동국역대총목(東國歷代總目)』에서 단군의 업적으로 백성에게 머리를 땋고 모자 쓰는 것을 가르치고 군신·남녀관계의 구별과 의복·주거제도의 정비, 그리고 신하인 팽오(彭吳)에게 명해 국내 산천을 다스리고 백성들을 거주케 했다는 내용을 집어넣었다. 나희라, 앞의 글, 1992, 219쪽.

27) 박광용, 「대단군 민족주의의 전개와 양면성」, 『역사비평』 21, 1992, 227~228쪽.

28) 서영대, 「『巫黨來歷』 소재 단군 기사의 검토」, 『민족문화논총』 59, 2015, 55쪽.

29) 서영대, 앞의 글, 1999, 75~76쪽.

시절에 접어들면서 절정으로 치달았다. 단군은 신채호라는 걸출한 민족주의 역사가를 만나면서 그동안 자신의 오랜 라이벌이었던 기자를 밀어내고 드디어 민족 역사의 최전선에 자리할 수 있게 되었다.[30] 신채호를 비롯한 민족주의 역사가들은 단군의 역사성과 위대성을 밝히는 데 집중했고, 이를 통해 단군은 한민족의 정체성을 상징하는 표상으로 거듭났다. 즉 '민족'이라는 '상상의 공동체'의 발견과 함께 단군의 지위가 국가의 시조에서 민족의 시조로 격상된 것이다. 그리고 이 과정은 중국과 일본이 근대화되는 과정에서 제각기 신화적 국조로서 황제(黃帝)와 진무천황(神武天皇)을 새롭게 주목했던 흐름과 궤를 같이하는 것이기도 했다.[31]

구체적으로 한국에서 단군 자손의식이 등장하는 시기는 일제가 국권 침탈에 박차를 가하던 20세기 초였다고 한다. '한민족은 단군의 자손'이라는 인식이 처음 등장한 것도 1908년 1월 1일자 『대한매일신보』 논설 「신년송축(新年頌祝)」이다. 이 무렵부터 한국에서 '민족'이 발견되고, 군주 대신 민족이 국가의 중심 개념으로 부상했으며, 단군은 그러한 상상의 근거가 되어주었다.[32] 반면 일제강점기 일본인 학자들은 단군과 단군조선을 허구로 돌리는 데 골몰하였다. 『삼국유사』에 처음 보이는 단군에 대한 기록은 그 내용이 믿기 어렵고 불교적 색채가 많아 승려가 조작한 것이라는 시각이 그들 견해의 대세를 이루었다. 하지만 단군에 대한 일본인들의 폄훼에도 불구하고, 한국인들의 인식 속에 '민족의 시조 단군'의 형상은 더욱 커져만 갔다.

한편 단군에게 민족의 시조라는 위치를 부여하고 그로부터 시작된 웅대

---

30) 앙드레 슈미드 지음, 정여울 옮김, 『제국 그 사이의 한국 1895~1919』, 휴머니스트, 2007, 437~438쪽.

31) 서영대, 「근대 동아시아 3국의 신화적 국조 인식」, 『단군학연구』 23, 2010.

32) 서영대, 앞의 글, 2008, 14~16쪽.

한 고조선의 역사를 그려내고자 했던 신채호를 비롯한 여러 역사가의 노력은 본의 아니게 단군에 대한 인식을 또 다른 방향으로 이끌었는데, 그 한 갈래는 종교와 마주하게 되었다. 신화 속 주인공에서 국가의 시조를 거쳐 민족의 시조로 변모해갔던 단군은 이제 종교 신앙의 대상으로 변신할 준비를 하고 있었다.

이미 이전부터 불기 시작한 단군신앙 운동은 마침내 1909년 나철의 대종교 창시를 통해 조직화·체계화되었다. 1909년 창교 이후로 항일 투쟁에 큰 족적을 남겼던 대종교의 신앙 대상은 환인(桓因)·환웅·단군이었다. 이들은 각각 독립된 삼신이 아닌 하나의 신, 즉 삼신일체(三神一體)의 신격으로 신앙되었는데, 이를 통해 단군은 민족의 시조가 아닌 삼신일체의 창조주로 묶여 인간을 양육하는 존재로 변모한다. 즉 대종교의 교리 속에서 단군은 한민족과 관련되는 특수한 존재가 아니라 전 인류와 관계하는 보편적 존재로 거듭났던 것이다. 그리고 한민족은 단군의 적자로서 상고시대에 만주를 중심으로 큰 세력을 형성했고 높은 수준의 문화를 향유했다고 믿어졌다.[33] 단군신앙을 바탕으로 한 일종의 종교적 선민사상의 출현이라 할 수 있겠다. 아무튼 이처럼 한편에서는 단군의 신격화 속에서 고조선의 역사상 또한 변모해갔다.

살펴본 대로 고조선의 건국신화로부터 시작된 단군의 역사는 고대 삼국과 고려를 거쳐 조선, 일제강점기에 이르기까지 긴 역사적 호흡을 지니고 있다. 결국 단군의 역사성은 그 자체에 있다기보다 단군을 주인공으로 하는 단군신화의 전승 과정과 단군에 대한 시대별 인식의 흐름에 있다고 볼 수

---

33) 이상은 위의 글, 40~41쪽의 내용을 참고하였다.

있다. 그리고 단군에 대한 추앙과 변곡(變曲)의 역사는 오늘날에도 계속되고 있다. 그 대표적인 사례가 바로 북한의 단군릉 축조 및 그와 관련된 일련의 주장들일 것이다.

1990년대 초까지만 해도 단군에 대한 북한 학계의 전통적인 견해는 신화적 존재, 전설적 신화의 주인공에 지나지 않았다. 그러나 1993년 평양에서 이른바 '단군릉'을 발굴하면서 그와 같은 시각은 송두리째 뒤바뀌었다. 앞서 잠깐 언급한 조선시대에 처음 그 모습을 드러낸 단군묘가 북한이 발굴했다는 단군릉이다. 북한 학계는 현재 그곳에서 나온 유골의 연대 측정을 바탕으로 무덤의 주인공이 반만 년 전에 생존했던 실재한 인물이며, 바로 고조선의 건국시조 단군이었다고 주장하고 있다. 즉 54회에 걸친 '전자상자성 공명 연대측정'을 통해 유골의 연대가 5011±267년 전의 것으로 확인되었고, 바로 이 인물이 고조선의 건국시조 단군이라는 것이다.[34] 이로써 북한은 기존의 무덤을 대신하여 거대한 단군 무덤(높이 22m, 너비 50m)을 새롭게 조영했다. 단군이 다시 한 번 인간의 모습으로 현신하는 순간이었다. 현재 북한은 단군을 기념하는 것은 부르주아적 유산이라며 배척해왔던 이전의 시각을 폐기하였을 뿐만 아니라 10월 3일 개천절을 기념일로 지정하고 기념행사도 개최하고 있다.[35] 나아가 단군릉 발굴 성과를 바탕으로 고조선의 건국 연대도 기원전 30세기 초까지 끌어올려 보고 있으며, 1998년부터는 평양 일대의 대동강 유역이 세계 4대문명과 맞먹는 수준의 고대문명을 일구어 이른바 '대동강문화'가 존재했던 곳이라 주장하고 있다(대동강문화론).[36] 흥미로운 것은

---

34) 『조선단대사 1. 고조선·부여편』, 과학백과사전출판사, 2011, 25~27쪽.

35) 정영훈, 「남과 북의 단군인식과 단군숭앙」, 『단군학연구』 12, 2005, 205~212쪽.

36) 허종호, 「조선의 '대동강문화'는 세계 5대문명의 하나」, 『력사과학』 1999-1; 리순진, 「'대동강문화'의 기

이러한 북한 측의 주장이 오늘날 한국의 사이비역사학의 주장과 매우 닮아 있다는 점이다.

이미 북한의 '단군릉 발굴'에 대해서는 한국 학계의 면밀한 비판이 이루어진 바 있고, 여기서 이 터무니없는 시대착오적 주장의 시비를 가릴 여유도 없다. 다만 생각해볼 점은, 이처럼 무모한 주장이 북한에서 갑작스럽게 나타난 배경이 무엇인지 하는 것이다. 1980년대 후반 동구권에서부터 불어닥친 사회주의 체제의 도미노식 붕괴와 1993년부터 시작된 대흉작과 기근, 이른바 '고난의 행군'으로 일컬어졌던 1990년대 중반 이후의 대기근 등 연속되는 대내외적 위기 속에서, 어쩌면 당시 북한 사회 또한 국가구성원을 일치단결시킬 수 있는 마스터키로서 '단군'을 소환했던 것은 아닐까. 물론 여기에는 단군으로부터 내려오는 민족적 정통성이 김일성(金日成) 부자로 이어진다는 인식이 바탕되고 있으며, 따라서 단군을 계승한 김일성 부자를 이를테면 북한 사회의 '정치적 시조'로 부각시키기 위한 선전 의도가 깔려 있다.[37]

요컨대 1993년 단군릉의 발굴과 그에 따라 북한 학계에서 제시된 일련의 주장에는 1990년대의 체제 위기를 '단군'을 구심점으로 돌파하고자 했던 북한 정권의 의도가 깔려 있었던 것으로 보인다. 따라서 이는 학문적 성과라기보다는 '유구하고 웅대했던 조선 민족의 반만 년 역사'를 제창하는 정치적 선전 구호에 가까운 것으로, 지금까지 우리 역사의 고비 고비마다 소환되었던 단군상과 유사한 모습이다. 이후로 한동안 북한은 '우리민족 제일주

본 내용과 우수성에 대하여」, 『조선고고연구』 1999-1.

37)   이영화, 「북한 역사학의 학문체계와 연구동향」, 『한국사학사학보』 15, 2007, 201~204쪽.

의(조선민족 제일주의)'에 입각한 역사 끌어올리기에 골몰하였고, 그 과정에서 앞서 말한 '대동강문화론'도 제기되었다. 다만 근자에 북한에서 출간된 『조선단대사 1. 고조선·부여편』에서 '대동강문화론'에 대한 서술이 상대적으로 빈약한 것으로 볼 때,[38] 단군을 향한 열기가 1990년대와 같지는 않은 것 같다.

신화는 다시 만들어지고

일반적으로 '신화'는 '신들의 이야기' 혹은 '신성한 이야기'라는 의미를 담고 있다. 곧 단군신화는 말 그대로 고조선인들의 입에서부터 시작된 신들의 이야기이자 신성한 이야기라 할 수 있다. 그런 점에서 단군신화는 역사학만의 고유한 연구 분야라기보다 신화학, 종교학, 민속학, 인류학, 언어학 등 다방면의 연구 대상이라는 지적은 타당하다.[39]

단군신화를 '신화'로 바라본다고 해서 단군이 가지는 역사성과 의미가 퇴색되는 것은 아니다. 앞서 보았듯 단군은 고려시대 몽골의 침략에 대한 저항 과정에서 고려인들에게 역사공동체라는 동질의식의 밑바탕이 되어주었

---

38) 2011년에 출간된 『조선단대사 1. 고조선·부여편』은 이른바 '대동강문화론'에 대해 한 문단 정도로만 짤막히 서술하고 있는데, 그 내용을 옮기면 다음과 같다. "고조선의 성립은 세계사적으로도 중대한 사변으로 되었다. 평양을 중심으로 한 대동강 류역의 고대문화인 대동강문화는 그 형성 시기에 있어서나 발전상에 있어서 세계 5대문명의 하나로 당당한 자리를 차지하게 되였으며 혈연을 달리하는 주변 지역 여러 종족들의 사회 발전에도 큰 영향을 미치게 되였다. 그리하여 동방문화를 꽃피우는 데서뿐 아니라 인류문화의 보물고를 풍부히 하는 데 크게 기여하였다"(38쪽).
39) 권오영, 「단군신화, 어떻게 봐야 하나」, 『역사비평』 21, 1992, 203쪽.

고, 근대에 들어서는 민족이라는 '상상의 공동체'가 발견되면서 그 정체성을 담보해줄 수 있는 혈연적 시조로서 추앙되었다. 일제강점기 독립에 대한 열망 속에서 시조 단군은 근대 한국 저항민족주의의 구심점으로 자리하였으며, 신앙의 대상으로 숭배되기도 하였다. 즉 한국 역사에서 사회적으로 그 필요성이 요구될 때마다 단군은 마스터키처럼 다양한 형태로 소환되었고, 그 나름의 역사적 기능을 수행해왔다.

한편 오늘날 한국 사회에서도 '단군'을 통한 민족공동체 확립의 필요성은 여전히 제기되고 있으며, 특히 반세기 이상 끌어온 분단 상황 속에서 이른바 '단군민족주의'는 향후 민족 통일의 동력원으로서 여전히 유효하다고 보는 시각도 존재한다.[40] 결국 단군이 우리 역사 속에서 신화로 기억된다고 해서 그 역사적 의미가 퇴색되는 것은 아니다. 그렇다면 현재 우리에게 부여된 과제는 역사 속에서 이처럼 다양한 방식으로 인식되고 소환되어왔던 단군의 역사성에 대한 통찰을 바탕으로, 오늘날 우리에게 단군이 가지는 의미는 무엇인지 다시 한 번 진지하게 반문해보는 것이다. 그리고 이를 위해서는 우선 단군을 본래의 자리로 되돌려놓을 필요가 있다.

앞서 살펴본 대로 단군의 역사는 한반도에 처음 출현한 국가 고조선의 건국신화로 시작했다. 그렇다. 단군은 단일민족의 유일 시조도 아니었으며, 그로 인해 우리의 역사가 5,000년 전에 시작된 것도 아니었다. 그러나 여러 시대를 지나오면서 그의 신화는 때로는 역사로, 때로는 신앙으로 변모하며 수많은 의미를 부여받았고, '민족의 시조'로 기억되기까지 그의 위상도 수차례 변화했다. 그리고 오늘날 평양에서는 또다시 기원전 3000년경의 신화를

---

40) 정영훈, 앞의 글, 2005, 215~216쪽.

새롭게 만들어냈다. 지금도 새로운 신화는 우리 역사 속에서 재생산되고 있으며, 끊임없이 창출되는 새로운 단군상에 대한 피로감도 쌓여만 가고 있다. 오늘날 한국 사회에서 단군에 대한 인식이 예전 같지 못한 사정에는 누적된 피로감도 한 요인으로 작용하고 있는 것일지 모른다. 그렇다면—누군가의 어떤 필요성에 의해 다시 꺼내지게 될지라도—이제 단군을 다시 원래의 제자리로 되돌려놓아야 할 때가 된 것은 아닐까. 고조선의 건국신화 속 주인공 단군, 그 본연의 자리로 말이다.

기자조선은 실재했는가?

오랜 세월에 걸쳐 우리 역사 속에서 공유되어왔던 기자(箕子)와 기자조선 (箕子朝鮮)에 대한 기억은 지금까지도 그 흔적을 여러 곳에 남겨두고 있다. 고려 충숙왕(忠肅王) 12년(1325) 평양에 세운 기자 사당 숭인전(崇仁殿)이 지금까지 전해오고 있으며, 또 한때는 옛 고구려 시대 평양성(장안성)의 방리(坊里) 구획 흔적이 기자 시대 정전제(井田制)의 흔적으로 여겨지기도 했다. 그리고 오늘날 행주 기씨, 청주 한씨, 태원 선우씨의 족보는 모두 자신들이 기자의 후손이라고 전하고 있다.

'기자의 동래(東來)'에 관한 기록은 『상서대전(尙書大傳)』, 『사기(史記)』 등에 보이는데, 이에 따르면 기자는 중국 은·주 교체기에 활동한 인물로서 주 무왕(武王)에 의해 고조선의 왕으로 책봉되었다고 한다. 고려와 조선의 지식인들은 이러한 기자 관련 기록을 상당히 신뢰하였던 것 같다. 특히 조선시대 유학자들은 단군에 이어 고조선의 왕이 된 기자가 조선을 교화하여 문명국으로 인도하였다고 믿었다. 기자는 조선이 중화문명의 정통 계승자라는 '소중화(小中華)' 의식의 핵심 근거가 되어주었다. 단재 신채호(申采浩)에 의해 '객족(客族)'으로 규정되고 우리 역사 밖으로 밀려나기 전까지 기자는 단군과 함께 고조선을 상징하는 군주로 기억되었다.

하지만 오늘날 한국 학계는 대부분 기자가 고조선에 와서 왕이 되었다는 기록을 사실로 인정하지 않는다. 기자는 기원전 12~11세기 경, 즉 은·주 교체기에 활동한 인물로서 기원전 3세기 이전에 저술된 『논어(論語)』, 『죽서기년(竹書紀年)』 등에도 기자와 관련된 기록이 확인되고 있다. 하지만 이들 기록에서는 기자가 조선으로 갔다는 언급이 보이지 않는다. 기원전 2세기 이후에 찬술된 『상서대전』, 『사기』에 가서야 '기자의 동래' 기록이 나타나고 있다. 더구나 기자의 무덤이 하남성이나 산동성 등지에 있었다는 기록도 전해진다.

즉 기자가 조선으로 와서 왕이 되었다는 인식은 기원전 2세기 이후에 나타난 것이라 할 수 있는데, 구체적으로 중화사상이 본격적으로 개화하기 시작한 한나라 시대 이후에 '만들어진 기억'일 가능성이 높다. 결국 '기자 동래설(東來說)'은 기원전 108년 고조선이 멸망하고 한의 군현이 설치되자 이 지역에 대한 중국의 지배를 합리화하고 토착 세력의 반발을 무마하기 위해 '만들어진 역사'로, 실제 있었던 역사적 사실이라 보기는 어려운 점이 많다.

한편 주나라 시대 초기 대릉하 유역 부근에 거주했던 것으로 추정되는 기후(箕侯) 집단을 기자조선과 연결시키는 주장도 있다. 즉 기자조선은 대릉하 유역에 있었다거나, 이 집단이 은·주 교체기 혹은 주나라가 견융(犬戎)의 침입을 받아 수도를 동쪽으로 옮긴 시기를 전후하여 동쪽으로 조선 방면까지 이동했고 기자조선을 형

기자 초상 윤두수(尹斗壽)의 『기자지(箕子志)』(1580년, 선조 13년 편찬)에 실려 있는 기자의 초상. 출처: 『한국민족문화대백과사전』, 한국학중앙연구원.

성했다는 주장이다. 그러나 대릉하 유역에 조선이라는 정치체가 있었다는 기록은 중국의 고대 문헌 어디에도 보이지 않는다. 그리고 기자와 그를 추종하는 집단이 고조선 지역에 건너와 지배층으로 군림했다면, 분명 중국과 고조선 양자의 청동기 문화 사이에 상호 영향관계가 발견되어야 하는데 기자나 그 집단의 동래를 입증할 만한 고고자료는 확인되지 않고 있다. 당시 중국과 요동·한반도 지역의 청동기 문화는 상당한 차이를 보이고 있었다. 현재로서는 기자가 동쪽으로 요하를 건너와 고조선의 왕이 되었다고 볼 근거는 없다.

민족주의 역사학의 표상, 신채호 다시 생각하기

권순홍

> 선동적 역사와 이데올로기적 역사는 자기를 정당화하는 신화가 되는 경향을 지닌다. 근대 민족과 민족주의의 역사가 입증해주는 것처럼, 이것보다 위험한 눈가리개는 없다. 이러한 눈가리개를 없애려고 시도하는 것, 혹은 적어도 눈가리개를 조금 들어 올리거나 이따금 들어 올리는 것이 역사가의 직무이고, 역사가가 그러한 일을 하는 한 사람들이 배우려 하지 않을지라도 현대사회에 도움이 되는 어떤 것을 말해줄 수 있다.
>
> ─에릭 홉스봄, 『역사론』(민음사, 1997).

신채호의 민족, 민족의 근대

'민족이란 무엇인가?' 뚱딴지 같은 질문으로 들릴지도 모르지만, 이 물음에 답하기란 쉽지 않다. 독자들 중 상당수는 '이 땅에 살아온 우리 선조들과 그 후손인 우리' 쯤으로 민족을 정의하면서, 한편으로 반만 년의 유구한 단일 민족사를 자랑할지도 모르겠다. 그런데 베네딕트 앤더슨(Benedict Anderson)은 민족을 근대의 산물로 간주하며 "주권을 가진 것으로 상상되는 정치공동체"[01]라고 정의했고, 어네스트 겔너(Ernest Gellner)는 "민족을 발생시키는 것은 민족주의"[02]라고 말했다. 에릭 홉스봄(Eric Hobsbawm)은 아예 "발명된"[03] "유사 공동체"[04]로서의 민족은 "위험한 눈가리개"[05]라며 비판의 날을 세우기도 했다. 이런 견해들은 민족을 근대에 발명된 정치적 공동체로 이해하려는 경향이다. 물론 반대 의견도 있다. 앤서니 스미스(Anthony Smith)는 민족이 근대의 발명이라는 위의 주장들을 비판한다. 그렇다고 해서 그가 상고로부터 이어진 유구한 실체로서의 민족을 지지하는 것은 아니다. 다만, 근대적 민족의 역사적 토대로서 문화와 역사를 공유하는 종족 혹은 족류(ethnie)의 존재를 지적하고, 그 역사의 깊이를 강조할 따름이다.[06] 그에 따르면 민족은 정치적 이념보다는 혈통, 관습, 역사, 종교 등 문화적 공통성을 기초로 한다. 민족은 과연 근대의 정치적 산물인가, 아니면 근대 이전부터 내려온 문화적 전통인가. 쉽게 답할 수 있을까?

의외로 '민족'은 프랑스어 nation과 독일어 volk의 근대 일본식 번역어로

---

01) 베네딕트 앤더슨 지음, 윤형숙 옮김, 『상상의 공동체—민족주의의 기원과 전파에 대한 성찰』, 나남, 2002, 25쪽.

02) 어네스트 겔너 지음, 최한우 옮김, 『민족과 민족주의』, 한반도국제대학원대학교, 2009, 103쪽.

03) E. J. 홉스봄 지음, 강명세 옮김, 『1780년 이후의 민족과 민족주의』, 창비, 1994, 124쪽.

04) 에릭 홉스봄, 「전통들을 만들어내기」, 에릭 홉스봄 외 지음, 박지향·장문석 옮김, 『만들어진 전통』, 휴머니스트, 2004, 35쪽.

05) 에릭 홉스봄 지음, 강성호 옮김, 『역사론』, 민음사, 2002, 70~71쪽.

06) 앤서니 D. 스미스 지음, 강철구 옮김, 『국제화시대의 민족과 민족주의』, 명경, 1996; 앤서니 D. 스미스 지음, 강철구 옮김, 『민족주의란 무엇인가』, 용의숲, 2012; 앤서니 D. 스미스 지음, 김인중 옮김, 『족류—상징주의와 민족주의』, 아카넷, 2016.

출발하였다. nation은 '태어나다'라는 의미를 갖는 라틴어 nasci에서 비롯되었는데, 프랑스혁명을 거치면서 '정치적 이념을 공유하는 합의공동체'라는 새로운 의미를 갖게 되었다. 한편 volk는 사회 하층의 민중을 가리키는 경우가 많았는데, 18세기 말부터는 '공통의 언어를 기초로 역사적으로 형성된 문화공동체'라는 의미가 부여되기 시작하였다. 즉 nation을 주로 이념을 공유하는 정치공동체로 볼 수 있다면, volk는 언어·역사 등을 같이하는 문화공동체의 성격이 강했던 셈이다.[07]

1876년, 위의 nation과 volk에 대한 번역어로서 '민족'과 '국민'이라는 용어가 등장하였다. 가토 히로유키(加藤弘之)가 독일의 법학자 블룬츌리(J. C. bluntschlie)의 책을 번역한 『국법범론』(1876)에서 nation을 '민종'으로, volk를 '국민'으로 번역한 것이 시작이었다. 이때 '민종'으로 번역된 nation을 이후 히라타 도스케(平田東助) 및 량치차오(梁啓超) 등이 '족민' 혹은 '민족'으로 수정함으로써 '민족'은 nation의, '국민'은 volk의 번역어로 자리 잡았다.[08]

그런데 여기서 주목할 것은 블룬츌리라는 인물이다. 위에서 언급했듯이, 당시 유럽에서는 nation을 정치적 공동체로, volk를 문화적 공동체로 파악하는 것이 일반적이었다. 그럼에도 그는 오히려 nation을 문화적인 것으로, volk를 정치적인 것으로 규정함으로써 통념과 정반대의 해석을 시도했다. 왜일까. 그리고 왜 일본은 굳이 소수의견인 블룬츌리의 개념을 받아들였을까.

이유는 간단하다. 블룬츌리는 volk(국민)를 nation(민족)보다 우위에 둠으로써,

---

07) 박찬승, 『민족·민족주의』, 소화, 2010, 27~41쪽.

08) 朴羊信, 「근대 일본에서의 '국민' '민족' 개념의 형성과 전개」, 『東洋史學研究』 104호, 2008, 242~247쪽.

"모든 민족이 국가를 이루어 국민이 될 권리를 갖는 것은 아니며, 스스로를 통치할 만한 지와 덕을 겸비하지 못한 민족은 국민이 될 권리가 없다"[09]는 국가론을 제창하였다. 부분에 대한 전체의 우월성을 강조한 블룬츌리의 국가주권론은 독일의 근대국가 수립에서 입헌군주정제의 이론적 근거를 제시할 수 있었고, 일본은 그의 주장에서 천황제 중심의 근대국민국가를 수립시킬 논거를 발견했던 것이다.[10] 사실 『국법범론』의 원서는 독일에서 자유주의 발달에 공헌했으나, 일본에서는 그보다 오히려 국가 개념을 중심으로 하는 국가학의 형성에 기여했던 것으로 평가된다.[11] 단, 이러한 주장은 자칫 능력 없는 민족은 뛰어난 국민의 보호와 지도를 받는 것이 마땅하다는 제국주의적 논리로 이어질 위험을 안고 있었고,[12] 실제로 20세기 들어 일본의 제국주의적 대외팽창의 문맥에서 통용되었다. 결과적으로 서양에서 통용되던 nation과 volk의 의미와는 반대로 규정된 개념이 일본으로 수입되면서 각각 민족과 국민으로 번역되었던 것이 이른바 '민족'이라는 개념어의 출발이라고 할 수 있다.

한편 한국의 경우, 1900년 1월 12일자 『황성신문(皇城新聞)』을 통해서 비로소 '민족'이라는 용어가 등장하였고 1904년 이후에야 널리 사용되기 시작하였다.[13] 기왕에 '족류' 혹은 '동포' 등의 용어들이 사용되긴 했지만, '민족'이라는 용어 자체가 20세기에 들어서야 등장했다는 것은 흥미롭다. 단, 이

---

09) イ.カ.ブルンチュリ・加藤弘之譯, 『國法汎論』卷之二, 司法省, 1888, 27~28쪽.

10) 木村毅, 「『國法汎論』解題」, 『明治文化全集』補卷(二), 日本評論社, 1971, 3~10쪽.

11) 蠟山政道, 『日本における近代政治學の發達』, 實業之日本社, 1949, 65쪽.

12) 朴羊信, 앞의 글, 247쪽.

13) 백동현, 「러일전쟁 전후 '民族' 용어의 등장과 민족인식」, 『韓國史學報』 10호, 2001, 163쪽.

때 사용된 민족의 개념이 량치차오의 영향을 받은 것이었다는 해석은 주목할 필요가 있다.[14] 혹자는 한국 지식사회에 끼친 량치차오의 영향을 의심할지도 모르지만, 당시 량치차오의 영향력에 대해서는 의심의 여지가 없다. 그의 문장은 주로 중국이 국가적 위기에 처했을 때 작성된 것으로서, 개혁을 통해 서양과 같이 부강한 나라를 건설하고자 하는 진화론적 사고를 바탕으로 했다. 따라서 중국과 같은 처지에 있는 한국 지식사회에 공명하는 바가 클 수밖에 없었다. 특히 1905년부터 1910년 사이에 한국의 중요 출판물은 거의 량치차오의 문장을 전제 내지 번역하거나 또는 일부를 인용하는 것이었다.[15] 바꿔 말해 한국에서 '민족'이라는 용어가 사용되기 시작한 시점이 1904년경부터라는 사실은 량치차오의 『음빙실문집(飮氷室文集)』이 한국에 유통되기 시작한 시점과 결코 무관할 수 없었다.

공교롭게도 량치차오는 1899년 블룬츌리의 『국가론』을 번역하고, 1903년 「정치학 대가 블룬츌리의 학설(政治學大家伯倫知理之學說)」에서 그를 소개하면서 블룬츌리식의 '민족' 개념을 그대로 수용했다.[16] 량치차오가 일본 지식사회와 연결되어 있었던 점을 감안하면,[17] 당시 일본에서 널리 유통되던 블룬츌리의 '민족'과 '국민' 개념이 량치차오를 매개로 한국 지식사회까지 전래되었다고 풀이할 수 있다. 량치차오는 「정치학 대가 블룬츌리의 학설」에서 '민족'이란 단어를 다음과 같이 정리하였다. "민족이란 동일한 언어와 풍속

---

14) 박찬승, 「한국에서의 '민족' 개념의 형성」, 『개념과 소통』 창간호, 2008, 101쪽.

15) 신승하, 「舊韓末 愛國啓蒙運動時期 梁啓超 문장의 전입과 그 영향」, 『亞細亞研究』 41호, 1998, 227~230쪽.

16) 박상수, 「중국 근대 '네이션' 개념의 수용과 변용」, 『동아시아 근대 '네이션' 개념의 수용과 변용』, 고구려연구재단, 2005, 98쪽.

17) 狹間直樹 編, 『梁啓超: 西洋近代思想受容と明治日本』, みすず書房, 1999 참조.

을 가지고 동일한 정신과 성질을 가지며 그 공동심이 점차 발달하여 건국의 계제를 이루는 것이다. 다만 아직 연합하여 일국을 만들어내지 못했을 때는 끝내 인격이 법단이 되지 못하기 때문에 이를 가리켜 민족이라 하지 국민이라 하지는 못한다." 민족은 국가를 세워야만 국민이 될 수 있으며, 그렇지 못하면 국민이 되지 못한다는 의미로, 블룬츌리의 논리를 수용한 것이었다. 량치차오는 같은 글에서 금후 중국은 마땅히 "한(漢)·만(滿)·몽(蒙)·회(回)·묘(苗)·장(壯)을 합하여 하나의 대민족을 구성"해야 한다고 주장하였다. 여기서 량치차오가 강조한 것은 국가 내의 제민족을 동화시켜 새로운 국민을 만드는 것이었는데, 이는 19세기 중기 이래 중국 정체성의 위기 및 기존의 정치적 권위에 대한 회의와 무관하지 않았다.[18] 즉, 서구 열강의 침입과 청일전쟁 패배 등으로 인해 촉발된 국가의 위기 속에서 제민족의 동화를 통한 신국민 창출과 신국가 건설이야말로 량치차오의 관심이었던 것이다. 결국 량치차오도 근대국가 수립을 위한 일본 지식사회의 노력과 마찬가지로 중국의 새로운 근대국가 수립을 위해 고민하던 중 블룬츌리의 개념을 선택한 것이었다.

한편, 한국에 전래된 민족 개념이 량치차오의 영향하에 있었다는 것은 신채호(申采浩)가 주필로 있던 『대한매일신보(大韓每日申報)』 1908년 7월 30일자에 실린 「민족과 국민의 구별」이라는 논설을 통해서도 확인할 수 있다.

민족이란 것은 동일한 혈통을 가지며, 동일한 토지에 거주하며, 동일한 역사를 가지며, 동일한 종교를 섬기며, 동일한 언어를 사용하면 이것을 동일한 민족

---

18) 박상수, 앞의 글, 102쪽.

이라 칭하는 바이어니와, 국민 두 자를 이와 같이 해석하면 불가할지라. (…) 국민이란 것은 그 혈통, 역사, 거주, 종교, 언어가 동일한 외에 또 반드시 동일한 정신을 가지며, 동일한 이해를 느끼며, 동일한 행동을 하여 그 내부 조직이 일신의 골격과 서로 같으며, 그 대외의 정신이 한 부대의 군대와 서로 같아야 이를 국민이라 말하나니. (…) 금일에 이르러서는 만일 국민 자격이 없는 민족이면 대지 위에 발을 디디고 살 조그만 땅도 없을지라.[19]

위의 내용은 량치차오의 글을 거의 인용하다시피 한 것으로,[20] 블룬츨리식으로 민족과 국민을 구분함과 동시에 국민 자격이 없는 민족에게는 발 디디고 살 땅도 없을 것이라고 주장하고 있다. 당시 한국의 지식사회가 아무리 량치차오의 영향을 많이 받았다고 하더라도, 민족이라는 용어를 적극적으로 활용했던 데는 분명한 이유가 있을 수밖에 없다. 왜일까. 그 이유를 고민할 때 다음의 해석이 주목된다. 량치차오와 마찬가지로 한국의 지식인들은 열강의 통제 아래 놓이게 된 국가의 위기 속에서 국가와 민족을 분리해냄과 동시에 민족이라는 개념을 통해 새로운 역사적 주체를 포착했다는 것이다.[21] 20세기 초, 국가가 제국주의 열강의 통제 아래 놓이게 된 참담한 현실 속에서, 국가와 구분되는 새로운 역사 주체로서 민족을 포착하는 것은 봉건적 중화주의를 해체하는 길이자 제국주의 폭력에 대항하는 길일 수 있었다. 일본 지식사회나 량치차오와 마찬가지로 한국의 지식인들도 한국의 근대국가 건설을 목표로 하고 있었고, 민족의 정체성을 수립하는 것이야말

---

19) 「민족과 국민의 구별」, 『대한매일신보』 1908. 7. 30.

20) 박찬승, 앞의 글, 102쪽.

21) 앙드레 슈미드 지음, 정여울 옮김, 『제국 그 사이의 한국 1895~1919』, 휴머니스트, 2007, 402쪽.

로 앞으로 맞이할 근대국가의 새로운 주체 설정일 수 있었다.[22] 이러한 한국 지식사회의 문제의식을 인정한다면, 그들이 블룬츨리 혹은 량치차오의 개념을 수용했던 것은 객체적 답습이라기보다는 주체적 선택이었다고 평가할 수 있다.

> 민족을 버리면 역사가 없을지며, 역사를 버리면 민족의 그 국가에 대한 관념
> 이 크지 않을지니, 오호라 역사가의 책임이 막중할진저.[23]

신채호는 이와 같은 지식사회의 맥락 속에서 민족을 정의하는 요소를 정립하고 민족의 정체성을 수립하는 선두에 있었다. 그는 민족을 핵심적인 과제로 설정하지 않은 모든 형태의 역사 서술을 거부했다. 민족을 도외시하는 역사 서술은 신채호의 관점에서는 '영혼이 없는 역사'였으며, 무력한 역사일 뿐이었다. 따라서 신채호는 민족을 근대의 발명으로서가 아니라, 역사를 통해 존재해온 객관적인 실체로 표현할 수밖에 없었고,[24] 이런 관점에서 본다면 신채호는 민족을 '발견'한 것일 수도 있다. '민족을 버리면 역사가 없다'는 공식 속에서 역사는 민족 없이 존재할 수 없으며, 민족은 역사 없이 이해될 수 없었다. 신채호에 의해 역사가의 임무는 새롭게 설정되었다. 새로운 역사 주체로서 민족의 정체성을 규명하고 민족의 운명을 추적하는 것, 이것이 역사가의 새로운 임무가 된 것이다.

다시 말해 신채호가 '민족'이라는 개념에 주목했던 이유는 비록 제국주의

---

22) 韓永愚, 『韓國民族主義歷史學』, 一潮閣, 1994, 7쪽.
23) 신채호, 「독사신론」, 『대한매일신보』 1908. 8. 29.
24) 앙드레 슈미드, 앞의 책, 422쪽.

열강들에게 국가는 빼앗길지라도, 민족은 그 존재와 자율성을 보장받을 수 있는 대안적 형태일 수 있었기 때문이다. 국가를 도둑맞은 특수한 환경에서 민족의 존립은 대중의 인식에 달려 있었고, 신채호의 역사관은 그러한 집단적 기억을 강화하고 지탱하는 데 초점이 맞추어져 있었던 것이다. 그리고 이것은 20세기 초, 제국주의 열강들 틈에서 자유와 독립을 갈망했던 한국인들에게 유일한 나침반일 수 있었다. 새로운 역사 주체로서 민족 정체성 수립, 한국 근대 역사학의 시초이자 민족주의 역사학의 '태두'로서 신채호를 높이 평가하는 이유는 여기에 있으며,[25] 신채호 역사학의 의의도 바로 여기에 있다.

이분법적 도식과 그 효과

2016년 6월 26일, 이른바 '강단' 역사학계가 식민주의 역사학에 젖어 있다고 비판해온 소위 '재야' 단체들이 모여 대규모 협의체를 결성했다. '식민사학 규탄대회'와 함께 개최된 발대식에서 이 협의체의 상임대표는 "광복 70년이 지났지만 우리 역사를 우리 관점에서 바라보는 민족주의 역사학은 아직 광복이 되지 못했"을 뿐만 아니라 "우리 역사를 일제 조선총독부 관점에서 바라보는 노예의 역사학인 식민사학이 여전히 우리 역사학계의 주류"라며 식민주의 역사학을 해체하고 바른 역사를 세우고자 하는 취지를 밝혔다. 그리고 "한계에 직면한 식민사학계가 민족사학에 대해 대대적인 공세를"

---

25) 李萬烈,『丹齋 申采浩의 歷史學 研究』, 文學과 知性社, 1990, 16쪽.

취하고 있는 지금이야말로 역사 바로 세우기에 분투해온 단체들이 결집해서 통합적인 역량을 발휘할 적기임을 선언했다.[26]

　일본 제국주의 관점의 식민주의 역사학을 답습한 '강단' 역사학계가 학계의 주류를 점하고 있다면 이를 마땅히 해체시킬 것. 그리고 그 자리에 바른 역사로서의 민족주의 역사학을 세울 것. 이것이 당위에 기댄 이 협의체의 목적인 셈이다. 상임대표의 언급에 스며 있는 여러 문제들을 일단 제쳐두고, 여기서 지적하려는 것은 딱 하나, 그들이 민족주의 역사학을 자임했다는 사실이다. 그리고 그 자임이 배태한 이분법적 도식, 스스로를 식민주의 역사학에 맞선 민족주의 역사학의 대표로 위치시킴과 동시에 '강단' 역사학계를 식민주의 역사학의 추종자로 규정하는 프레임이다.

　이들이 만든 도식은 간단하고 뚜렷하다. 과거 독립운동가들이 일본 제국주의의 식민지배에 저항했듯이, 이 협의체는 민족주의 역사학의 대표로서 '강단'의 식민주의 역사학에 맞선다는 의지를 갖고 있다. 협의체에 가담한 독립운동가들의 유족회 및 기념사업회의 수만 열을 헤아린다는 것은, 이들의 도식이 상당한 공감을 얻고 있음을 방증한다. 여전히 식민주의의 잔재가 남아 있다면 그것을 청산하는 것이 독립운동의 마침표일 수 있기 때문이다. 이들에 의해 도식화된 '강단 역사학계 vs 민족사학'의 구도는 '식민지배 vs 독립운동' 구도의 다른 표현인 셈이다. 이는 곧 '친일·매국'의 '틀린' 역사학과 '우리 민족'의 '옳은' 역사학 간의 논쟁으로 그려질 수 있다.

　이처럼 단순하고 선명한 이분법적 도식은 매력적이다. 비록 '강단' 역사

---

26)　위의 직접인용은 허성관, 「인사말」, 미사협 홈페이지(http://misahyeop.com/gnu/bbs/content.php?co_id=company)에서 발췌.

학계를 '친일·매국'의 소굴로 생각하지는 않더라도, 많은 사람들이 '강단'과 '재야'의 대립을 학술적 토론이 가능한 병렬적 관계로 믿게 된 원인이기도 하다. 그 믿음 아래 '양식과 룰'을 지키는 건전한 토론 문화를 기대하거나, 어느 한쪽에 의한 학문의 배타적 독점을 우려하기도 한다. '규정은 정치적 행위'라고 푸코가 말했던가. 이분법적 도식의 '친일 vs 민족'의 프레임이 이미 정치적 규정임에도 불구하고, 양자 간의 토론에서 학문 외적 요소를 배제할 것을 종용하기도 한다. 이러한 와중에 저 도식은 오히려 더욱 공고해지고, 이 대결에서 비겁한 회피나 반칙은 비난의 표적이 될 수 있다.

그런데 과연 저 이분법적 도식은 얼마나 적절한가. 이러한 이분법이 가능하기는 한가. 여기에 문제를 제기하고 싶다. 양자 간의 병렬적 관계 혹은 논쟁의 구도가 성립하기 위해서는 우선 두 가지가 입증될 필요가 있다. 첫째, '강단' 역사학계가 식민주의 역사학을 추종하고 있는지의 여부와, 둘째, 위의 협의체가 민족주의 역사학을 대표할 수 있는지의 여부이다. 시작은 후자부터다.

합의되지 않은 개념, 민족주의 역사학

이분법적 도식의 오류는 그들이 신채호를 전유하는 방식을 통해 드러난다. 신채호는 그들이 민족주의 역사학의 대표를 자임하기 위해 내세운 정통성의 상징, 아니 표상이다. '강단' 역사학계가 친일학자인 이병도(李丙燾)를 추종하듯이, 우리 민족주의 역사학자들은 신채호의 역사학을 계승한다는 것이 그들의 논리인데, 이는 과거에 지각된 대상을 기억에 의해 재생한 것이 아니라 주관에 의해 조합한 것이므로 상징보다는 '상상 표상'에 가깝다.[27] 이로써 '식민주의·강단·친일·매국'의 표상으로서 이병도, '민족주의·재야·독립·애국'의 표상으로서 신채호가 부각될 수 있었고, 협의체의 공동대표에 의해 "단재 사학과 두계 사학은 공존할 수 없는 두 가치를 대변"[28]한다는 서술이 등장할 수 있었다.

> 한국의 역사학자를 분류할 때 분류 기준 중의 하나가 단재 신채호에 대한 평가 여부이다. 식민사학자들의 단재 신채호에 대한 거부감은 상상 이상이다. 물론 겉으로는 인정하는 척하지만 한 발 더 들어가보면 전근대적이라고 비난하고 민족주의 역사학자라고 비난한다. 겉으로는 실증의 잣대를 들이댔지만 신채호만큼 중국의 고대 1차 사료 및 한국 1차 사료를 많이 본 학자도 없을 것이다. 그럼에도 불구하고 신채호는 실증이 결여된 민족주의 역사가로 비난한다. 그들의 잣대는 조선총독부 학무국의 잣대이다. 조선총독부의 관점으로 신채호의 역사관을 바라보기에 그만큼 뼈아픈 것이다. 또한 신채호의 역사관이 되살아나면 자신들은 설 자리가 없다는 사실을 잘 알고 있기 때문이다.[29]

위에 인용한 이덕일의 발언에서와 같이 그들은 신채호의 적자를 자임함과 동시에 '강단' 역사학계의 신채호 부정을 폭로하고 있다. 이들의 간단명료한 이분법적 재단에서는 신채호 비판이 곧 비난이자 부정으로 해석될 수밖에 없었고, 이는 식민주의 역사학의 필요조건이자 반민족주의 역사학의

---

27) 철학사전편찬위원회, 『철학사전』, 중원문화, 2009.
28) 이덕일, 『우리 안의 식민사관』, 만권당, 2014, 80쪽.
29) 위의 책, 205쪽.

충분조건이었던 셈이다. 이로써 더욱 선명한 레토릭이 마련될 수 있었다. 신채호 역사학에 대한 배타적 독점과 전유이다.

> 뤼순감옥에서 쓸쓸하게 옥사한 단재 신채호 선생이 이들에게는 "정신병자이자 또라이"였던 반면 이병도는 "국사학계의 태두이자 최초의 근대적 역사학자"로 떠받들어졌다.[30]

> 식민사학자들이 다시 날개를 달고, 신채호 같은 민족사학자들은 여순감옥에서 쓸쓸히 옥사하는 그런 (…) 시대가 과연 돌아오지 않을까?[31]

이것은 민족주의 역사학의 독점이기도 한데, 이 레토릭의 설득력은 다음 질문에 대한 답에 달려 있다. 과연 위의 협의체가 전유하는 민족주의 역사학은 그들만이 독점할 수 있는 것인가.

> 우리 역사를 우리 관점으로 바라보는 민족주의 역사학[32]

> 식민사관에 반대되는 역사관이 뭡니까? 민족사관입니다.[33]

식민주의 역사학에 반대하면서 우리 관점으로 바라보는 역사학. 이것이

---

30) 위의 책, 14쪽.

31) 이덕일, 『매국의 역사학, 어디까지 왔나』, 만권당, 2015, 362쪽.

32) 허성관, 「인사말」, 미사협 홈페이지.

33) 박성수, 「식민사관 해체를 말한다」, 미사협 홈페이지.

바로 그들이 밝힌 민족주의 역사학의 의미에 관한 언급의 전부이다. 바꿔 말해 이와 같은 민족주의 역사학의 정의는 식민주의 역사학의 정의에 기생한다고도 할 수 있다. 오로지 "일제가 한국을 영구히 지배할 목적으로 창작한 역사관"[34]으로서의 식민주의 역사학에 저항하는 것을 목표로서 선전하고 거기에 민족주의 역사학이라는 간판을 건 셈이다. 민족주의 역사학은 민족주의와 불가분일 뿐만 아니라, 필연적으로 민족에 대한 고민을 담보하지 않을 수 없음에도, 민족과 민족주의의 개념규정에 관한 언급의 부재는 아쉽다. 위의 언급에 따르면 민족주의는 "우리를 우리 관점으로 바라보는 것" 쯤으로 읽힐 수 있을 뿐이다. 신채호의 절대화와 그를 향한 집착은 이와 같은 개념의 취약에서 비롯되었을 수도 있다.

한편, 앞서 언급했듯이 신채호는 새로운 역사 주체로서의 민족을 강조하고, 그 정체성을 수립하는 데 앞장 섰다. 그럼 신채호가 말하는 민족주의는 무엇인가. 그는 민족주의에 대해 다음과 같이 말했다.

> 그러한즉 이 제국주의를 저항하는 방법은 무엇인가. 가로되 민족주의(다른 민족의 간섭을 받지 아니하는 주의)를 분발할 뿐이니라. (…) 우리 민족의 나라는 우리가 주장한다.[35]

신채호는 민족주의를 제국주의에 대한 저항으로서, 다른 민족의 간섭을 받지 않으면서 우리 민족의 나라를 우리가 주장하는 주의로 풀이하였다. 그

---

34) 이덕일, 앞의 책, 2015, 5~6쪽.
35) 신채호, 「제국주의와 민족주의」, 『대한매일신보』 1909. 5. 28.

에 따라 1910년 초에 "지금은 한국이 제국주의 속에 빠지고 민족주의의 고통한 지경을 당하여 쇠잔한 명이 급하"[36]다는 진단을 내릴 수 있었다. 물론 여기서 말하는 민족주의가, 앞서 확인했던 것과 같이 20세기 초 한국 지식 사회가 안고 있던 위기의식으로부터 배태된 민족 개념을 바탕으로 하고 있다는 점은 재고의 여지가 없다. 신채호에게 '민족'이란 위기의 국가를 대신할 새로운 역사의 주체였고, 바로 그러한 민족이 제국주의의 간섭을 받지 않으면서 국가를 일으킬 수 있는 것이야말로 민족주의의 힘이라고 믿고 있었던 것이다. 그리고 이때의 제국주의는 단순히 영토를 빼앗는 것을 넘어 국권을 침탈함으로써 역사의 주체를 뒤흔드는 폭력일 수밖에 없었다. 따라서 신채호에게 민족주의 역사학은 새로운 역사 주체로서 우리 민족을 내세운 역사 서술에 다름 아니었다. 중요한 것은 '민족'이 품은 함의의 깊이였다.

그렇다면 과연 이러한 이해 속에서 위의 협의체가 민족주의 역사학을 대표할 수 있으며 '강단' 역사학계는 그로부터 배제되어야 할까. 이와 관련하여 오히려 해방 이후 한국 고대사학계의 연구성과들이야말로 민족주의적이라는 평가[37]는 그들의 이분법적 도식과 신채호 전유의 오류를 짐작케 한다. '강단' 역사학계는 4·19를 계기로 한 민족주의의 고양이라는 시대적 분위기 속에서 1960년대와 1970년대의 대부분을 민족사의 부활 작업에 바쳤고,[38] 식민주의 역사 서술의 영향을 배제하기 위해 모두 민족주의자가 될 수밖에 없었다.[39] 예컨대, 1970년대 한국 고대사학계가 인류학적 방법론을 원

---

36) 『대한매일신보』 1910. 2. 23.

37) Hyung Il Pai, *Constructing "Korean" Origins*, Harvard University Press, 2000.

38) 박찬승, 「분단시대 남한의 한국사학」, 『한국의 역사가와 역사학』 하, 창작과비평사, 1994.

39) 앙드레 슈미드, 앞의 책, 594~599쪽.

용하여 국가형성 문제에 집중했던 것도 낙랑군을 강조한 식민주의 역사학에 대한 저항인 셈이었다. 결국 민족주의 역사학이 민족을 역사의 주체로 설정한 역사 서술이라고 정의될 수 있다면, 국내의 한국 고대사 연구는 자타가 인정하는 민족주의 역사학이라는 데 이론의 여지가 없다.

더구나 20세기 후반 이래 서구 학계의 영향을 받은 탈근대 혹은 포스트모던의 연구 경향이 나타남에 따라 기왕의 한국사 연구, 특히 한국 고대사 연구는 바로 '민족주의적'이라는 이유로 비판받아왔다. 식민주의 역사학을 극복하는 과정에서 불가피하게 민족이 강조될 수밖에 없었다고 하더라도, 민족적 형식을 너무 강조한 나머지 민족을 초역사적 내지는 자연적 실재로서 부당 전제한 끝에 역사를 신화의 영역으로 이끌고 있다는 비판이 제기되었던 것이다.[40] 그리고 역사인식과 서술체계에 있어서도 민족 중심의 역사 서술을 탈피하고 일국사 중심의 역사를 해체해야 한다는 문제제기도 있었다.[41] 그래야 미래지향적 동아시아사 서술이 가능할 것이라는 진단이었다.[42] 이러한 비판들은 기왕의 연구 경향을 민족주의적 역사 해석으로 평가함과 동시에 민족을 넘어선 새로운 공동체 창출이라는 지향을 공유하는 셈이다. 바꿔 말해 이러한 비판들은 '강단' 역사학계의 연구, 즉 기왕의 한국 고대사 연구가 민족을 역사의 주체로 두는 역사 서술, 즉 신채호 이래의 민족주의 역사학이었다는 전제 아래 이른바 탈민족 혹은 탈민족주의를 추구했던 셈이다.

반면, 이와 같은 탈민족주의적 비판에 대해 이른바 '강단' 역사학계, 즉 국

---

40) 임지현, 『민족주의는 반역이다』, 소나무, 1999.

41) 이성시·임지현 엮음, 『국사의 신화를 넘어서』, 휴머니스트, 2004.

42) 김기봉, 『역사를 통한 동아시아 공동체 만들기』, 푸른역사, 2006.

내의 한국 고대사학계에서도 반응이 없지 않았다. 그런데 그 반응의 방향은 민족주의적이라는 평가에 대한 인정이었고, 여전히 그 민족주의는 유효하다는 것이었다. 우리에겐 아직 해결하지 못한 남북한의 민족 문제가 남아 있으므로, 민족을 역사의 주체로 설정하는 민족주의 역사학은 여전히 유효할 수 있다는 대답이었다.[43] 그리고 민족주의 역사학을 통한 민족의 특수성과 다양성의 인정이야말로 오히려 새로운 공동체 창출의 교두보가 될 수 있을 것이라는 전망도 있었다.[44]

여기서 민족주의 역사학의 현재적 유효성을 평가하려는 것은 아니다. 단지 위의 협의체가 짠 이분법적 도식의 허구성을 밝히기 위함이다. 결론적으로 그들이 식민주의 역사학이라고 비난하고 있는 '강단' 역사학계야말로 신채호가 정립한 민족주의 역사학을 오늘날까지 이어온 셈이다. 그것이 민족을 역사의 주체로 설정한 역사 서술임은 두말할 나위 없다.

식민주의 역사학에 대한 오해

사실 위의 협의체가 신채호와 민족주의 역사학을 독점하고 전유하는 것은 민족주의 개념을 간과한 것일 뿐만 아니라 식민주의 역사학을 오해한 결과이기도 하다. 무슨 오해인가. 이제 그들의 이분법적 도식을 떠받치는 두 가지 명제 가운데 남은 하나, '강단' 역사학계가 식민주의 역사학을 추종하

---

43) 강종훈, 「최근 한국사 연구에 있어서 탈민족주의 경향에 대한 비판적 검토」, 『한국고대사연구』 52호, 2008.
44) 서의식, 「민족 중심의 역사 서술과 역사교육」, 『역사비평』 56호, 2001.

고 있는지를 확인할 차례이다. 이를 위해서는 식민주의 역사학이 무엇인지를 확인할 필요가 있다.

> 식민사관의 핵심은 '단군 역사와 강역의 축소', '위만조선의 고조선 계승설'과 '한사군의 한반도 내재설'이 아니고 무엇인가?[45]

> 식민사관이란 한마디로 일본 제국주의가 한국을 영구히 지배하기 위한 목적으로 창작한 역사관을 뜻한다. 정체성론, 반도성론 등 여러 논리가 있지만 시기적으로는 고대사가 핵심이고, 그 두 축이 '한사군 한반도설'과 '임나일본부설'이란 이야기는 이미 했다.[46]

협의체의 공동대표들은 식민주의 역사학의 핵심을 위와 같이 파악하였다. 양자 간의 합의도 필요해 보이지만, '한사군 한반도설'만은 공히 핵심으로 제시되고 있다. 그러나 단언컨대 '한사군 한반도설'은 식민주의 역사학의 핵심이 아니다. 이미 그들의 다른 글에서도 밝히고 있듯이, 식민주의 역사학의 핵심이 '타율성론'과 '정체성론'이라는 데는 이론의 여지가 없다. 한국사는 자율적으로 발전하지 못하고 항상 주변 강대국의 영향 아래에 있었다는 타율성론과, 한국사의 단계적 발전을 부정하고 한국사를 정체와 낙후를 거듭한 역사로 파악하는 정체성론, 이 두 가지 색안경을 끼고 본 '한사군 한반도설'이라야 식민주의 역사학이라는 낙인이 찍힐 수 있다. 같은 한사군

---

45) 이찬구, 「강단주류학계 실체 고발」, 미사협 홈페이지.

46) 이덕일, 앞의 책, 2014, 50쪽.

262 한국고대사와 사이비역사학

한반도설이라도 타율성론이라는 색안경을 낀 조선총독부의 해석과 그 색안경을 끼지 않은 조선 후기 실학자들의 해석에 대한 평가가 다를 수밖에 없는 이유이다. 문제는 한사군 한반도설이 아니라 타율성론과 정체성론이라는 색안경에 있다. 최소한 지금의 '강단' 역사학계에 이 색안경을 낀 사람은 없다.

그런데 사실 중요한 것은 이처럼 색안경을 낀 타자인식은 필연적으로 일본의 자기인식과 표리를 이룰 수밖에 없다는 점이다. 일본의 역사는 정체되지 않았을 뿐만 아니라 외국에 의존적이지 않았다는 비교가 전제되어 있기 때문이다. 1900년경부터 일본에서는 본격적으로 일본의 역사를 아시아, 구체적으로는 조선과 중국에서 분리시키려는 경향이 등장했다. 이는 탈아입구(脫亞入歐)라는 국시 아래 유럽 역사와의 유사성을 도출하려는 방향이자, 근대 국민국가의 건설과 천황제 이데올로기의 강화라는 시대 상황의 요구였다. 그리고 그 탈아입구의 중심에는 바로 봉건제가 있었다.[47] 일본의 역사 속에서 유럽의 봉건제와 비슷한 모습을 포착함으로써 탈아입구의 역사적 조건을 마련하려는 시도였다. 기억해야 할 것은 여기에 기본적으로 '고대 노예제-중세 봉건제-근대'라고 하는 사회진화론적 발전 도식이 전제되어 있다는 사실이다.

후쿠다 도쿠조(福田德三)는 독일어로 발표된 그의 박사학위논문 『일본경제사론』(1900)에서 일본 봉건제의 역사를 유럽의 사례에 빗대어 설명하였다. 이 논문이 집필 동기가 유럽의 경제사와 똑같이 진행된 일본의 경제사를 유럽

---

47) 미야지마 히로시, 「일본 '국사'의 성립과 한국사에 대한 인식」, 『한일공동연구총서』, 2000.

독자들에게 소개하는 것이었던 만큼,[48] 탈아입구의 역사적 근거를 제시했던 셈이다. 한편 이러한 맥락 속에서 후쿠다는 1903년 한국을 방문하고 귀국한 다음 작성한 「한국의 경제 조직과 경제 단위」라는 논문을 통해 한국 사회의 존재양식, 지배층인 양반의 특징, 경제의 발전 단계 등을 근거로 하여 그 다양한 특색을 만들어낸 최대의 원인으로 봉건제의 결여, 봉건제 이전 단계에서의 정체를 지적하고 있다. 후쿠다는 이러한 인식을 바탕으로 일본의 한국 지배가 한국에게 매우 바람직한 것이라고 주장하기도 했다. 요컨대, 후쿠다는 '유럽적인 것이 곧 보편적인 것'이라는 인식 아래에서 일본의 역사 속에서 세계사적 보편성을 띤 유럽적인 것을 봉건제라는 이름으로 찾아냈고, 그 봉건제를 찾아볼 수 없는 한국의 역사는 세계사적 보편성이 결여된 정체사회라고 파악했던 셈이다. 이것이 바로 정체성론의 출발이었다. 후쿠다의 다음과 같은 말이 보여주듯이 타율성론은 위의 정체성론을 전제로 한다.

> 지금 한국에서 욕망 증진에 따른 생산력 향상 활동을 추구하고 급속한 경제 단위의 발전을 이루려면, 봉건제도의 성소이자 근세 국민경제의 양대 요건인 토지와 인민 두 가지에 대해 자본화를 수행하는 것이 최급무이다. (…) 그리고 이러한 것들이 금 한인의 독창적인 발전에 의해 기대할 수 있는 것이 아니라면, 한국 경제 단위의 발전은 자발적인 것이 아닌, 전래적일 수밖에 없다. 전래적이란 다른 경제 단위를 발전시킨 경제 조직을 갖춘 문화에 동화된다는 말이다. (…) 우리 일본인은 이 사명을 즉시 충족시키는 데 가장 적당하지 않겠는가.[49]

---

48) 福田德三, 『經濟史經濟學史研究』, 同文館, 1925, 12쪽.
49) 위의 책, 157~160쪽.

264 한국고대사와 사이비역사학

한국은 스스로의 발전을 기대할 수 없으므로 이미 발전을 이룬 사회의 도움을 받을 수밖에 없는데, 그 역할은 일본이 제격이라는 말이다. 한국사의 정체를 전제로 그 타율성을 언급한 것이었다. 결국 식민주의 역사학의 핵심 중의 핵심은 '정체성론'이라고 할 수 있다. 정체성론을 기초했던 후쿠다로부터 수학한 백남운(白南雲)이 스승에 맞서 한국사도 세계사적 보편성, 즉 유럽적인 봉건제를 경험했음을 증명하기 위해『조선사회경제사』(1933)와『조선봉건사회경제사』(1937)를 일본어로 출간했던 것은 식민주의 역사학을 극복하기 위한 디딤돌일 수 있었다. 결국 세계사적 발전 도식을 기초로 한 정체성론이야말로 식민주의 역사학의 핵심이었고, 따라서 그를 전제로 한 타율성론과 반도적 성격론 등의 식민주의 역사학이 만들어질 수 있었던 셈이다.

신채호의 고민

식민주의 역사학을 극복하는 길은 타율성론과 정체성론을 벗겨내는 일이다. 그 방법에는 두 가지 노선이 있을 수 있다. 첫째, 한국사는 타율적이지 않을 뿐만 아니라 정체되지도 않았음을 증명하는 작업이다. 삼국시대 이전의 한국사에 중국 군현으로서 낙랑·대방군의 역사만 배치함으로써 한국사의 타율성을 부각시킨 타율성론에 맞서, 고조선 및 단군의 역사를 강조하는 신채호 이래 많은 연구들이 그 실례이다. 또 한국은 자생적 근대화를 이루지 못할 뿐만 아니라 여전히 고대적 상태에 머물러 있다고 간주함으로써 한국사의 정체성을 강조한 정체성론에 맞서, 한국에도 유럽식 봉건제가 있었음을 밝히고자 한 백남운의 연구와, 이미 조선 후기부터 근대적 자본주의의

싹이 트고 있었다고 본 '자본주의 맹아론'을 비롯하여 내적 능력과 발전을 내용으로 한국사를 재구성하려는 '내재적 발전론'도 이에 해당할 수 있다.

둘째, 식민주의 역사학의 타율성론과 정체성론이 전제로 하고 있는 세계 사적 발전 도식의 목적론적 인식에 문제를 제기하는 방법이다. 비단 사적유 물론에서 말하는 '고대 노예제-중세 봉건제-근대 자본주의'라는 도식뿐만 아니라, 그 바탕에 깔려 있는, 역사는 미개에서 문명으로 진화한다고 하는 사회진화론적 인식 자체가 비판의 대상이 될 수 있다. 서구적 근대성과 발 전론이 제시하는 단선적 도식만을 정답으로 간주하는 인식을 비판하고, 역 사는 하나의 방향 혹은 목적을 향해 발전·진화·진보해 나간다는 인식 자체 를 거부함으로써 '정체'라는 개념을 부정하는 것이다.

신채호는 분명 전자와 같은 입장에서 타율성론에 대립했다. 민족을 역사 의 핵심에 놓음으로써 의도적으로 왕실 중심의 유교적 사관에서 거리를 두 었고, 그렇게 함으로써 그는 민족의 역사를 중국과 무관하게 만들었다. 같 은 맥락에서 대대로 내려오는 역사를 창조하기 위해 단군과 고조선을 강조 했고, 따라서 자연히 한사군의 역사도 배제될 수밖에 없었다. 신채호의 역사 서술을 관통하는 것은 바로 민족국가의 계보였다. 그리고 민족사의 방향성 을 분명히 하기 위한 구체적인 시도로서 신채호는 민족이 끊임없이 이웃 나 라와 경쟁하는 과정이 곧 역사임을 명확히 했다. 그는 종족의 쇠망을 '약육 강식'의 사회진화론적 법칙으로 설명했던 것이다. 혈통에 의해 규정된 민족, 그 민족의 흥망성쇠가 강조되면서 신채호의 사회진화론적·목적론적 인식 은 명확하게 증명된다.[50]

---

50) 앙드레 슈미드, 앞의 책, 424~425쪽.

그런데 이러한 신채호의 민족주의에서 약간의 변화가 감지된다. 민족주의의 바탕을 이룬 사회진화론적 인식을 의심하기 시작한 것이다.

> 여기서 단재 신채호 이야기를 해야겠어요. 오늘날 신채호 추모회가 열리고 해서 가보는데, 우리의 많은 역사가들이 와서 신채호에 대한 높은 추념의 뜻을 나타내는 것은 좋습니다만 신채호가 무정부주의 운동 했다는 말을 빼버리고 있어서 유감입니다. 내가 보기로는 신채호는 무정부주의자가 되었을 뿐만 아니라 무정부주의 운동을 하기 위해 최후를 마친 사람인데, 이런 얘기는 않고 그저 한국의 뛰어난 역사가로만 칭찬한단 말입니다.[51]

위의 회고는 신채호와 함께 활동했던 정화암(鄭華岩)의 탄식이다. 신채호는 1920년대부터 무정부주의자들과 함께 활동했고, 그 와중에 체포되어 결국 옥고를 치른 끝에 숨을 거두었다. 민족주의 수립의 주역이었던 그가 무정부주의, 즉 아나키즘을 수용했던 이유는 무엇일까. 여러 요소들이 작동한 것이겠지만 그중에서도 주된 이유는 사회진화론적 인식의 허상을 간파했기 때문이었다.[52] 사회진화론은 사실상 제국주의의 식민지배를 정당화하는 논리로 활용되었다. 사회진화론의 '적자생존', '약육강식'의 논리대로라면 강자인 일본 제국주의에 의해 약자인 한국이 식민지배를 받는 것도 자연스러운 것으로 읽힐 수 있기 때문이다. 따라서 애초에 사회진화론에 기반을 둔 민족주의와 식민주의는 서로 모순되는 정치적 목적을 가지고 있음에도, 근내

---

51) 李庭植 면담·金學俊 편집/해설, 『혁명가들의 항일회상』, 民音社, 1988, 275쪽.

52) 이호룡, 『신채호 다시 읽기』, 돌베개, 2013, 161쪽.

자본주의를 승인한다는 점에서 많은 공유점을 가질 수밖에 없었다.[53] 신채호에게 근대 자본주의를 옹호하는 우승열패의 민족주의가 이전과 똑같을 순 없었다. 그는 이제 사회진화론의 허상을 부정하면서 다음과 같이 이야기한다.

> 소위 정치는 강자의 행복을 증진하여 망국약민이 다시 머리를 들지 못하게 하는 그물이며, 소위 역사는 성자는 군주를 만들고 패자는 도적을 만들어 이둔으로 시비를 삼은 구렁이요, 소위 학설은 이따위 정치 이따위 역사를 옹호한 마설이다.[54]

약육강식의 구도에 복무하는 정치와 역사, 학설 등까지도 거부하게 된 신채호에게 이제 새로운 역사의 주체는 민중일 수 있었다. 특히 1917년의 러시아혁명, 1919년의 3·1운동과 5·4운동의 경험은 그가 민중의 힘을 느낄 만한 계기였다.[55]

> 민중은 우리 혁명의 대본영이다. 폭력은 우리 혁명의 유일 무기이다. 우리는 민중 속에 가서 민중과 휴수하여 부절하는 폭력-암살, 파괴, 폭동으로써 강도 일본의 통치를 타도하고 우리 생활에 불합리한 일체 제도를 개조하여, 인류로써 인류를 압박치 못하며, 사회로써 사회를 박삭치 못하는 이상적 조선을 건설

---

53) 앙드레 슈미드, 앞의 책, 72쪽; 도면회, 「독립운동 계열의 한국사 구성 체계」, 『史林』 53호, 2015, 19쪽.

54) 신채호, 「위학문의 폐해」, 『단아잡감록』, 1920년대.

55) 李萬烈, 앞의 책, 190쪽.

할지니라.[56]

1920년대 중반 이후 신채호가 혁명으로 일제를 타도하고 민족해방을 완수한 뒤 건설하고자 한 사회는 "자유적 조선 민중의", "민중적 경제의", "민중적 사회의", "민중적 문화의" 한국 사회로서 빈부차별이 없는 평등사회였다.[57] 이 와중에 신채호가 새로이 포착한 역사 변화의 주체는 바로 민중이었다.[58]

이런 신채호의 변화를 "이해하기 어려운" 일로 볼 수도 있지만,[59] 민족주의를 수립했을 때나 아나키즘을 수용했을 때나 변함없이 일본 제국주의에 대한 저항의 기세는 한결같았다는 점이 중요하다. 단, 그 제국주의가 근대 자본주의의 최종 형태라는 것을 간파함으로써, 신채호는 더 이상 이전과 같은 사회진화론적 인식을 유지할 수 없었다. 이제 신채호 역사학에게 남은 일은 고조선과 단군에 대한 강조를 넘어서 식민주의 역사학이 전제로 하고 있는 목적론적 인식 자체를 비판함으로써 정체성론과 타율성론을 극복하는 것일 수 있었다.

1910년대 말에 쓰여진 『조선상고문화사(朝鮮上古文化史)』에서는 그 내용의 전부를 차지하며 대단히 강조되었던 고조선과 단군의 역사가 1924년경 집필된 것으로 보이는 『조선상고사(朝鮮上古史)』에서는 비교적 축소되어 11편 중 2편만을 차지한 것도, 위와 같은 인식 변화의 일환이지 않을까. 더욱이

---

56) 신채호, 「조선혁명선언」, 1923.

57) 위의 글.

58) 이신철, 「한국 근대 역사주체의 형성과 근대 역사학의 태동」, 『史林』 42호, 2012, 51쪽.

59) 愼鏞廈, 『申采浩의 社會思想 硏究』, 한길사, 1984, 270쪽.

대종교의 영향 아래서 집필된 『조선상고문화사』와는 달리, 『조선상고사』와 『조선사연구초(朝鮮史硏究草)』에서 『천부경(天符經)』 등의 대종교 경전들을 위서라고 비판했던 것도 아나키즘 수용 이후 나타난 변화의 일면일 수 있다.[60] 특히 주목되는 것은 『조선상고문화사』에는 등장하지 않았던 역사 주체로서의 '민중'이 『조선상고사』에서는 아래와 같이 언급되고 있다는 사실이다.

그러므로 일부 인민들이 신인(神人)과 영웅들의 허위를 각오(覺悟)하고 왕왕 자치촌, 자치계 같은 것을 설립하여 민중의 힘으로 민중의 일을 자결(自決)함을 시험하였나니[61]

그들이 정전설(井田設)을 아무리 고조(高調)로 불렀으나, 본래 민중을 휘동(揮動)하여 부귀계급을 타파하려는 운동이 아니오 오직 군주나 귀족을 유세하여 그 기득한 부귀를 버리고 그 소유를 민중에게 평균히 나누어주자 함이므로[62]

신채호는 이제 역사 서술에서도 민중을 위한 자리를 마련하기 시작하였다. 위의 인용대로, 이제 그는 민중의 힘으로 민중의 일을 자결하거나, 부귀계급의 소유를 민중에게 나누어주는 것에 의미를 부여할 수 있었다. 물론 변함없이 신채호는 민족해방을 꿈꾸었고, 『조선상고사』는 여전히 민족주의적 색채를 띠고 있었지만, 사회진화론적 인식에 대한 회의가 뚜렷해진 만큼

---

60) 申采浩, 『朝鮮上古史』, 鐘路書院, 1948, 30쪽; 申采浩, 『朝鮮史硏究草』, 朝鮮圖書株式會社, 1929, 18쪽.

61) 申采浩, 앞의 책, 1948, 88쪽.

62) 위의 책, 137쪽.

민족주의에 대한 믿음은 희미해질 여지가 있었고, 그의 시선은 민중을 향하고 있었던 것이다. 다만 본인의 바람대로 연구를 이어가지 못한 채, 1928년 스스로 제창한 민중 직접 혁명론을 행동으로 실천하고자 자금 조달 활동을 벌이다가 체포됨으로 말미암아 그의 연구가 끊어지게 된 것이 안타까울 따름이다.

요컨대 위의 협의체가 민족주의 역사학의 대표를 자임하면서 그 표상으로서 신채호를 내세웠지만, 그것은 신채호에 대한 배타적 독점과 굴절된 전유에 다름 아니었다. 신채호의 민족주의는 그들과 달랐고, 그마저도 신채호 스스로가 어느 정도 극복했던 것으로 볼 수 있다. 따라서 신채호 역사학의 성격은 어느 한 가지로 국한될 수 없는 역동성을 갖는다. 다만, 역사 주체에 관한 신채호의 고민은 여전히 우리의 숙제로 남아 있다.

이상을 통해 민족주의 역사학의 표상으로 소비되고 있는 신채호를 다시 생각할 수 있는 계기를 마련하고자 하였다. 몇 편의 글로 이 쟁점이 해결되리라고 생각하지 않는다. 그럼에도 이렇게 나설 수밖에 없었던 것은 '사람들이 배우려 하지 않을지라도 현대사회에 도움이 되는 어떤 것을 말해줄 수 있다'는 홉스봄에 대한 믿음인지도 모르겠다.

단재가 단재를 비판하다

신채호의 역사 저술 활동은 크게 세 시기로 구분할 수 있다. 1910년 이전 구한말을 하나의 시기로 묶을 수 있고, 1910년대 대종교의 영향이 짙었던 시기를 또 한 시기로, 1920년대 이후 아나키즘에 빠져들던 시기를 마지막으로 묶을 수 있다. 공교롭게도 각 시기를 대표할 만한 저작들이 남아 있다. 1908년의 『독사신론(讀史新論)』, 1910년대 『조선상고문화사(朝鮮上古文化史)』, 1924년경 집필된 『조선상고사(朝鮮上古史)』와 1920년대의 『조선사연구초(朝鮮史研究草)』가 그 주자들이다. 이 중에서 두 번째 시기의 대표인 『조선상고문화사』와 세 번째 시기의 대표 『조선상고사』 및 『조선사연구초』는 비슷한 대상을 다루면서도 서로 상당한 차이가 있어 흥미롭다. 다른 사람의 저술로 평가할 정도로 그 차이가 심한데, 서술의 차이뿐 아니라 견해의 차이도 있다는 점은 간과하기 어렵다.

1914년, 신채호는 윤세복(尹世復) 등의 초청으로 만주 펑톈성(奉天省) 화이런현(懷仁縣)의 동창학교에서 교사로 지내면서 대종교에 입교함과 동시에 『조선사』라는 교재를 집필하였는데, 이것이 곧 두 번째 시기의 대표저작 『조선상고문화사』일 개연성이 크다. 1914년 8~10월에 있었던 일제의 조사보고에 따르면, 동창학교는 대종교의 교회로서 "그 생도는 물론 부근의 한인(韓人)을 모아 동교의 포교와 함께 배일사상을 고취"하던 장이었고, 그 교육 내용은 "한민족의 조선(祖先)은 백두산록에서 나와 중국 민족 및 대화 민족(大和民族, 일본 민족)과 같은 것은 그 지족(支族)에 불과한 고로 아등(我等)은 노력하여 국권을 회복하여 부여 민족과 부여국의 독립 발전을 도모"해야 한다는 것이었다. 『조선상고문화사』가 대종교계 역사 서술로 평가되는 이유이기도 하다.
당시 신채호는 대종교도로서 대종교 학교의 교재를 집필했던 셈이다.

  그랬던 그가 180도 돌변한다. 1924년경 집필한 『조선상고사』에서는 대종
교의 대표 경전인 『천부경(天符經)』과 『삼일신지(三一神誌)』(삼일신고三一神誥)를
고서가 아니라고 평가하며 다음과 같이 비판했다.

> 우리 나라는 고대의 진서(珍書)를 분기(焚棄)한 때(李朝 太宗의 焚書 같은)는 있었으
> 나 위서를 조작한 일은 없었다. 근일(近日)에 와서 『천부경』, 『삼일신지』 등이 처
> 음 출현하였으나 누구의 변박(辨駁)이 없이 고서(古書)로 신인(信認)할 이가 없게
> 된 것이다.

  그리고 『조선상고사』와 함께 1920년대 대표저작인 『조선사연구초』 중
「삼국지동이열전교정(三國志東夷列傳校正)」에서는 아래와 같이 말하며 대종교
의 경전인 『천부경』을 후인의 위조라고 엄단했다.

> 역사를 연구하려면 사적 재료의 수집도 필요하거니와 그 재료에 대한 선택
> 이 더욱 필요한 것이라. 고물(古物)이 산같이 쌓였을지라도 고물(古物)에 대한 학
> 식이 없으면 일본의 관영통보(寬永通寶)가 기자(箕子)의 유물도 되며, 10만 책의 장
> 서루(藏書樓) 속에서 좌와(坐臥)할지라도 서적의 진위와 그 내용의 가치를 판정할
> 안목이 없으면 후인 위조의 『천부경』 등도 단군왕검의 성언이 되는 것이다.

  대종교도였던 그가 대종교 경전을 부정하게 된 이유를 답하는 것은 쉽지
않다. 하지만 이와 같은 변화를 통해 대종교도로서 교육 및 저술 활동을 벌

였던 1910년대와 달리, 목적론적 민족주의에 회의를 느꼈을 1920년대의 신

채호가 기왕의 견해들을 고치고 있었다는 가정을 세우는 것은 어렵지 않다.

1928년 대만에서 체포만 되지 않았던들, 단재의 단재 비판은 더 날카로워졌

을지도 모를 일이다.

한국 고대사와 사이비역사학

제3부

젊은 역사학자들,
사이비역사학과 역사 연구를 논하다

2016년 8월 18일, '젊은역사학자모임' 구성원들은 〈근대 역사학과 민족주의─한국 고대사 연구의 지향을 모색하며〉(경희대학교 인문학연구원 부설 한국고대사·고고학연구소 콜로키움)를 주제로 좌담을 진행했다. 사전에 정리된 논점을 공유하고 주제별로 토론이 이루어졌다. 고대사 연구자들뿐만 아니라, '사이비역사학'에 대한 학계의 대응과 역사 연구의 전망을 고민하는 근현대사 연구자들도 함께했다. 김헌주의 발제에 각 참가자들의 토론이 이어졌다.

▷ 함께한 이들

고태우___연세대학교 사학과 박사수료, 한국생태환경사연구소 연구위원. 식민지 '개발'
　　　　과 유산 문제, 20세기 한국 생태환경사 연구.

기경량___가천대학교 강사. 고구려 왕도의 변천과 도시 구조 연구.

김헌주___고려대학교 한국사연구소 연구원. 한국 근대 의병봉기와 지역사회 연구.

안정준___경희대학교 인문학연구원 학술연구교수. 고구려의 지방 지배 및 중국계 유이
　　　　민에 관한 연구 등.

위가야___성균관대학교 사학과 박사수료. 백제 대외관계사 연구.

전영욱___역사문제연구소 연구원. 식민지 시기 정치사 연구.

'사이비역사학' 개념의 의미와 한계,
그리고 '올바른 역사'의 딜레마

김헌주

본격적인 논의에 앞서 이른바 '젊은역사학자모임'의 활동과 그 의미를 짚어보고자 한다. 그간 '사이비역사학'[01]의 문제점과 한계에 대하여 학계 내부에서 여러 고민들이 있었지만, 상고사 논쟁이 사회적 이슈가 되어 재야학계와 강단학계의 대토론회까지 열렸던 1987년 이후 별다른 대응이 없었던 것이 사실이다. 이런 상황에서 '젊은역사학자모임'의 연구와 강연 활동은 언론을 통해 대중에게 알려졌을 뿐만 아니라 의미 있는 성과도 이루어냈다. '역사 대중화'라는 이름으로 펼쳐져 있는 어지러운 판에 중요한 문제제기를 던졌다는 점에서 '젊은역사학자모임'의 지난 1년간 활동은 그 의미가 적지 않을 것이다. 더욱이 젊은 역사학자들의 활동이 기폭제가 되어 선학들 역시 강연과 논문 집필의 방식으로 대응에 나섰다는 점도 고무적이다. 다만, 여기서는 그동안 '젊은 역사학자모임'이 이룬 성과보다도 가 논의에 대한 비판전

---

01) 이 글은 '사이비역사학'이라는 개념의 의의를 인정하지만, 동시에 해당 개념의 한계를 비판하고 보완하고자 한다. 그런 측면에서 본문에서는 작은따옴표를 붙여 '사이비역사학'이라 통칭하겠다. '사이비역사학' 개념에 대한 대안은 뒤에서 제시하겠다.

과 향후 우리 세대 역사학자들이 더 고민해야 할 부분은 무엇인지를 중심으로 논의를 이어가고자 한다.

'사이비(似而非)역사'와 '정사(正史)'

이 책 1부에서 기경량도 언급했듯이(「사이비역사학과 역사파시즘」 참조), 사이비(似而非)는 맹자와 그 제자인 만장의 대화에서 나오는 용어이다. 상세한 분석을 위해 전문을 옮겨본다.

> 공자께서 말씀하시기를, "나는 사이비를 미워하는데, 가라지를 싫어하는 것은 벼 싹을 어지럽힐까 두려워서이고, 처세에 능한 자를 싫어하는 것은 의(義)를 어지럽힐까 두려워서이고, 말 잘하는 자를 싫어하는 것은 신(信)을 어지럽힐까 두려워서이고, 정(鄭)나라 음악을 싫어하는 것은 정악(正樂)을 어지럽힐까 두려워서이고, 자주색(間色)을 싫어하는 것은 붉은색(正色)을 어지럽힐까 두려워서이고, 향원을 미워하는 것은 덕을 어지럽힐까 두려워서이다"라고 하셨다. 군자는 상도(常道)로 돌아갈 뿐이니, 상도가 바르게 확립되면 서민이 선(善)에 흥기하고, 서민이 선에 흥기하면 사특한 무리들이 없어질 것이다.[02]

맥락상 사이비(似而非)는 의(義)와 신(信) 등의 상도(常道)를 어지럽히는 그릇

---

02) "孔子曰, 惡似而非者. 惡莠, 恐其亂苗也. 惡佞, 恐其亂義也. 惡利口, 恐其亂信也. 惡鄭聲, 恐其亂樂也. 惡紫, 恐其亂朱也. 惡鄕原, 恐其亂德也. 君子反經而已矣. 經正, 則庶民興, 庶民興, 斯無邪慝矣." 해석은 한국고전번역원(http://www.itkc.or.kr/itkc/Index.jsp)을 참조했다.

된 무엇을 가리킨다. 이 정의(定義)를 역사학에 대입하면, 기존 한국사 연구는 '의'와 '신'이, '사이비역사학'의 주장은 '사이비'가 되는 것으로 해석할 수 있을 것이다. 의와 신은 또다시 맥락상 '정(正)'이 된다고 볼 수 있을 것이다. 여기서 질문을 던져볼 수 있다. 먼저, 역사학에서 '올바름(正)'과 '사이비'의 기준은 무엇일까?

몇 가지 근거를 찾아보았다. 기경량은 사이비의 기준으로 ① 『환단고기』 등 위서의 사용과 사료 조작, ② 학문보다 대중 선동에 주력한 점을 근거로 들었다. 당연히 올바름의 기준은 ① 엄밀한 사료 비판에 입각한 연구, ② 학문적 양심을 지키는 것이 될 터이다. 한편 안정준은 학자적 태도로 ① 연구하는 사람의 학문을 대하는 진지한 자세, ② 스스로의 이념이나 가치관을 객관화하려는 노력을 꼽았다(2부 「오늘날의 낙랑군 연구」 참조). 역시 이것이 정(正)일 것이고 반대가 사(邪)일 것이다.

하지만 랑케(Leopold von Ranke) 이후 역사철학은 모두 역사학의 현재성과 구성주의적 측면을 강조하는 방향으로 나아가고 있다. 사실 근대 역사학은 국가권력과 같은 결로 짜여 있으며, 근대 역사학이 자부한 과학성과 객관성은 현존 국사의 논리를 정당화한 것이었다는 지적은 진작부터 있었다.[03] 더 나아가 기존 한국사 연구 역시 유럽에서 출발하여 제국일본을 통해 한국에 정착한 근대 역사학이며, 문명/야만, 발전/정체, 남성/여성이라는 이분법적 세계관은 한·중·일 삼국의 근대 역사학에 그대로 내재되어 있었음을 돌아볼 필요가 있다.[04] 이런 구도는 근대성에 대한 성찰적 담론이 나오기 이전까지

---

03) 조지 이거스 지음, 임상우 옮김, 『20세기 사학사』, 푸른역사, 1998, 216쪽.
04) 도면회·윤해동 엮음, 『역사학의 세기』, 휴머니스트, 2009, 24쪽.

계속 유지되었고, 지난 10여 년간 많은 논쟁이 있었지만 여전히 많은 토론이 필요한 상황이다.

그런 측면에서 본다면 사(邪)의 대립항으로서 객관성과 과학성을 표방한 근대 역사학의 계승자인 기존의 한국사 연구가 과연 정(正)일 수 있는가에 대한 성찰이 더욱 본질적인 문제일 수 있다. '정(正)' 혹은 공자가 얘기했던 '상도(常道)'가 분명하지 않다면 '사(邪)'의 기준 역시 불분명해질 것이기 때문이다.

중요한 건 '이름 붙이기'

그럼에도 근대 역사학의 성립 요건에서 1차 사료에 대한 비판적 검토는 필수적이라는 점을 부인할 수 없다. 따라서 '사이비역사학'이 함량미달임은 분명하다. 보는 관점에 따라서는 '사료 조작'이라는 혐의도 있을 수 있다.

하지만 연구가 함량미달이라고 해서 '사이비'라는 명칭을 붙이는 데는 고민이 필요하다. 1차 사료에 대한 과학적 분석뿐 아니라 민족(국민)국가의 서사를 통사적으로 정리하는 것 역시 근대 역사학의 중요한 구성 요건이기 때문이다.[05] '사이비역사학'은 '민족'을 고대부터 이어져 내려온 단일한 목적성을 가진 역사적 실체로 인정하면서, 웅대한 대륙을 회복하자는 '고토회복론'을 방법론적 기반으로 삼고 있다. 더구나 그들 역시 중국 정사 등의 1차 사료를 활용하고 있기도 하다. 한사군을 중국에 위치시키기 위해 무리한 해

---

05) 도면회, 「한국 근대 역사학의 창출과 통사 체계의 확립」, 『역사와 현실』 70, 2008.

석을 하고 있지만, 어찌되었든 '독립군 사관'에 입각해서 1차 사료를 활용하여 논의를 전개하고 있다는 것이다.

이런 관점에서 보면, '사이비역사학'은 한국 민족주의 역사학의 태생적 모순을 그대로 보여준다고 할 수 있다.[06] 신채호가 중화사관에 대한 비판의식 속에서 일제 식민지를 극복하기 위해 『조선상고사』를 썼듯이, 사이비역사학자들은 21세기 한국을 식민지와 동격으로 인식한 채 중화사관과 식민사관 척결을 외치며 논의를 이어간다. 그들이 저서와 강연 등에서 신채호를 언급하고 있음은 더 논할 필요도 없다. 물론 황당한 얘기다. 식민지기 당시 민족운동의 일환으로 고대사를 소환했던 신채호의 문제의식과 21세기에 중화사관과 식민사관 척결을 외치는 이들의 문제의식은 전혀 다르다.

그러나 중요한 것은 이런 논리를 추종하는 고학력의 지식인, 정치인, 관료들이 존재한다는 현실이다.[07] 추종자들이 중시하는 것은 '사이비역사학'의 내용이 아니라 신채호의 현신을 자부하는 그들의 메시지다. 현재 진보적인 정치성향을 지닌 사람들 중 상당수가 '식민지→친일청산 실패→한국 사회 모순 심화'라는 단순도식에 익숙해져 있다. 이 도식 자체가 무조건 틀렸다는 말이 아니다. 다만 이는 모든 문제를 설명해줄 만능 공식이 아니라는

---

06) '젊은역사학자모임'의 연구자들은 '사이비역사학'이야말로 오히려 식민사학의 프레임을 벗어나지 못했다고 지적했다. 전적으로 동감한다. 다만 앞에서 언급했듯이 한국사 연구의 토대가 일본의 근대 역사학에 있음을 상기해본다면, 한국사 연구에 내포된 식민성과 제국에 대한 회구 역시 동시에 지적되어야 할 것이다. 한국사 서술에 내재된 식민성과 19세기 후반 형성된 한국 민족주의가 내재한 식민주의에 대해서는 앙드레 슈미드 지음, 정여울 옮김, 『제국 그 사이의 한국(1895~1919)』, 휴머니스트, 2007 참조.

07) 경북대 명예교수 이정우는 이덕일을 "한국사 분야에서 뛰어난 업적을 쌓아온 최고의 역사학자 중 한 사람"이라고 평가하며 김현구의 소송 제기를 비판하기도 했다. 「시대의 창: 한국은 아직 식민지인가?」, 『경향신문』 2016. 2. 18.

뜻이다. 이덕일의 호소력은 이 도식에서부터 생겨나며, 실증은 오히려 부차적인 것으로 보인다. 스스로 '올바른 민족주의'의 정당성을 선점하고 이면에서 비판자들의 학연[08]을 과도하게 단순화시켜 인신공격을 가하는 것[09]이 '사이비역사학자'들의 주된 전략임을 상기해보자.

그런데 '사이비역사학'이라는 명명은 이러한 여러 측면을 소거해버린다는 난점이 있다. 또한 이 논전의 관전자들이 '사이비'라는 명명을 '식민사학'의 거울상으로 오해할 우려도 있다.

그러므로 오히려 지금 중요한 것은 저들의 실상에 부합하는 구체적인 이름을 붙여주는 것이다. 내셔널리즘의 진보성을 강조하는 입장이라면 '쇼비니즘적 역사학'이라 명명할 수 있을 것이고, 내셔널리즘에는 진보성과 제국주의적 성격이 공존한다고 보는 입장이라면 '한국사 연구가 잉태한 쌍생아'라고 볼 수도 있을 것이다. 내셔널리즘은 지킬 박사와 하이드 같은 양면성을 지니고 있다. 이렇게 다양한 이름 붙이기를 통해 그들의 사료 분석만이 아니라 정치적 의도가 담긴 메시지를 비판하고, 그 메시지가 언제든 폭력으로 전화할 수 있음을 지적하는 것이 더 적극적인 역사 대중화라고 생각한다.

---

08) 이덕일은 낙랑의 위치를 한반도 평양에 비정하는 학계 통설을 두고 "일제 조선사편수회 출신의 이병도 이래 식민사학의 카르텔"에 따른 일제강점기 일본 학자 주장의 반복이라고 평했다. 「덮어놓고 '식민사학'? 사료 놓고 따져보자」, 『한겨레신문』 2016. 3. 8.

09) 이덕일은 임나일본부설을 비판한 대표적 연구자인 김현구가 일본 와세다대학에서 박사학위를 받았다는 점을 강조하면서 그의 학설을 식민사관으로 평가했다. 이덕일, 『우리 안의 식민사관』, 민권당, 2014.

대응방식의 변화

이미 선학들이 실증적 방식으로 '사이비역사학'에 대한 많은 비판 작업을 했음에도 불구하고 그 명맥이 이어지고 시대적 상황에 따라 더 부흥하는 현실을 보면, 이런 고민은 더욱 깊어진다. 실증적 비판이 정답이었다면, 21세기판 상고사 논쟁은 벌어지지 않았어야 했다. 그러나 이 논쟁은 쳇바퀴처럼 반복되고 있는 것이 현실이다. 결국 질문을 근본적으로 전환하고 대응방식도 변화할 필요가 있다.

사실 '사이비역사학'은 지난 반세기 동안 꾸준히 존재해왔다. 이승만·박정희 독재정권을 거치면서 확립된 국수주의적 한국사교육의 결과는 상고사 논쟁으로 발현되었고,[10] 1980년대 민주화 운동 시기에 배태된 민중적 민족주의론은 고토회복의 열망을 감추지 않았다.[11] '사이비역사학'은 시대적 요청에 따라 전혀 다른 얼굴로 그 모습을 드러내고 있었던 것이다.

결국 '사이비역사학'은 특정한 극단주의자들의 퇴행적 역사인식이 아니라 우리가 '정(正)'이라고 인식해온 기존 한국사 연구 및 각 시대 주류담론과 불가분의 관계임을 인식할 필요가 있다. 따라서 '사이비역사학'에 대한 비판은 한국사 연구 자체에 대한 성찰을 전제로 해야 할 것이다. 아울러 관학

---

10) 이른바 '상고사 논쟁'의 역사적 변천에 대해서는 송호정, 「최근 한국 상고사 논쟁의 본질과 그 대응」, 『역사와 현실』 100, 2016을 참조하라. 다만, 송호정은 재야사학자들의 상고사 인식과 공교육을 분절적으로 인식하고 있다는 점에서 필자의 견해와 다른 지점에 서 있다.

11) 예를 들어, 1980년대 대표적 민중가요인 〈광야에서〉는 "만주 벌판"을 민족의 영토로 설정하고 있다. "찢기는 가슴 안고 사라졌던 이 땅에 피울음 있다 / 부둥킨 두 팔에 솟아나는 하얀 옷에 핏줄기 있다 / 해 뜨는 동해에서 해 지는 서해까지 / 뜨거운 남도에서 광활한 만주 벌판 / 우리 어찌 가난하리오 우리 어찌 주저하리오 / 다시 서는 저 들판에서 움켜쥔 뜨거운 흙이여"

의 좁은 범위에서 '합리적'으로 통제되던 한국 민족주의가 시민사회에서 어떻게 급진화하는지도 고민할 필요가 있을 것이다. 이런 고민들이 전제될 때, '사이비역사학'에 대한 비판도 더 힘을 얻을 것이다.

[좌담]

욕망하는 역사를 어떻게 받아들여야 할까?
―'사이비역사학' 비판

사이비역사학, 용어의 의미와 한계

기경량　'사이비역사학'이라는 표현이 무척 자극적이고 공격적인 것은 사실이다. 이러한 표현이 학문의 다양성이나 대화의 가능성을 차단시킬 수 있다는 비판도 가능하다. 처음에 이 용어를 사용할 때도 그런 고민이 많았다. 그럼에도 현 상황은 '사이비역사학'이라는 단호한 표현을 요구하고 있다고 생각한다. 그들의 본질을 드러낼 가장 적확한 용어가 '사이비역사학'이라는 결론이다.

널리 알려진 '재야사학'이라는 용어는 타당하지 않다. '재야'의 상대어는 '아카데미즘(대학)'인데, 대학 내에도 그들의 논리를 수용한 사람들이 일부 존재하기 때문이다. 그중에는 역사학과 무관한 사람들이 대부분이지만, 일부 역사학을 전공했거나 유관 학문을 전공한 이들도 있다. 이들을 '쇼비니즘 역사학자'로 표현할 수도 있을 것이다. 그런데 과연 그들이 '사이비'라는 호칭은 거부하면서 '쇼비니즘'으로 호명되는 것을 수용할까? '사이비'로 부르든 '쇼비니즘'으로 부르든, 그들과 학계의 대화가 단절되는 건 마찬가지다. 그렇다고 그들이 원하는 대로 '민족주의 역사학자'라고 불러줄 수도 없다. 그들의 의도가 바로 자신들은 '민족주의 역사학'이고, 역사학계는 '식민주의 혹은 매국 역사학'이라는 프레임을 짜는 것이기 때문이다. 저들 극단주의자들이 사용하는 용어와 개념을 수용할 이유는 없다.

근본적으로 저들을 과연 '역사학'이라는 학문의 범주에 포함시키는 것이 옳은지 의문이다. '사이비역사학'이라고 규정한 것은 그들의 행태가 학문의 범주에 속할 수 없다고 봤기 때문이다. 이 책에 수록된 글을 처음 발표했을 때, 신변을 걱정하는 이들이 많았다. 연구자의 지극히 상식적인 발언에 대해 테러를 염려해야 하는 것이 작금의 상황이다. 저들은 국가권력과 결탁해 '동북아역사지도'라는 학계의 큰 사업을 무산시키고, 하버드대학에 대한 동북아역사재단의 지원도 차단시켰다. 나는 이를 학문에 대한 실질적인 테러로 본다. 대단히 엄중한 사태이다. 그들의 활동은 역사학계를 모욕하고 비난하는 선을 넘어 이제 현실적인 위협이 되었다. '사이비역사학'이라는 말 외에 '역사파시즘'이라는 용어도 가능할 것이다. 역사학을 공부한 지식인으로서 그들의 실체와 위험성을 적극적으로 폭로하고 경고할 필요가 있다. 이를 위해 간명하면서도 핵심을 보여주는 용어가 필요한데, 기존의 '유사 역사학'이라는 용어는 대중에게 직관적으로 와 닿지 않는다. 따라서 좀 더 명확한 표현인 '사이비역사학'을 선택하게 된 것이다.

그렇다면 사이비역사학의 범주를 어떻게 설정할 수 있을까. 첫째, 가장 분명한 것은 『환단고기』 같은 위서를 이용한 경우이다. 명백한 위서, 조작된 자료를 이용하는 이들을 '사이비'로 부를 수 있다. 이들은 자신의 역사관을 주장하는 과정에서 빈곤한 증거를 보완하기 위해 역사학에서는 절대로 용납될 수 없는 '사료 조작' 내지 '사료 날조'를 감행했다. 이렇게 노골적이고 악질적인 행위를 학문 활동으로 인정한다면 '역사학'이라는 학문 자체가 붕괴할 것이다. 둘째, 『환단고기』 같은 위서를 대놓고 이용하진 않지만 첫째의 경우와 세계관을 공명하며 작업을 진행하는 이들이 있다. 학계의 통설과 완전히 동떨어진 무리한 사료 해석을 통해 상고시대의 거대한 영토를 전제하고 이를 증명하는 데 집착하는 사람들이다. 이들까지 '사이비역사학'으로 규정할지는 논란의 여지가 있다. 이들을 '쇼비니즘 역사가'로 지칭하는 것도 괜찮다고 생각한다. 다만 꼭 염두에 둘 것은, '쇼비니즘 역사학'과 '사이비역사학'은 그야말로 종이 한 장 정도의 차이라는 것이다. '쇼비니즘 역사학'으로 역사에 입문한 사람이 '사이비역사학'의 단계로 넘어가는 것은 안방에서 거실로 나오는 것 정도로 쉬운 일이다.

학계는 이제 사이비역사학에 대해 단호한 태도를 보여야 한다. 학문의 장에서 상대 의견의 자유와 다양성을 존중하는 것은 당연하지만, '사이비역사학'은 학문이 아니라는 점을 다시 강조한다. 그리고 지식인의 역할에 대한 고민이 필요하다. 서점에 가보면 고대사 관련 책의 7~8할이 터무니없는 내용을 담고 있다. 이런 상황에서 우리는 어떤 역할을 할 것인가. 전문가 집단으로서 책임감을 가지고, 다소 부담이 되더라도 아닌 것은 아니라고 대중에게 분명히 말해야 할 때이다.

'사이비역사학'과 실증

위가야　'사이비역사학'이라는 용어는 근대 역사학의 '객관'을 전제로 한다. 근대 역사학의 객관성 혹은 과학성과 관련하여 실증의 문제를 생각해볼 필요가 있을 것 같다.

노태돈은 한국 고대사 연구의 인식 체계에서 가장 중요한 단어를 민족·발전·실증으로 꼽았다.[01] 여기서 실증이란 '문헌이나 여러 자료를 검토하고 연구하는 과정을 통해 그것을 객관화시키는 과정'일 것이다. 곧 실증이란 역사학을 연구하는 방법론적 도구이자 수단으로, 역사학자에겐 필수적인 것이다. 그런데 '사이비역사학'이라고 지칭되는 이들의 역사 연구에는 실증이 없을까? 분명 실증이 존재하긴 한다.

예를 들어, 최근 '젊은역사학자모임'을 비롯한 대응 활동이 이루어지고 언론에서도 주목을 받자, '사이비역사학' 측에서도 반작용이 일어났다. 첫째는 우리가 '식민사학자'들이고 '교수들의 꼭두각시'라는 매도였다. 둘째는 소위 '학술적 대응'이었는데, 『이투데이』라는 매체의 지면에 발표한 이덕일의 글이 대표적이다. 그 글에서 이덕일은 '낙랑군은 한반도에 있지 않았다'는 주장을 펼쳤다.[02] 중국 사서에는 낙랑군이나 한사군이 한반도가 아닌 지금의 중국 영토 내에 있었다고 볼 수 있는 기록들이 존재하는데, 우리는 그 기록들이 후대에 설치된 교군(僑郡)에 대한 것이라고 판단했다. 이를 반박하기 위해 이덕일은 나름의 실증을 시도한다.

교군이 존재했다고 볼 수 있는 근거는, 고구려에 의해 낙랑군과 대방군이 멸망한 뒤 313년에 장통(張統)이라는 사람이 모용외에게 투항하면서 천여 가(家)를 데리고 가니까 그들로써 군을 설치했다고 하는 『자치통감(資治通鑑)』의

---

01) 노태돈, 「고대사 연구 100년」, 『韓國古代史研究』 52, 2008.

02) 이덕일, 「한국 고대사, 끝나지 않은 전쟁 ⑥ 낙랑군은 평양에서 요동으로 이동했는가?」, 『이투데이』 2016. 7. 29.

기록이다. 그들은 이 기록의 모순을 지적했다. 『한서(漢書)』 「지리지」에 따르면 낙랑군 인구는 40만 7천여 명 정도였다고 한다. 모용외가 데려간 인구수는 많아봐야 7천일 것이다. 그럼 40만 명은 어디 갔냐고 묻는다. 얼핏 들으면 그럴듯하다. 정말, 40만 명은 어디로 갔을까?

여기엔 한 가지 함정이 숨어 있다. 『한서』 「지리지」는 서기 2년의 인구 통계인데, 낙랑군과 대방군이 멸망한 건 313년과 314년이다. 너무 먼 시기의 통계인 것이다. 이때와 좀 더 가까운 시기의 통계를 확인해볼까? 『진서(晉書)』 「지리지」에 따르면 낙랑군과 대방군 인구는 약 8,600여 호였다고 한다. 장통이 데리고 간 천여 가와 8,600여 호의 차이는, 이덕일 등이 주장하는 엄청난 괴리와는 거리가 멀다. 8,600여 호 가운데 천여 가가 도망갔다면 충분히 많이 도망간 것이고, 이들로 군을 설치해 '교군'이라 했다는 것도 상식적으로 납득할 수 있는 일이다. 저들은 『진서』 「지리지」의 통계는 이야기하지 않고, 숫자상 괴리가 가장 큰 『한서』 「지리지」를 인용하여 반박했던 것이다.

우리가 '사이비역사학'을 말할 때 큰 방점을 찍은 것은 기경량도 말했듯이 '비(非)', 즉 '아니다'라는 부분이다. '비(非)'하지만 '사(似)'하다는 것도 사실이다. 이덕일이 『진서』 「지리지」를 몰랐을까? 그렇지 않다. 그는 다른 글에서 『진서』 지리지를 인용한 적도 있다. 그럼 이 부분만 못 봤을까? 그렇지 않을 것이다. 일부러 숨겼을 가능성도 있다. 그러면서도 교묘하게 실증을 흉내내면서 역사학인 척한다. 따라서 이건 역사학이 아니다(=비非다), '사(似)하지만 비(非)'인 역사학이라고밖에 볼 수 없다. 사이비라는 용어가 '정(正)'과 '사(似)'를 구분하는 것으로 비칠 수 있다는 김헌주의 우려에 대해서는, 대단히 위험한 명명임을 알면서도 '비슷하게 흉내를 내지만 역사학이 아니다'라는 점을 전달하기 위해 지금 시점에서 어쩔 수 없는 용어라고 답하고 싶다.

역사학과 대중, 그리고 학계의 '오만'

고태우   '사이비역사학' 또는 쇼비니즘적 역사학은 단순히 그들만의 문제에 그치는 것이 아니라, 더 깊은 차원의 문제라고 생각한다. 대중과 '사이비역사학' 혹은 다른 여러 가지 흐름이 맞물려 있다. 왜 그렇게 되었을까? 우선 역사학계의 '오만'을 지적하고 싶다. 이미 역사를 소재로 뭔가를 생산하는 일은 역사학자의 전유물이 아니게 된 지 오래다. 실증이 아닌 다른 방식으로, 예컨대 극영화나 다큐멘터리, 정치가나 저널리스트의 발언 등이 다양하게 또는 오히려 더 적확하게 대중을 '과거'로 이끌기도 한다.

이렇게 과거에 접근하는 방법이 무수히 다양하다는 점을 생각해보면, '사이비'와 대비되는 '정통' 내지 '주류'를 부각시키는 식의 인식은 한계가 뚜렷하다. 실증을 넘어서 우리가 성찰할 길을 다각도로 생각해봐야 한다. '현재 한국 역사학계의 방법론은 뭔가, 역사학계에 사관이 있는가'를 누군가 묻는다면, 나는 실증주의, 문헌고증적 사관만 남아 있는 것이 아닌가 싶다. 그런 부분을 뼈저리게 반성해야 하지 않을까. 역사학이 대중에게 다가가고자 한다면, 더 많은 고민이 필요하다.

예를 들어, 역사 연구 혹은 해석의 틀에서 이분법적 태도에 대한 지적이 많이 제기되었음에도, 우리는 여전히 거기에서 그리 벗어나지 못하고 있다. 친일 문제를 생각해보자. 『친일인명사전』에 등재된 이들의 행적을 잘 보면 친일로만 규정지을 수 없는 부분도 많다. 우파적이고 부르주아적인 성격이었지만 나름대로 도시 발전이나 생활 개선과 관련하여 많은 활동을 했던 사람도 있다. 큰일 날 소리인지 모르겠지만 오늘날 관점에서 보면 사회운동가로 해석할 여지도 있다. 다시 말해 한 사람에게도 여러 정체성이 있을 수 있다는 거다. 인물을 다각도로 해석하면서 인간 이해의 깊이를 더하고, 시대상을 다채롭게 받아들이며, 여러 면으로 조각 내 다시 조립할 여지가 매우 많다고 생각한다. 그런 작업을 우리는 얼마만큼 치열하게 해왔을까?

'사이비역사학'이라는 용어의 문제는 인식론적 차원에서 정과 사, 혹은 이분법적 틀이 강하다는 점일 것이다. '사이비역사학'이 야기하는 문제는 너무나 많지만, 거기에 깔려 있는 대중심리적 차원들, 더 깊은 구조의 문제들, 우리 스스로 인식론적으로 갇혀 있는 부분들 등에 대해 더 많이 성찰하고 반성하며 극복해가야 하지 않을까.

다시 '사이비' 용어에 관하여

안정준　우리가 규정한 '사이비'라는 표현은 어디까지나 대중들이 이해하기 쉽게 붙인 일반 용어이다. 학문적 관점에서 누군가의 주장을 분석하고 규정할 때는 '사이비'라는 용어가 굳이 필요하지 않다. 그런데 최근 언론과 대중을 상대로 이덕일 등이 기치로 내건 '민족주의 사학과 식민사학(학계)의 대립' 구도는 한마디로 '사기'다. 그들은 이런 프레임을 진실인 양 호도하기 위해 학계의 연구사를 날조하고 사실을 왜곡했다. 우리 '젊은역사학자모임'은 저들이 거짓 주장과 엉터리 실증을 토대로 자신들의 작업이 학계의 연구 성과와 대등한 역사학의 범주에 있는 양 내세우는 것은 역사학이 아니라고 판단했다. 그래서 '사이비' 역사학이라 명명하며 비판한 것이다. 김헌주는 『맹자』에 나온 '사이비'의 어원을 풀이하면서 '사이비'라는 명칭이 그와 대비되는 학계를 정(正)으로 규정하고, 기존 학계의 여러 문제에 면죄부를 준

것이라고 지적했지만, 이는 우리의 의도와 전혀 다르다. 학계의 연구 목적이나 연구 수준에 대한 문제 제기는 다른 차원의 문제라고 생각한다.

알다시피 해방 이후 우리 학계의 최대 과제는 일제가 심어놓은 식민사관을 극복하는 것이었다. 당시 한국은 사회 전반에서 좌우 대립과 갈등이 극심했고, 경제적으로도 낙후했다. 그런 상황에서 연구자들은 우리 역사를 '민족' 혹은 '민족국가'라는 하나의 결집된 실체를 통해 설명해야 한다는 시대적 과제를 안고 있었다. 이미 신채호 이래로 우리 사회 전반에서 민족주의 이데올로기가 상당히 강조되었고, 그런 흐름이 학계의 연구 방향에 큰 영향을 끼쳤던 것도 사실이다. 이는 고대사 연구에서도 마찬가지였다. 즉 고대부터 '국가'가 강조되었고, 초기에 국가가 어떻게 형성되었으며 어떤 발전 단계를 거쳐 중앙집권적 지배 체제를 갖춘 국가로 나아갔는가를 설명하고자 했다. 이는 결국 일제 식민사학자들이 주장했던 정체되고 타율적인 역사가 아니라, 우리 민족이 자체적으로 성장·발전해왔음을 강조하기 위함이었다.

그런데 요즘에는 기존의 연구 인식과 방법론이 과연 유효한 것인지 문제가 제기되고 있다. 예컨대 이전에 일부 고대사 연구자들은 부(部) 체제론을 통해 고구려, 백제, 신라의 초기 국가 발전 단계를 동일한 틀로 설명하려고 했고, 심지어 고조선, 가야 등의 국가 발전 단계까지 모두 부 체제를 통해 설명하기도 했다. 하지만 근래에는 부 체제가 국가 발전 단계론보다는 일종의 정치 운영 원리로 이해되고 있고, 삼국의 부가 갖는 성격이 각각 차이가 있다는 점이 강조되기도 한다. 사실 고구려와 신라, 백제, 그리고 고조선 등의 세력들은 지리적·종족적으로 큰 차이가 있었고, 지배 체제의 발전 과정도 각각 다른 점이 많았다. 이 국가들의 정치·사회적 성장 과정을 한국사라는 동일한 틀 속에서 단일한 발전 단계론을 통해 설명하는 것은 역사적 실상에도 맞지 않다고 생각한다.

이를 포함해 고대국가를 민족국가로 인식해왔던 데는 많은 문제점이 있다. 고대사 전공자들 사이에서도 그에 대한 반성으로부터 출발하여 다른 관점으로 접근해보려는 연구가 진행되고 있다. 앞서 이야기한 대로 연구사 날조와 그릇된 사료 해석을 일삼았던 사이비역사가들에 대한 비판이 결코 학계의 이런 문제점들을 정당화하거나 외면하려는 의도가 아니라는 점도 다시 강조하고 싶다.

김헌주 　지금 각자가 딛고 있는 철학적 기반이 달라서 논의가 평행선을 그리고 있는 것 같기도 하다. 대중적 전략으로 '사이비'라는 용어를 쓴다고 했는데, 내 생각은 좀 다르다. 예를 들어 2015년 국정교과서 반대운동 당시 '친일 독재 교과서 반대'를 구호로 하자는 의견이 많았다. 그런데 당시 교과서의 문제는 '친일 독재' 옹호뿐만이 아니었다. 학문의 다양성 문제, 민주화, 인권 등 여러 문제가 있었는데, 결국 대중에게 선명하게 보여준다는 명분으로 '친일 독재 반대'가 핵심 프레임이 되어버렸다.

연구자들이 "우리는 다양한 고민을 하더라도 대중들에겐 단순하게 보여줘야 해"라고 생각하는 것 자체가 역사학자의 오만이라고 볼 수도 있다. 역사학의 실증에 관한 깊이나 분석은 물론 학자와 대중이 다를 수밖에 없다. 그러나 식민지기에 왜 신채호가 그런 고민—예컨대 고토회복론—을 했고, 지금 민주화시대에 우리가 왜 국정화 반대를 해야 하는지 잘 설명하면 전공자가 아닌 대중들도 다 이해할 수 있다. 오히려 그렇게 하지 않으면 또 다른 방식의 정(正)과 사(邪)가 되는 것이다. 학계는 정(正)이며 인식론과 철학적 깊이를 지녔으니 대중들에게 이런 문제를 보여줌으로써 계몽한다는 태도가 문제다. 물론 나도 학문의 계몽적 성격은 불가피한 면이 있다는 것을 알지만, "너희는 모르지? 이거 틀렸어!" 같은 방식의 한계를 문제 삼고 싶다. 나도 저들에게 사이비적 성격이 있다는 것을 부정하진 않는다. 다만 그렇게 '사이비'라 규정짓고 얘기하는 것이 학계의 고민을 대중화하는 데 걸림돌이 되지 않을까, 또는 한계가 있지 않을까 우려하는 것이다.

대중과 학계의 거리

기경량　대중들과 눈높이를 맞추는 얘기가 나오니 생각나는 에피소드가 있다. 최근에 강연을 나간 적이 있는데, 끝날 무렵 이런 질문을 받았다. "그래서 지금 역사학계가 식민사관을 벗어났다는 겁니까, 못 벗어났다는 겁니까?" 굉장히 난감했다. 지금 역사학계의 식민사관 극복 논의는 상당히 발전해 있다. 초기에 정체성론·타율성론을 극복하자는 차원에서 이런저런 연구를 수행한 단계가 있었고, 그 결과 일제강점기 일본 학자들이 주장하던 방식의 식민사관은 극복이 되었다고 할 수 있다. 지금은 그 극복 방식 자체도 근대성의 질곡에 빠져 있는 것이 아니냐는 반성들이 나오고 있고, 이를 고민하고 있다. 그런데 이를 대중들에게 한마디로 어떻게 설명할까? "아직은 식민사관을 완전히 극복하지는 못한 것 같습니다"라고 말하면, "역시 역사학계는 식민사관을 못 벗어났군요. 저 사람들 말이 맞네"가 되어버릴 텐데.

곧 대중들이 생각하는 것과 역사학계가 생각하는 고민의 층위나 수준이 굉장히 다르다는 거다. 김헌주는 '역사학자들의 오만'이라고 말했지만, 거꾸로 우리들의 발언을 대중들이 쉽게 수용할 수 있다고 보는 것도 오만일 수 있다고 생각한다. 우리가 너무나 당연하다고 생각하는 여러 전제들이 대중들에게는 전혀 당연하지 않을 수 있다. 근대 역사학의 여러 문제들, 폭력성, 한계 등을 극복하기 위한 비판과 시도들은 당연히 정당하다. 그런데 '객관적인 실증이 과연 근본적으로 가능한가'라는 식의 고민은 충분한 훈련을 받지 않은 대중들과 나누기엔 고차원적이다. 대중의 시각과는 안 맞을 수 있다. 예전에 고대 삼국이 한반도에 없었다고 주장하는 이들과 인터넷상에서 논쟁을 한 적이 있다. 그 사람들이 논리로 밀리니까 나중에는 '포스트모더니즘을 아느냐'는 식으로 나오더라. 사이비역사학의 논리적 빈곤함을 포스트모더니즘을 들먹이며 정당화하더라는 것이다. 모더니즘에 대한 비판과 문제제기는 중요하지만 매우 저차원적인 주장들이 포스트모더니즘의 이름에 기생하기도 한다. 이런 것들도 염두에 두어야 할 것이다.

고태우　　포스트모더니즘과 관련하여 서구 학계에서는 이미 30여 년 전부터 '이야기로서의 역사'를 주장했고, 지식권력 비판의 입장에서 역사 해석의 절대성을 부정하고 근대를 비판하는 담론을 발전시켜왔다. 내가 이해하기로 포스트모더니즘 역사학은 '서술/해석의 상대주의'에 강조점을 둔 것 같은데, 이걸 빌미로 '사이비역사학'에서 '우리 주장도 맞다'고 주장한다면 그건 정말 단순하고도 절대적인 상대주의가 아닐까 싶다. 이런 것도 있으면 저런 것도 있다, 네가 맞으면 나도 맞다, 하는 식. 하지만 앞서도 계속 지적되었듯이 '사이비역사학'은 실증에서 문제가 있음을 부정할 수 없다. 서술과 해석의 상대주의를 강조한 포스트모더니즘 역사학과, '사이비역사학'에서 빗대는 절대적 상대주의는 엄연히 다른 것이다. 알고 보면 포스트모더니즘 역사학 내지 상대성을 강조한 저자들이 실증을 안 한 것도 아니다. 『치즈와 구더기』로 유명한 카를로 진즈부르그, 『마르탱 게르의 귀향』을 쓴 나탈리 제먼 데이비스 같은 이는 해석의 상대성을 염두에 두고 '그럴 것이다', '~일지도 모른다'라고 표현한 것일 뿐, 누구보다 철저한 실증을 하고 있다. 그들이 무턱대고 상대성을 주장한 게 아니라는 거다.

전영욱　일단 앞서 거론된 '학계 또는 전문가의 오만'의 기원이 과연 무엇일까 하는 점에 집중하고 싶다. 역사학의 태생은 아무리 긍정적으로 생각해보려 해도 좀 어둡다. 역사학은 한마디로 말해 '통치를 위한 지식'이었으니까. 그런데 근현대 한국의 역사적 맥락을 보면, 아이러니하게도 이런 역사학이 통치로부터의 해방을 위해 활용된 측면을 발견할 수 있다. 그 과정에서 소위 식민사관에서 벗어나기 위한 실증은 그 자체로 신성시되었고, 식민사관으로부터의 탈피라는 목적은 역사학과 대중의 접점을 가장 자연스럽게 만들었던 시대적 과제였다. 그런데 역사학을 통해 대중과 직접적으로 소통해왔던 사람들은 대체로 '사이비역사학자'였다. 해방 이후 식민사관을 벗어나기 위한 다양한 노력들 가운데 대중에게 가장 강력하게 어필했던 것이 안호상 등이 제기한 '국사 찾기'이지 않았나? 국가의 지원도 그쪽을 향하다 보니 국사 교과서에 고대사와 관련된 재야의 주장이 반영되기도 했고, 이런 사실들은 한국 사회에서 특히 고대사와 직결되는 민족주의 사관의 뿌리가 매우 깊고 넓다는 점을 말해준다.

역사학과 대중의 만남이 그런 맥락에서 시작되고 진행되어오다 보니, 오늘날의 연구 지형에서 전문가가 대중이 지닌 민족주의적 감수성을 파헤치거나 거기에 균열을 내는 것 자체가 가능할까 하는 생각마저 든다. 사람들에게 사실(史實)의 올바름을 강요하지 않으면서 현재 가진 감수성에 균열을 일으킬 수 있는 방법이란, 결국 학계가 지금까지 어떤 문제의식과 방법론의 변화를 수반하여 연구해왔는지를 알리는 것 정도가 아닐까? 이것이 가능하다면 이덕일이나 사이비역사학자들의 이야기가 얼마나 황당한 것인지 알릴 수 있지 않을까 하는 생각도 든다.

결국 전문가가 대중에게 다가갈 때 가장 중요한 것은 "역사는 어려운 것"이라는 점을 알리는 게 아닐까? 그것이야말로 역사 대중화의 첫걸음이어야 하지 않을까? 전문가나 대중이 빠져 있는 선험적인 어떤 것으로부터 벗어나는 게 가장 중요할 텐데, '역사는 쉽다', '역사는 어렵지 않다'고 계속 강조하는 것이 그리 좋은 방법 같아 보이지 않는다. 사실(史實)을 둘러싼 수많은 맥락을 고민하게 하는 것이 대중화의 첫걸음이 되어야 한다. 국민이나 민족과 같은 정체성 자체를 고민하게 할 수 있어야 하지 않을까. 그러기 위해서는 사실을 쉽고 재미있게 제공하는 것보다는 오히려 반대의 방식으로 대중과의 접점을 끊임없이 추구해야 할 것이다. 그렇게 될 때, '오만에 빠진 전문가 집단'과 '계몽되어야 할 대중' 사이의 관계가 지금과는 좀 다른 방식으로 고민될 수 있을 것이다.

욕망하는 역사

안정준　　예전에 어느 종편 프로그램에서 비전공 출연자가 고구려사를 강연하면서 이런 말을 했다. "어차피 고대사는 워낙 사료도 부족한 실정이니, 연구자가 고대사를 인지하고자 하는 의도가 강하게 작용할 수밖에 없다. 식민사관의 관점에서 바라보면 자연히 그렇게 구성될 수밖에 없는 것이다. 따라서 민족사관의 관점에서 이를 바라봐야 할 것이다." 실제로 그분은 사료를 통해 역사 고증을 했다. 전공자 입장에서 볼 때 엉터리 수준에 거짓말도 들어가 있지만, 나름대로 실증 방식을 통해 대중 앞에 그럴듯한 역사상을 제시하고 있었다. 사실 일반인들 가운데는 역사학에 대한 이해가 많이 부족한 이들도 있고, 민족주의 이념이 정서적으로 뿌리 깊게 자리 잡은 이들의 경우 사이비역사가들의 그릇된 주장에 혹하는 경우도 적지 않다.

대중들 사이에서 횡행하는 역사왜곡을 바로잡기 위해서는 용어 사용뿐만 아니라 어떤 논리를 통해 제시할 것인지도 다양하게 고민해야 한다. '젊은 역사학자모임'의 글들이 대중 모두를 이해시키고 만족시킬 수 있다고는 생각하지 않는다. 역사학계의 학문적 성과를 대중에게 널리 이해시키고 공감을 얻기 위해서는 보다 다양한 유형을 통해 정보를 제공할 필요가 있다.

또 역사용어 역시 학문적이고 엄밀한 것만 고집하기보다는 시의적으로 적당한 용어를 한시적으로 사용하는 방법도 필요하다고 본다. 예컨대 '사이비'라는 용어도 지금 현재는 유용하더라도 나중에 다른 용어로 대체할 수 있다. 결국 연구자들과 대중이 지속적으로 소통하고 공감을 이끌어내는 과정이 필요하다. 그것이 한 편의 글이나 용어 등으로 해명되리라 기대하지 않는다. 다양하고 시의적절한 전달 방식과 용어들을 생각해야 할 것이며, 여기에 너무 엄밀한 잣대를 들이대면 오히려 전달이 어려워질 수도 있다.

고태우　기존에는 역사학계에서 자료를 독점해왔는데, 이제는 지식정보사회에서 대중의 사료 접근성이 인터넷, 미디어 등을 통해 많이 좋아졌고, 이로 인해 많은 이들이 각자의 다양성에 입각해 해석할 수 있는 상황이 되었다. 매체가 발달하여 역사 해석의 경계도 흐릿해지고, 역사가로 훈련받은 이들이 여러 방면에서 대중적 역사가로서 활약하는 사례도 많아지고 있다. 역사의 생산과 소비, 해석의 경계가 과거보다 불분명해지고 있다는 것이다.

테라 모리스-스즈키는 역사 연구를 해석의 영역과 동일화의 영역으로 나누었다. 동일화란 무언가에 동감하고 슬퍼하고 애도하며 어떤 것을 기념하고 욕망을 부여하고 상상력을 발휘해가는 것을 말한다.[03] 이를 놓고 볼 때 한국 역사학계는 전자, 즉 해석의 측면에만 너무 주목해온 것은 아닌가 싶다. 동일화의 문제를 간과하다 보니, 역사학계가 대중과의 소통에서 삐걱거리게 되고 어려움을 겪는 것 같다. 해석적인 측면만이 아니라 정서적인 측면들을 더 고민하면서 새로운 방법론을 생각해봐야 하지 않을까. '전문가의 오만'을 비롯하여 대중과 소통 차원에서의 약간의 정체(停滯), 이분법적 사고방식 등 현재 학계가 받는 비판들을 이런 관점에서 되새겨보고 싶다.

위가야 한 강연회에서 굉장히 충격적인 말을 들은 적이 있다. "우리 영토가 그렇게 광활할 수 있었던 거 아니냐. 왜 꿈을 뺏으려고 하느냐"는 말이었다. 흘려 들어서는 안 되는 중요한 시사점이 있는 말이라고 생각한다. 대중은 역사를 일종의 '무기'로 상정하고 있는 게 아닐까 하는 생각이 들 때가 있다. 특히 사이비역사학을 하는 사람들이 파고드는 대중의 심리가 그 부분인 것 같다. '사이비역사학' 측은 한사군이 한반도에 있으면 '안 되는' 가장 중요한 이유로 '북한에 급변사태가 났을 때 중국이 한사군이 한반도에 있었다는 역사적 사실을 이용해서 영유권을 주장할 수 있다'는 것을 꼽는다. 이

---

03) 테사 모리스-스즈키 지음, 김경원 옮김, 『우리 안의 과거』, 휴머니스트, 2006, 43쪽. 테사 모리스-스즈키는 역사와 대중의 문제를 생각할 때 '동일화로서의 역사'와 '해석으로서의 역사'가 서로 얽히고 상호작용하는 모습에 유념할 것을 강조했다.

런 논리에 대하여 '역사와 현실정치를 곧바로 연계시키는 문제점'을 지적하는 걸로 충분할까? "몽골이 유라시아 전체를 지배했지만 지금의 몽골은 러시아 땅이 자기들 거라고 주장하지 않는다. 그렇게 주장해봤자 누가 동의하겠느냐." 그런데 이렇게 설명하면 "아, 그건 너네나 그렇게 생각하는 거지"라는 반박이나 듣게 마련이다. 대중과의 이런 인식상의 괴리를 어떻게 극복하고 접근할 것인가. 많이 고민했지만 아직 해답을 찾지 못했다. 역사 대중화의 과제 속에서 풀어내야 할 고민이다.

한국사 연구를 고민하며—'민족'과 '발전'을 넘어

기경량 '사이비역사학' 명명에 대한 우려의 핵심은, 우리가 '사이비역사학'이라 칭하는 자들을 비판하면서 동시에 한국 역사학계가 지니고 있는 모순이나 한계들을 가려버릴 위험성이 있지 않냐는 의미로 이해된다. 하지만 우리가 '사이비역사학'을 공격한다고 해서 그런 부분을 소홀히 한다고는 생각하지 않는다. 두 개는 서로 다른 차원의 이야기이다. 사이비역사학에 대한 공격, 비판과 학계 내부에서 과거 '민족'이나 '발전' 위주로 만들어졌던 역사적 담론들을 비판하는 것은 둘 다 가치 있는 일이며, 병행할 수 있는 일이다. 근대 비판적인 입장의 근현대사 전공자들은 고대사 연구자라고 하면 대개 발전주의, 민족주의적인 사고를 할 거라는 선입견을 가진 것 같다. (웃음) 가끔 섭섭할 때가 있다. 고대사 공부를 하는 사람들도 분명 근대 역사학의 한계를 고민하고 있다.

고태우　　오히려 근현대사 연구에도 편견과 신화가 많다. 고대사나 전근대사에서 중앙집권을 매우 긍정적으로 보듯이, 발전, GDP 성장, 이런 것들에 대한 신화가 대표적이다.

아무튼 '대중'이라 하면 다양한 속성이 내포되어 있는 것이지만, 그 쇼비니즘적인 측면들, 강한 것에 대한 끊임없는 욕망이 어디서 오고, 지금 현재 한국 사회의 어떤 모습 때문에 이런 현상이 강화되고 있는지를 잘 살펴봐야 할 것이다. 과거의 성장일로사회에서 저성장 내지는 제로성장사회로 가고 있고, 고령화 등 여러 사회구조적 배경 속에서 대중은 강한 것을 욕망하고 거기서 위안을 찾고자 하는 것 같다. 영웅의 역사에서 재미를 찾듯이 역사는 위안을 얻기 쉬운 도구가 되곤 한다.

왜 그런 사회심리, 쇼비니즘적 역사관과 현상들이 나타났는가에 대해서 더 세밀한 분석이 필요하다. 어떤 관점, 실증이나 설명의 잘못된 점을 비판하는 것은 사실 쉬운 일이다. 중요한 것은 왜 사람들이 그렇게 믿고 싶어 하는가, 왜 그런 신념을 갖게 되는가 하는 부분이다. 이런 부분을 설명하고 비판적으로 극복하는 것은 매우 어려운 일이다. 그런 문제의식이 결부되면 훨씬 더 의미 있는 성과가 나오지 않을까.

안정준　　어느 강연회에서 50대 정도로 보이는 한 남자분과 나란히 앉은 적이 있다. 그분이 진지하게 나에게 묻더라. "낙랑군이 정말 평양에 있었나요?" 내가 "예"하고 대답하자 이분은 한숨을 푹 쉬면서, "알았다. 그런데 참 답답하다. 우리가 어떻게 보면 좋겠냐"라고 탄식을 하시더라. 사실 각종 연구사 정리 글을 보면 이제 학계는 식민사관을 극복했다는 문구를 자주 접하게 된다. 그러나 일반 대중들까지 식민사관을 극복했다고 보기는 어려울 것이다. 연구자들은 학문 내적으로 식민사관을 벗어났다고 자부만 할 것이 아니라, 아직도 한국 사회에 널리 잠재해 있는 식민사관을 어떻게 극복하고 다른 방향으로 전환시킬 것인지를 지속적으로 고민하고 그 방법을 모색할 의무가 있다. 그게 진정한 식민사관의 극복이라고 생각한다.

또 한편으로, 아직까지 고대사 연구에서 민족주의적 인식이 다분한 것이 사실이다. 하지만 학계 내의 학문적인 문제와 대중들의 인식 문제는 서로 분리해서 생각할 필요가 있다. 우리 '젊은역사학자모임'의 활동은 대중을 대상으로 한 작업들이다. 아직까지는 학계의 연구성과에 대한 일부 왜곡된 사실들 몇 가지를 바로잡은 것밖에 없다. 앞으로 대중과의 소통을 위해서도 해방 이후 민족주의적인 역사인식이 자리 잡게 된 연원을 밝히고, 이것이 지금 현재의 역사인식으로 이어지게 된 과정과 배경을 먼저 검토해야 한다고 본다. 이를 위해서는 고대, 중세, 근현대 등 각 시대 전공을 불문하고 서로 모여 논의하는 자리가 필요하다.

한국 고대사와
사이비역사학

더 읽을거리

사이비역사학과 역사파시즘

박광용, 「대종교 관련 문헌에 위작 많다―『규원사화』와 『환단고기』의 성격에 대한 재검토」, 『역사비평』 10호, 역사문제연구소, 1990.

박광용, 「대종교 관련문헌에 위작 많다 2―『신단실기』와 『단기고사』의 성격에 대한 재검토」, 『역사비평』 16호, 역사문제연구소, 1992.

윤종영, 『국사교과서 파동』, 혜안, 1999.

이기백, 「반도적 성격론」, 『한국사 시민강좌』 1호, 1987.

이문영, 『만들어진 한국사』, 파란미디어, 2010.

조인성, 「현전 『규원사화』의 사료적 성격에 대한 일검토」, 『두계이병도박사 구순기념 한국사학논총』, 지식산업사, 1987.

조인성, 「『규원사화』와 『환단고기』」, 『한국사시민강좌』 2호, 일조각, 1988.

조인성, 「한말 단군 관계 사서의 재검토―『신단실기』·『단기고사』·『환단고기』를 중심으로」, 『국사관논총』 3호, 국사편찬위원회, 1989.

조인성, 「'재야사서' 위서론―단기고사·환단고기·규원사화를 중심으로」, 『단군과 고조선사』, 사계절, 2000.

조인성, 「환단고기의 단군세기와 단기고사·규원사화」, 『단군학연구』 2호, 단군학회, 2000.

한국역사연구회 고대사분과 편, 「『환단고기』 믿을 수 있나」, 『문답으로 엮은 한국고대사산책』, 역사비평사, 1994.

식민주의 역사학과 '우리' 안의 타율성론

旗田巍 지음, 李基東 옮김, 『日本人의 韓國觀』, 一潮閣, 1987.

金容燮, 「日本·韓國에 있어서의 韓國史敍述」, 『歷史學報』 31, 1966.

김일권, 「일제시기 조선사 편수와 만선사적 고구려사의 역설」, 『韓國古代史硏究』 61, 2011.

김종복, 「渤海史 認識의 推移—南北國時代論을 중심으로」, 『史林』 26, 2006.

노태돈, 『고구려사 연구』, 사계절, 1999.

노태돈, 『한국고대사』, 경세원, 2014.

류시현, 「한말 일제 초 한반도에 관한 지리적 인식—'반도' 논의를 중심으로」, 『韓國史硏究』 137, 2007.

박준형, 「식민주의사학의 실상과 허상」, 『人文科學』 54, 2014.

박찬흥, 「滿鮮史觀에서의 고구려사 인식 연구」, 『北方史論叢』 8, 2005.

박찬흥, 「滿鮮史觀에서의 한국고대사 인식 연구」, 『韓國史學報』 29, 2007.

오영찬, 「낙랑군 연구와 식민주의」, 『노태돈 교수 정년기념논총 1: 한국 고대사 연구의 시각과 방법』, 사계절, 2014.

윤해동, 「식민주의 역사학 연구 시론」, 『한국민족운동사연구』 85, 2015.

李基白, 「半島的 性格論 批判」, 『韓國史市民講座』 1, 一潮閣, 1987.

李島相, 「日本의 韓國侵略論理와 植民主義史學」, 檀國大學校博士學位論文, 2001.

이정빈, 「식민주의 사학의 한국 고대사 연구에 대한 최근의 비판적 검토」, 『역사와 현실』 83, 2012.

정상우, 「滿鮮史와 日本史의 위상—稻葉岩吉의 연구를 중심으로」, 『韓國史學史學報』 28, 2013.

井上直樹, 「近代 日本의 高句麗史 硏究—'滿鮮史'·'滿洲史'와 關聯해서」, 『高句麗硏究』 18, 2004.

지상현, 「반도의 숙명—환경결정론적 지정학에 대한 비판적 검증」, 『국토지리학회지』 46-3, 2013.

민족의 국사 교과서, 그 안에 담긴 허상

吉玄謨, 「民族主義史學의 問題」, 『韓國史市民講座』 제1집, 1987.

金興洙, 『韓國歷史敎育史』, 大韓敎科書株式會社, 1992.

박광용, 「대종교 관련 문헌에 위작 많다—『규원사화』와 『환단고기』의 성격에 대한 재검토」, 『역사비평』 11, 1990 여름호.

梁秉祐, 「民族主義史學의 諸類型」, 『韓國史市民講座』 제1집, 일조각, 1987.

양정현, 「국사교과서 고대사 서술에서 민족·국가 인식의 변천」, 『한국고대사연구』 52, 2008.

윤종영, 『국사 교과서 파동』, 혜안, 1999.

李基白, 「半島的 性格論 批判」, 『韓國史市民講座』 제1집, 1987.

이기원, 「民族主義란 무엇인가?」, 『정신문화연구』 17-2(통권 55호), 1994.

李富五,「제1차~제7차 교육과정기 국사 교과서에 나타난 고대 영토사 인식의 변화」,『한국고대사탐구』4, 2010.

조인성,「'고대사 파동'과 고조선 역사지도」,『한국사연구』172, 2016.

한사군, 과연 롼허강 유역에 있었을까

공석구,「秦 長城 東端인 樂浪郡 遂城縣의 위치 문제」,『한국고대사연구』81, 2016.

김정배 엮음,『북한의 고대사 연구와 성과』, 대륙연구소출판부, 1994.

윤내현,『고조선 연구』, 만권당, 2016.

윤용구,「낙랑·대방 지역 신발견 문자자료와 연구동향」,『한국고대사연구』57.

李基白,『民族과 歷史』, 一潮閣, 1971.

李基白,「半島的 性格論 批判」,『韓國史 市民講座』1, 一潮閣, 1987.

이성제,「高句麗의 西方政策 研究―北朝와의 對立과 共存의 관계를 중심으로」, 국학자료원.

임기환,「한사군은 '어디에 있었나?' 그리고 '어떤 역사인가?'」,『내일을 여는 역사』60, 2015.

임지현 엮음,『근대의 국경 역사의 변경』, 휴머니스트, 2004.

조인성,「'고대사 파동'과 고조선 역사지도」,『한국사연구』172, 2016.

趙仁成,「國粹主義史學과 현대의 한국사학―古朝鮮史를 중심으로」,『한국사 시민강좌』20, 일조각, 1997.

千寬宇,「灤河下流의 朝鮮」,『古朝鮮史·三韓史研究』, 一潮閣, 1989.

최소자교수정년기념논총간행위원회 편,『동아시아 역사 속의 중국과 한국』, 서해문집, 2005.

'한사군 한반도설'은 식민사학의 산물인가

旗田巍,『日本人의 韓國觀』, 一潮閣, 1983.

김종복,「수정본《渤海考》의 내용과 집필 시기」,『泰東古典研究』26, 2010.

오영찬,「낙랑군 연구와 식민주의」,『한국 고대사 연구의 시각과 방법』, 사계절, 2014.

오영찬,「조선 후기 고대사 연구와 漢四郡」,『역사와 담론』64, 2012.

윤용구,「1920~1930년대 한사군의 위치논쟁」,『한군현 및 패수 위치비정에 관한 논의』, 한국 상고사

대토론회 자료집, 2015년 11월 16일.

윤종영, 『국사 교과서 파동』, 혜안, 1999.

이기백, 『한국사신론(한글판)』, 일조각, 1999.

이만열, 「19세기 말 일본의 한국사 연구」, 『청일전쟁과 한일관계』, 일조각, 1985.

정인성, 「關野 貞의 낙랑유적 조사·연구 재검토」, 『호남고고학보』 24, 2006.

조인성, 「국수주의사학과 현대의 한국사학—고조선사를 중심으로」, 『한국사 시민강좌』 20, 1997.

'임나일본부' 연구와 식민주의 역사관

金泰植, 「고대 한일관계 연구사—任那 問題를 중심으로」, 『韓國古代史 研究』 27, 2002.

김태식, 「임나일본부설의 흐름과 쟁점」, 『한일 역사의 쟁점 2010 (1) 하나의 역사, 두 가지 생각』, 경인문화사, 2010.

김현구, 「'任那日本府' 연구의 현황과 문제점」, 『한국사시민강좌』 11, 1992.

김현구, 『임나일본부설은 허구인가—한일분쟁의 영원한 불씨를 넘어서』, 창비, 2010.

나행주, 「6세기 한일관계의 연구사적 검토」, 『임나 문제와 한일관계』, 景仁文化社, 2005.

남재우, 「식민사관에 의한 가야사 연구와 그 극복」, 『한국고대사연구』 61, 2011.

백승옥, 「'任那日本府'의 所在와 등장배경」, 『지역과 역사』 36, 2015.

백승충, 「'임나일본부'의 용례와 범주」, 『지역과 역사』 24, 2009.

백승충, 「'任那日本府'의 파견 주체 재론—百濟 및 諸倭 파견설에 대한 비판적 검토를 중심으로」, 『한국민족문화』 37, 2010.

연민수, 『고대 한일관계사』, 혜안, 1998.

연민수, 『古代韓日交流史』, 혜안, 2003.

연민수, 「임나일본부」, 『한국고대사 연구의 새 동향』, 서경문화사, 2007.

이연심, 「임나일본부의 성격 재론」, 『지역과 역사』 14, 2004.

이연심, 「한일 양국의 '임나일본부'를 바라보는 시각 변화 추이」, 『한국민족문화』 57, 2015.

이영식, 「'임나일본부'를 재해석한다」, 『역사비평』 26, 1994.

이재석, 「소위 임나 문제의 과거와 현재—문헌사의 입장에서」, 『역사학연구』 23, 2004.

이주헌, 「가야 지역 왜계고분 피장자와 임나일본부」, 『지역과 역사』 35, 2014.

정효운, 「중간자적 존재로서의 '임나일본부'」, 『동북아 문화연구』 제13집, 2007.

朱甫暾, 「『日本書紀』의 編纂 背景과 任那日本府說의 成立」, 『韓國古代史 研究』 15, 1999.

中野高行, 「『日本書紀』에 있어서의 「任那日本府」像」, 『新羅史學報』 10, 2007.

오늘날의 낙랑군 연구

공석구, 『高句麗 領域 擴張史 研究』, 書景文化社, 1998.

金元龍, 「삼국시대의 개시에 대한 일고찰」, 『東亞文化』 7, 1967.

金元龍, 『韓國考古學硏究』, 一志社, 1967.

노태돈, 「고조선 중심지 변천에 대한 연구」, 『단군과 고조선사』, 사계절, 2000.

孫晉泰, 『韓國民族史槪論』, 乙酉文化社, 1954.

오강원·윤용구, 「북한 학계의 고조선·단군 연구 동향과 과제」, 『북한의 한국사 연구동향 (1) 고·중세편』, 국사편찬위원회, 2003.

吳永贊, 「樂浪郡의 土着勢力 再編과 支配構造」, 『韓國史論』 35, 1996.

尹龍九, 「새로 발견된 樂浪木簡」, 『韓國古代史硏究』 46, 2007.

윤용구, 「낙랑군 초기의 군현 지배와 호구 파악」, 『낙랑군 호구부 연구』, 동북아역사재단, 2010.

'단군조선 시기 천문관측기록'은 사실인가

박광용, 「대종교 관련 문헌에 위작 많다―『규원사화』와 『환단고기』의 성격에 대한 재검토」, 『역사비평』 10호, 역사문제연구소, 1990.

박광용, 「대종교 관련문헌에 위작 많다 2―『신단실기』와 『단기고사』의 성격에 대한 재검토」, 『역사비평』 16호, 역사문제연구소, 1992.

이문규, 「하늘에 새긴 우리 역사를 잘못 읽다」, 『서평문화』 49, 2003.

이문영, 『만들어진 한국사』, 파란미디어, 2010.

전용훈, 「단군세기의 행성직렬기록은 조작됐다!」, 『과학동아』 2007년 12월호.

조인성, 「『규원사화』와 『환단고기』」, 『한국사시민강좌』 2호, 일조각, 1988.

조인성, 「한말 단군 관계 사서의 재검토―『신단실기』·『단기고사』·『환단고기』를 중심으로」, 『국사관논총』 3호, 국사편찬위원회, 1989.

조인성, 「단군에 관한 여러 성격의 기록」, 『한국사 시민강좌』 27, 일조각, 2000.

단군—역사와 신화, 그리고 민족

과학백과사전출판사 편집부, 『조선단대사 1. 고조선·부여편』, 과학백과사전출판사, 2011.

권오영, 「단군신화, 어떻게 봐야 하나」, 『역사비평』 21, 1992.

김철준, 『한국고대사회사연구』, 서울대학교출판부, 1990.

김한종, 『역사교육으로 읽는 한국현대사』, 책과함께, 2013.

김현자, 『신화, 신들의 역사 인간의 이미지』, 책세상, 2004.

나희라, 「단군에 대한 인식」, 『역사비평』 21, 1992.

나희라, 『신라의 국가제사』, 지식산업사, 2003.

미르세아 엘리아드 지음, 이은봉 옮김, 『신화와 현실』, 성균관대학교출판부, 1985.

박광용, 「대단군 민족주의의 전개와 양면성」, 『역사비평』 21, 1992.

서영대, 「전통시대의 단군 인식」, 『단군학연구』 창간호, 1999.

서영대, 「단군신화의 역사적 이해」, 『한신인문학연구』 2, 2001.

서영대, 「근대 한국의 단군 인식과 민족주의」, 『동북아역사논총』 20, 2008.

서영대, 「근대 동아시아 3국의 신화적 국조 인식」, 『단군학연구』 23, 2010.

서영대, 「『巫黨來歷』 소재 단군 기사의 검토」, 『민족문화논총』 59, 2015.

송호정, 『단군, 만들어진 신화』, 산처럼, 2004.

앙드레 슈미드 지음, 정여울 옮김, 『제국 그 사이의 한국 1895~1919』, 휴머니스트, 2007.

에릭 홉스봄 지음, 박지향·장문석 옮김, 『만들어진 전통』, 휴머니스트, 2004.

이영화, 「북한 역사학의 학문 체계와 연구 동향」, 『한국사학사학보』 15, 2007.

정영훈, 「남과 북의 단군 인식과 단군 숭앙」, 『단군학연구』 12, 2005.

정영훈, 「개천절, 그 '만들어진 전통'의 유래와 추이 그리고 배경」, 『단군학연구』 23, 2010.

민족주의 역사학의 표상, 신채호 다시 생각하기

강종훈, 「최근 한국사 연구에 있어서 날빈속수의 경향에 대한 비판적 검토」, 『한국고대사연구』 52호, 2008.

김기봉, 『역사를 통한 동아시아 공동체 만들기』, 푸른역사, 2006.

단재신채호전집편찬위원회, 『단재신채호전집』 제1~9권, 독립기념관 한국독립운동사연구소, 2007·2008.

도면회, 「독립운동 계열의 한국사 구성 체계」, 『史林』 53호, 2015.

미야지마 히로시, 「일본 '국사'의 성립과 한국사에 대한 인식」, 『한일공동연구총서』, 2000.

박상수, 「중국 근대 '네이션' 개념의 수용과 변용」, 『동아시아 근대 '네이션' 개념의 수용과 변용』, 고구려연구재단, 2005.

朴羊信, 「근대 일본에서의 '국민' '민족' 개념의 형성과 전개」, 『東洋史學研究』 104호, 2008.

박찬승, 「분단시대 남한의 한국사학」, 『한국의 역사가와 역사학』 하, 창작과비평사, 1994.

박찬승, 「한국에서의 '민족' 개념의 형성」, 『개념과 소통』 창간호, 2008.

박찬승, 『민족·민족주의』, 소화, 2010.

백동현, 「러일전쟁 전후 '民族' 용어의 등장과 민족인식」, 『韓國史學報』 10호, 2001.

베네딕트 앤더슨 지음, 윤형숙 옮김, 『상상의 공동체—민족주의의 기원과 전파에 대한 성찰』, 나남, 2002.

서의식, 「민족 중심의 역사 서술과 역사교육」, 『역사비평』 56호, 2001.

신승하, 「舊韓末 愛國啓蒙運動時期 梁啓超 문장의 전입과 그 영향」, 『亞細亞研究』 41호, 1998.

愼鏞廈, 『申采浩의 社會思想 硏究』, 한길사, 1984.

앙드레 슈미드 지음, 정여울 옮김, 『제국 그 사이의 한국 1895~1919』, 휴머니스트, 2007.

앤서니 D. 스미스 지음, 김인중 옮김, 『족류—상징주의와 민족주의』, 아카넷, 2016.

어네스트 겔너 지음, 최한우 옮김, 『민족과 민족주의』, 한반도국제대학원대학교, 2009.

에릭 홉스봄 지음, 강명세 옮김, 『1780년 이후의 민족과 민족주의』, 창비, 1994.

에릭 홉스봄 외 지음, 박지향·장문석 옮김, 『만들어진 전통』, 휴머니스트, 2004.

李萬烈, 『丹齋 申采浩의 歷史學 硏究』, 文學과 知性社, 1990.

이성시·임지현 엮음, 『국사의 신화를 넘어서』, 휴머니스트, 2004.

이신철, 「한국 근대 역사주체의 형성과 근대 역사학의 태동」, 『史林』 42호, 2012.

이호룡, 『신채호 다시 읽기』, 돌베개, 2013.

임지현, 『민족주의는 반역이다』, 소나무, 1999.

韓永愚, 『韓國民族主義歷史學』, 一潮閣, 1994.

이 책의 집필에 참여하신 분들(가나다순)

강진원　「식민주의 역사학과 '우리' 안의 타율성론」

경기대학교 교양학부 조교수로 재직 중이다. 국가 제사를 통해 당대 사회상을 이해하는 데 관심을 가지고 있다. 대표 논저로 「고구려 陵園制의 정비와 그 배경」, 「고구려 墓祭의 전통과 그 배경―집안고구려비문」의 이해를 덧붙여」, 「백제 한성도읍기 東明廟의 실체와 그 제사」, 「백제 天地合祭의 추이와 특징」 등이 있다.

권순홍　「민족주의 역사학의 표상, 신채호 다시 생각하기」

성균관대학교 사학과 박사과정을 수료했다. 고구려 초기사 및 도성사를 공부하고 있다. 대표 논저로 「고구려 초기의 都城과 改都―태조왕대의 왕실 교체를 중심으로」, 「조선 전기의 고구려 초기 都城 위치비정과 그 실상」 등이 있다.

기경량　「사이비 역사학과 역사파시즘」, 「'단군조선 시기 천문관측기록'은 사실인가」

가천대학교 강사로 재직 중이다. 고구려사를 전공했고, 최근의 관심 주제는 고구려 왕도(王都)의 변천과 도시 구조를 구명하는 것이다. 대표 논저로 「고구려 국내성 시기의 왕릉과 수묘제」, 「집안고구려비의 성격과 고구려의 수묘제 개편」, 「한국사에서 민족의 개념과 그 적용」 등이 있다.

김헌주　「'사이비역사학' 개념의 의미와 한계, 그리고 '올바른 역사'의 딜레마」(좌담 모두발제)

고려대학교 한국사학과 박사과정을 수료하고 고려대학교 한국사연구소 연구원으로 재직 중이다. 한국 근대 의병운동을 지역사회와의 관계 속에서 재조명하는 연구를 진행하고 있다. 대표 논저로 「마을 주민의 시선에서 본 의병운동」, 「1907년 의병봉기와 화적집단의 활동」 등이 있다.

신가영　「'임나일본부' 연구와 식민주의 역사관」

연세대학교 사학과 박사과정을 수료했다. 가야제국과 신라, 백제의 관계를 중심으로 연구하고 있다. 대표 논저로 「4~5세기 전반 낙동강 하구 교역권과 임나가라의 변동」, 「대가야 멸망 과정에 대한 새로운 이해―'가야반' 기사를 중심으로」 등이 있다.

안정준　「오늘날의 낙랑군 연구」

경희대학교 인문학연구원 학술연구교수로 재직 중이다. 고구려사를 전공했고 최근에는 고구려의 지방 지배 및 중국계 유이민 정책을 공부하고 있다. 대표 논저로「高句麗의 樂浪·帶方 故地 영역화 과정과 지배방식」,「6세기 高句麗의 北魏末 流移民 수용과 '遊人'」등이 있다.

위가야　「'한사군 한반도설'은 식민사학의 산물인가」

성균관대학교 사학과 박사과정을 수료했다. 한일관계를 중심으로 한 고대 동아시아 관계사, 백제 대외관계사에 관심을 가지고 있다. 대표 논저로「백제 온조왕대 영역 확장에 대한 재검토─비류 집단 복속과 '마한' 국읍 병합을 중심으로」,「이케우치 히로시의 대방군 위치비정과 그 성격」등이 있다.

이승호　「단군─역사와 신화, 그리고 민족」

동국대학교 사학과 강사로 재직 중이다. 부여사를 주로 공부하고 있다. 대표 논저로「3세기 후반「晉高句麗率善」印과 高句麗의 對西晉 관계」,「漢의 沃沮 지배와 토착 지배층의 동향」,「「毌丘儉紀功碑」의 해석과 高句麗·魏 전쟁의 재구성」등이 있다.

이정빈　「한사군, 과연 롼허강 유역에 있었을까」

경희대학교에서 고구려─수 전쟁을 주제로 박사학위를 받았다. 동북아역사재단 연구위원으로 재직 중이다. 고대 동아시아의 전쟁과 변경에 관심을 갖고 공부하고 있다.「미시나 쇼에이의 문화경역 연구와 만선사 인식」,「신라 중고기의 赴防과 군역」,「5~6세기 고구려의 농목교역과 요서정책」등의 논문을 썼다.

장미애　「민족의 국사교과서, 그 안에 담긴 허상」

백제 정치 세력에 관한 연구로 박사학위를 받았고, 현재 가톨릭대학교에서 한국사를 강의하고 있다. 대표 논저로「무왕의 세력 기반으로서 익산의 위상과 의미」,「百濟末 政治勢力과 百濟의 滅亡」등이 있다.